아이디어로 길을 열다

저자 드림

아이디어로
길을 열다

한 아이디어맨이 걸어온 길

남대우 지음

두레

아이디어로 즐겁게

이 책은 '아이디어'와 관련된 한 사람의 삶의 기록이다. 여기서 말하는 아이디어란 우리가 일상적으로 쓰는 말 그대로의 아이디어이다. 현실을 좀 더 좋게, 낫게 바꾸어보려는, 발전시켜 보려는 모든 창조적인 생각을 가리킨다. '애플'사의 스티브 잡스처럼 세상을 바꾸어 놓는 그런 거대한 아이디어도 좋지만, 여기서 말하는 아이디어란 우리의 일상생활과 직장 생활에 변화를 주어 삶을 좀 더 좋게 바꾸어 놓는, 발전시키는 그런 조그만 아이디어를 뜻한다. 생각을 바꾸어 놓고 막힌 것을 뚫어주고, 불편한 것을 없애 편리하게 해주거나 더 낫게 만드는 모든 창조적인 생각을 일컫는다. 따지고 보면 세상을 바꾸어놓는 세계적인 아이디어도 이런 일상생활에서 이루어내는 창조적인 사고방식, 생활방식이 토대가 되어 탄생되는 것이라고 나는 믿고 있다.

내가 아이디어의 가치에 대해 처음 눈을 뜨게 된 것은 농촌에서 초등학교를 마치고 서울에 있는 중학교에 진학했을 때였다. 그때의 주요 교통수단은 전차電車였는데, 전차를 타면 늘 어느 곳에서 내려야 할지 몰라 혼란에 빠지곤 했다. 그래서 전차를 타면 공포를 느꼈다. 그러던 어느 날 나는 모든 전차는 동대문에 모이거나 이곳을 지나간다는 것을 알게 되었다. 그 뒤로는 길을 잃어도 동대문을 찾아가면 된다고 생각해 두려워하지 않았다. 나는 유레카와 같은 이 놀라운 발견을 통해 자신감을 갖게 되었고, 그 경험이 여러모로 궁리를 하다보면 방법을 찾을 수 있다는 믿음을 갖게 해주었다.

시골에서 어머니를 도와 조그만 양계장養鷄場을 만들어 닭을 치면서 어떻게 하면 닭을 건강하게 키워 알을 많이 낳게 할까 궁리하던 끝에 그 방법을 알아내고는 아이디어의 가치를 알게 되었고 또한 기쁨을 느꼈다. 나는 공무원, 금융기관, 벤처 캐피탈의 CEO, 그리고 주요 공공기관과 기업의 사외이사에 이르기까지 45년(1965~2010) 동안 직장생활을 하면서 나만의 '동대문'을 여럿 찾아냈다. 내가 낸 아이디어가 잘 실현되어 이로운 변화가 이루어지면 발전적인 일을 해냈다는 큰 기쁨과 보람을 느꼈다. 그러나 돌아보면 새로운 일에 도전하고 실천하기 위해 노력하는 과정 자체가 더 즐거웠던 것 같다. 설령 나의 아이디어가 중도에 무산되어 뚜렷한 결실을 보지 못하더라도 크게 실망하지 않았다.

나는 우리나라가 1960년대 수출에 역점을 두고 한참 성장 가도를 달리던 때에 상공부 수출진흥과에서 핵심 업무를 담당하는 행운을 누렸다. 새로운 아이디어를 만들어내야 하는 직책이었다. 1976년 우리나라에서 처음으로 신용을 다루는 신용보증기금이 출범할 때에도 창립멤버로 참여해 초대 신용조사부장으로서 신용조사 업무를 국내 최초로 도입, 정착시키는 일을 맡았다. 벤처캐피털 사장을 맡았던 것도 우리나라에서 벤처 붐이 한창 시작되던 때였다. IMF 사태 이후 사외이사 제도가 도입되어 시행되기 시작할 무렵, 나는 우리나라에서 첫 사외이사(비상임이사)로 선임되어 2010년까지 6개 기관에서 13년간 사외이사 생활을 하며 이 분야에서 새로운 지평을 열어야 하는 위치에 서 있었다.

그러고 보면 나는 거의 대부분 처음으로 그 분야의 일을 시작하는 자리에 있었고, 따라서 우리나라 현실에 맞도록 시스템의 운영 방법을 찾아내고 이를 발전시키고 잘 정착할 수 있도록 만들어야 했던 셈이다. 개척자로서 고민하고 연구하지 않으면 안 되는 곳에 있었으므로 아이디어를 내고 실천하면 자연스럽게 곧 우리나라 최초가 되고 첨단이 되었다. 다행히 일을 함께 했던 상사, 동료들이 창조적 생각을 서로 격려하고 이끌어주는 분위기여서 그것이 가능했다. 나의 소질 때문에 처음 시작하는 일들을 주로 맡게되었는지, 아니면 그런 일들을 맡다보니 아이디어를 개발하는 소질이 발전하게 되었는지는 잘 모르겠다.

많은 사람들이 아이디어라고 하면 매우 창의적인 사람들만이해내는 것이라고 생각한다. 누구도 해내지 못하는 것을 해내는 특별한 사람만을 떠올리는 이런 고정관념이 아이디어를 어렵게 만드는 듯하다. 하지만 나는 누구도 마음만 먹으면 아이디어를 만들어낼 수 있다고 생각한다. 문제는 생각하는 방식, 살아가는 양식(mode)의 차이에 있다. 현재의 상태를 '의심 없이' 무조건 받아들이고 순응하며 만족해하며 살아가느냐, 아니면 현재에 안주하지 않고 이를 바꾸어 좀 더 나은 상태를 만들어보려고 하느냐는 '태도의 차이'에 아이디어의 출발점이 있다고 본다.

그런데, 이렇게 궁리하고 모색하여 아이디어를 만들어내고 나면 그 아이디어는 대개 난관에 부딪치곤 한다. 다행히도 나는 직장에서 좋은 상사와 동료들을 만나 내가 낸 아이디어를 흔쾌히 받아들여주고 격려해주며 그것이 실현되도록 도와주는 행운을 누렸다. 대부분은 그렇지 않은 경우가 더 많을 것이다. 오히려 비웃음을 사고 조롱을 당하는 경우도 있다. 많은 사람들이 타성에 젖어 익숙해진 것을 따라가고 '현재'를 지키고 싶어 하기 때문이다. 새로운 것은 아직 가보지 않은 길과 같아서 위험이 따를 수 있기에 피하고 싶어 한다.

그러므로 아이디어를 내는 것만큼 중요한 것이 아이디어가 실현될 수 있도록 추진하는 과정이다. 조직의 윗사람이 낸 아이디어는 빠르게 실현될 수 있지만 아랫사람들이 낸 아이디어는 사장되는 경우가 많은 것이 현실이다. 높은 자리에 있는 사람이 낸 아이디어는 아이디어 자체가 명령에 가까운 것이어서 설득과 동의를 구할 필요가 없기 때문에 쉽게 이루어질 수 있다. 반면 하위직 또는 중간 직급에 있는 사람의 아이디어일 경우엔 이를 실현하는 과정이 아이디어를 내는 것 못지않게 어렵다. 그래서 아이디어 자체도 실현가능성이 높은 것이어야 하겠지만, 그와 함께 동료, 상사들을 설득할 수 있도록 소통하는 과정이 필요하다.

아이디어의 중요성 못지않게 강조되어야 할 대상이 조직 그 자체다. 조직 구성원들의 잠재력을 현재화顯在化시킴으로써 조직 전체의 힘을 극대화시킬 수 있기 때문이다. 소극적이고 수동적인 인적 자원을 적극적이고 능동적인 자원으로 바꾸어놓기 위해 조직의 지도자는 직원들의 창의력 개발에 적극 나설 일이다. 창조적인 생각을 하도록 자극을 주고 격려하며 누구나 자유롭게 자신의 의견을 말할 수 있도록 장벽을 없애주어야 한다. 기존의 틀에서 벗어나게 하려면 '실패할 자유'도 주어야 한다. 정기적으로 아이디어를 모집하고 심사하여 상을 주는 것도 좋은 방법이다. 조직이 안고 있는 문제들, 그것을 어떻게 고쳐나가야 할지에 대한 지혜와 방안 등 모든 것을 놓고 두루 지혜를 모은다면 조직의 개선과 쇄신에 큰 도움을 얻을 것이다.

창조적 아이디어는 조직의 발전과 쇄신에 도움이 될 뿐만 아니라 그것을 만들고 제안한 사람에게 큰 기쁨과 보람을 안겨준다. 자신의 아이디어가 조직의 발전에 기여해 좋은 평가를 받으면 얼마나 긍지를 느끼겠는가? 자신이 하는 일을 더욱 사랑하게 되고 자신감을 얻어 더 의욕적으로 일하고 싶은 마음이 저절로 생길 것이다. 잠재능력이 현재화되니 활력 또한 넘치게 될 것이다.

이 책은 아이디어와 함께 고민하고, 시련을 겪고, 웃고, 보람을 느끼며 살았던 한 평범한 직장인의 기록이다. 아이디어에 관한 학술적인, 이론적인, 방법론에 대한 책이 아니다. 세계적으로 유명한 탁월한 사람들의 이야기나 먼 곳에 있는 이야기가 아니다. 나 같이 평범한 사람도 해볼 수 있고, 노력하면 이룰 수 있다는 희망을 주기 위해 이 책을 썼다. 지금의 상태를 좀 더 낫게 바꾸어 보려는, 보탬이 되어보려는, 그래서 해보니까 즐겁고 보람과 긍지를 느끼게 되더라는 체험을 함께 나누어보고 싶었다. 직장생활에서 겪어온 체험을 중심으로 하다 보니 어쩔 수 없이 한 사람의 회고담이 되어버려 민망하다.

수십 년 동안 모아놓았던 메모에 기억을 보태서 책을 만들었는데, 그 기억들을 체계 있는 기록으로 만들어준 분이 옛날의 존경하는 동료 이인철 선생이었다. 나의 소망을 받아들여 이 책의 시작에서부터 완성에 이르기까지 2년 이상 노고를 아끼지 않았다. 더불어 책으로 엮어 출간하기까지 두레출판사의 도움도 컸다. 동굴 속에 있던 나의 '옛날'을 햇빛 속에 드러나게 해 주신 이인철 선생과 두레출판사에 고마운 마음을 담아 감사의 말씀을 전한다.

2018년 5월 남대우

책머리에

3. 궁리는 아이디어의 산실

4. 양심과 원칙은 힘이 세다

5. 창조적 아이디어와 벤처 정신 없이는
   미래 열 수 없어

6. 살며 궁리하며

1

아이디어의 가치에 눈 뜨다

학생·회사원·공무원 시절 이야기
1953~1976

14세 시골소년이 서울 한복판에서 '유레카'를 외치다

내가 태어난 곳은 남씨 집안이 400여 년을 정착해 살아온 집성촌(경기도 양주군 별내면 청학리)이다. 증조부모님, 조부모님, 부모님까지 4대가 한 집에서 사는 대가족 속에서 자랐다. 평화롭게 살아가던 마을에 인민군이 들이닥쳤고 아버지께서는 39세의 나이에 납북되셨다. 6·25 전쟁 때 인민군에게 끌려가신 아버지의 생사는 아직도 알 수가 없다. 홀로 되신 어머니께서는 아버지의 빈 자리를 대신해 시부모님을 모시고 자손을 잘 키우며 종가집안을 잘 이끌어 가시다가 1988년 74세로 타계하셨다. 6대 장손인 나는 아버지께서 납북되신 뒤부터 줄곧 실질적인 세대주로서 조상의 묘지관리 및 기제사와 차례를 주관하며 살아왔다.

나는 한 학년이 한 학급밖에 되지 않는 별내 초등학교를 다녔다. 선생님은 교장 선생님까지 다 포함해도 고작 일곱 분이었다. 선생님이 많지 않다 보니 학년이 올라가도 같은 선생님이 계속 담임을 맡는 경우가 많았다. 6·25 전란 당시 나는 6학년이었는데 4,5,6학년 내리 한 담임 선생님께 배웠다. 체육을 좋아하신 담임 선생님께서는 점심 먹은 뒤 1시간은 아이들을 데리고 뒷산 국사봉과 앞산 이성산에 올라 솔방울 싸움을 시키거나 개울에서 물고기를 잡게 하셨다.

집에서 학교까지는 2km 정도 떨어져 있어, 마차가 다니는 하교 길에 친구들과 구슬치기나 돌 던지기를 하며 놀기도 했다. 집에 돌아온 뒤에는 동네 아이들과 놀거나 어머니께서 시키는 일을 했고, 저녁식사 후엔 등잔 밑에서 장난치다 할머니 옆에서 잠들곤 했다. 잡지나 신문 같은 것은 구경해본 적도 없고, 책보(책을 싸는 사각형의 보자기로 오늘날의 책가방)는 아침에 도시락을 넣을 때나 끌러 보았다. 나는 유달리 자치기, 구슬치기를 좋아했고 뒷산에 올라가 소리를 지르거나 학교에서 배운 노래를 곧잘 불렀다. 6·25 전란 동안 피난을 간 탓에 1년을 꿇어 7년 동안 초등학교를 다녔다.

이렇듯 즐겁게 초등학교를 다녔는데 초등학교를 졸업할 때쯤 어머니께서 중학교는 서울에 가서 공부해야 한다고 주장하셨다. 그때 어머니께서 일러주신 말을 나는 평생 간직하고 있다. "서울 학생들은 공부 잘하니까 그 애들이 2시간 공부하면 너는 4시간, 안 되면 6시간 해라. 그래도 안 되면 공부가 너에게 안 맞는 것이니 시골 와서 농사지어라. 형편에 맞게 살며, 모두가 어려운 시절이니

남에게 의지하지 말라, 평생 빚이 된다. 노력하면 하고자 하는 바를 이룰 수 있다. 노력은 네가 마음먹기에 달려 있다. 네가 결심한 것을 실천하지 못한다면 평생 무슨 일을 할 수 있겠느냐?" 어머니의 말씀을 되새기며 나는 중, 고등학교에서 성실히 공부했다. 그리고 토요일 오후가 되면 시골집에 갔다가 일요일 오후 쌀과 장작을 짊어지고 서울로 돌아왔다.

그런데 서울 생활에서 나를 가장 힘들고 당황스럽게 만든 것은 당시 서울의 대중교통 수단이었던 전차를 타는 일이었다. 전차를 타면 차상 아저씨가 부어라고 육성으로 안내를 하는데 그 말을 도무지 알아들을 수 없었다.

서울에 있는 건물 대부분이 3·4층으로 모두 엇비슷했고 거리도 낯설어 나는 전차를 타면 지나는 역을 '세 번째, 네 번째' 하고 손가락으로 꼽으면서 내릴 곳을 초조하게 가늠하기 바빴다. 그런데 이렇게 지나가는 역 수를 따져가며 내렸음에도 막상 내리고 보면 한 정거장이 지났거나 한 정거장 먼저 내리는 일이 많아 곤혹스러웠다. 전차만 타면 제대로 목적지에서 내릴 수 있을까 하는 중압감으로 불안하기 그지없었다.

서울 아이들은 자기들끼리 정신없이 떠들어대다가도 목적지에서 잘도 내리는데 무슨 재주일까 하고 나는 그들을 무척 부러워하였다. 어떻게 하면 전차에 대한 불안감에서 해방될 수 있을까 하는 고민이 내 머릿속을 꽉 채웠다. 그러던 어느 날 전차들의 종착지는 어디일까 하는 의문이 생겼고 전차들은 모두 동대문으로 집

결한다는 사실을 알게 되었다. 설령 목적지가 아닌 곳에 내리거나 전차를 잘못 타 헤매더라도 동대문까지 가서 다시 되짚어 찾아오면 되는 것이었다. 내겐 참으로 놀랍고 위대한 발견이었다. 내 마음에 '동대문'이라는 중심점이 생기니 그 뒤로는 전차를 타는 불안감이 싹 사라졌다. 모든 전차 길은 동대문으로 통한다. 동대문에서 다시 시작하면 된다. 이렇듯 쉽고 간단한 해법을 깨닫기까지 괴로운 시간을 보낸 것이다. '동대문으로'를 스스로 터득한 것은 아르키메데스가 '유레카eureka'를 외치며 물질의 질량과 부피의 관계를 깨달은 것과 비슷했다. 이후 불안감 없이 전차를 타다보니, 전차 밖으로 보이는 주변 풍경도 익숙해져서 잘못 내리는 일도 거의 없어졌다.

지금까지 살아오면서 이 경험은 내게 문제를 발견하고 해결책을 찾는 방향등이 되어 주었다. 어떤 문제든 생각하고 또 생각하다 보면, 그 문제만의 '동대문'이 어느 순간 떠오르기 마련이라는 믿음. 나는 이런 믿음으로 크고 작은 문제들을 해결해왔다. 누구나 자신만의 유레카를 외친 경험이 한 가지씩은 있을 것이다. 그럼에도 바꾸고 싶은 일이 있어도 그냥 하던 대로, 익숙한 대로 계속 하는 것은 대부분 그 유레카의 경험을 잊고 살기 때문이 아닐까?

2화
병아리 100마리를 사 가지고 고향집으로

1958년 3월 서울대 상과대학 경제학과에 입학한 나는 조선전업 회사 간부 댁에 입주해 중학생을 가르치며 숙식을 해결하고 학비도 마련하며 대학교를 다녔다. 어느 날 답십리에 사는 고등학교 친구 집에 놀러갔다가 당시로서는 규모가 꽤 큰 양계장을 보았다. 밤 12시부터 통행금지를 하던 때라 친구와 함께 양계장에서 잠을 잤다. 다음날 아침, 친구와 함께 아카시아 잎 등을 따와 사료에 섞어 닭 모이를 주고 양계장 운영에 대한 이야기를 많이 들었다. 이야기를 들어보니 방학기간 40여 일 동안 나도 병아리를 길러볼 수 있겠다는 생각이 들었다.

방학을 맞아 버스를 타고 시골집으로 내려가면서 청량리 중랑교 동신종축장에서 갓 부화된 병아리 100마리를 사 가지고 갔다. 그 날이 마침 중복 날이었다. 내가 병아리를 사 가지고 가니까 온 동네 어른들께서 복 중에 그 많은 병아리를 어떻게 키우려고 하느냐며 걱정들을 하셨다. 당시 내 고향, 시골 농촌에는 양계만 전문으로 하는 농가가 없었다. 다만 집집마다 몇 마리씩 닭을 풀어 길렀다. 봄, 가을에 어미 암탉의 품에서 병아리 10~20 마리를 부화해 길렀으므로 많이 길러봐야 20~30여 마리 정도였다. 그런데 복더위에 내가 병아리 100마리를 안고 가니 무슨 생각인가 싶어 걱정을 해준 것이다.

나는 종로 2가에 위치한 기독교서관에서 발행하는 『농민생활』이라는 월간 잡지를 1년간 구독했다. 잡지에 간결하게 정리되어 읽기 쉽고 따라 하기 쉬운 '농가 양계법' '농가 양돈법' 기사가 실려 있어 열심히 읽었다. 영농잡지에서 소개된 방법을 참조하여 나는 직접 닭 사료를 만들고, 부엌 옆에 붙어 있는 텃밭에다 흙과 짚으로 벽돌을 찍어 '흙벽돌 닭장'을 지었다. 닭장은 여름에는 시원하고 겨울에는 따뜻하여 닭을 기르기에 알맞았다. 힘이 약한 병아리는 먹살이 비어 있으므로 저녁마다 닭의 먹살을 만져보며 제대로 먹지 못한 병아리만 골라 따로 먹이를 주어 모든 닭이 균형 있게 고루 자라도록 했다. 사료를 만들 때는 풀과 야채를 섞고, 산에서 생흙을 파다가 넣고, 개천과 논에 나가 메뚜기를 잡아 섞어 먹였다. 그랬더니 100마리의 병아리가 무럭무럭 잘 자라, 내가 개학을 앞두고 서울로 올 때쯤엔 닭들이 제법 크게 자라 있었다. 기른 닭들이 알을 낳아 달걀을 팔아야 할 때가 되자 나는 아래와 같이 그동안 내가 발견한 사실을 잘 활용해야겠다는 생각이 들었다.

어머니께서는 이제까지 닭 20~30 마리와 돼지 2~3 마리를 키우고 계셨다. 어머니는 볏짚으로 달걀꾸러미를 만들어 장날(5일장)에 내다 파시면서 달걀 가격과 사료 값을 꼼꼼히 기록해 놓으셨다. 주말과 방학 때 시골집에 내려가 지내면서 양계에 관심을 가지고 이것저것 살피던 중 나는 다음과 같은 중요한 사실을 발견했다.

- 병아리를 잘 먹여 키우면 용골돌기(龍骨突起)가 덜 굽어지고 닭 알

집이 크게 된다.

- 닭은 가을이 되면 털갈이를 하는데 영양이 좋으면 털갈이 시기가 겨울 문턱까지, 즉 10월에서 11월로 늦추어진다.
- 1950년 말에, 몇 년 동안의 달걀 값 변동을 1월에서 12월까지 그래프를 겹쳐서 그려 보았더니 1년 동안의 가격진폭과 변동의 양상이 거의 비슷했다.
- 달걀 값은 1년 중 2~3월에 제일 싸고 9~10월에 제일 비쌌다. 그래프에서 보면, 가을에는 달걀 값이 봄보다 거의 두 배가 되었다.

사료 값은 연중 큰 변동이 없는데, 달걀 값은 왜 봄과 가을에 큰 차이가 날까? 그 원인을 나는 다음과 같이 파악했다. 닭은 겨울을 지내고 난 뒤 2~3월에 산란을 많이 해 봄에는 달걀의 공급이 증가하는데, 새 학기가 시작되어 돈 쓸 데가 많아지니 달걀을 사먹기가 어렵다. 또한 춘궁기라서 달걀의 수요가 줄어 달걀 값이 떨어진다. 9~10월에는 닭이 털갈이를 시작하는 무렵이라 산란율이 떨어져 달걀의 공급은 줄어드는데, 소풍, 운동회, 추수기를 맞아 수요는 늘어 달걀 값이 봄에 비해 두 배 이상 오른다.

같은 수의 닭을 기르고 있다면 연간 산란량은 거의 비슷하므로 어느 양계장이나 연간 수익은 비슷해야 한다. 하지만 언제 달걀을 많이 생산하게 하느냐에 따라 수익의 차는 크게 날 수 있다. 닭의 체력을 길러 가을에 산란을 많이 하도록 유도하는 양계장은 수익이 커지고, 그런 조정을 하지 못하는 양계장은 상대적으로 수익이 덜할 수밖에 없다.

당시 '오로확'이라는 산란 억지약이 판매되고 있었는데, 봄에 이 것을 먹이면 산란이 억제되고 닭의 체력이 충실해져서 가을 털갈이가 한 달쯤 늦추어지므로 그만큼 산란기간이 늘어난다. 나는 큰 발견이나 한 것처럼 기뻤다. 이런 방법으로 산란 시기를 조절했더니 가을에 산란을 많이 시키고 달걀 값을 비싸게 받을 수 있었다. 우리 집은 이렇게 닭의 산란 시기를 조절하여 수익을 극대화했다.

달걀은 5일장에 내다 팔거나 달걀장수가 사갔는데, 키우는 닭의 마리 수가 많지 않았으므로 최대로 수익을 낸다 해도 사실 푼돈에 지나지 않았다. 그래서 이 돈을 모아 돼지와 돼지 사료를 사서 돼지를 3~5마리씩 길렀다. 돼지는 6개월 정도 키우면 팔기 적당하게 자랐고 암퇘지가 자라서 새끼를 낳으면 그 또한 목돈이 되었다. 달걀을 팔아 번 돈을 돼지 사육에 투자하여 목돈을 만든 셈이다.

양계와 양돈을 연계시켜 번 목돈은 나의 학교 등록금으로 요긴하게 쓰였다. 양계와 양돈으로 돈만 번 것이 아니었다. 닭과 돼지에게서 나오는 계분과 돈분豚糞으로 퇴비를 만들어 논과 밭에 거름으로 주니 땅이 기름져졌다. 지력이 좋은 땅에서는 농작물이 잘 자라고 병충해에도 강해져 수확량이 많아졌다. 또한 비료 값이 얼마 들지 않아 가을에 농협 비료 값 갚을 일도 없으니 다른 집에 비해 영농비가 많이 절약되었다. 이런 것이 일석이조가 아니고 무엇이겠는가.

　학보병으로 입대한 내가 군생활을 마치고 제대할 무렵이었다. 예비사단에서 제대를 앞둔 예비병들에게 며칠간 영농교육을 실시했다. 양계, 양돈 교육 시간에 교관인 대위가 양계나 양돈 경험이 있는 사람을 찾기에 손을 들었더니 대신 교육해 보라 하였다. 그리하여 나는 소사(현재 부천)에서 경기도 제대 예비병들에게 생생한 경험담에 바탕을 둔, 양계와 양돈 강의를 했다. 강의를 마친 뒤, 저녁이 되면 예비병들이 내무반으로 찾아와 강의 내용에 대해 이런저런 질문을 많이 했다. 예비병들에게 5일장에 가게 되면 마늘·콩·팥·깨·고추 등의 가격을 파악해서 계속 기록해 놓으라고 일러주었다. 그런 것들이 모두 훌륭한 영농자료라며, 농산물의 가격 변동에 관심을 가지고 잘 알아두어 판매시기 조절 등 농사에 활용해야 한다고 강조했다. 농사를 잘 짓는 것만큼이나 언제, 어떻게 팔 것인가도 중요하다는 점을 일깨워주려고 노력했다. 부디 내 경험담이 영농소득을 올리는 데 도움이 되기를 바라면서 열심히 일러주었다.

3화
해산한 돼지에게 미역국과 쌀밥을

　어머니께서 5일장에 가셨다가 미역을 사 들고 오면 동네 아주머니들은 '대우네 집에서 키우는 돼지의 해산날이 다가왔나 보다'라고 입을 모았다. 우리집에서 기르는 돼지와 닭들은 옴짝달싹할 수 없는 닭장과 우리에 갇혀, 죽을 때까지 일만 낳고 살만 찌우는 요즘의 공장식 축산농장과는 비교도 할 수 없는 환경에서 어머니의 보살핌을 듬뿍 받으며 살았다. 어머니께서는 가축들에게 때를 거르지 않게 먹이를 챙겨주시고, 겨울에는 돼지가 따뜻하게 겨울을 날 수 있도록 우리에 방풍시설을 해주셨다. 한겨울에는 담요로 덮개를 만들어 돼지 등을 감싸주고 우리에는 깨끗한 볏짚을 깔아주어 돼지가 누워 지내기 좋도록 늘 신경을 쓰셨다. 심지어 해산한 돼지에게는 3일 동안 미역국과 쌀밥을 먹이셨다. 사람과 똑같이 산후조리를 해야 돼지도 모유 수유를 잘 할 수 있을 거라는 믿음 때문이었다. 어머니께서는 집에서 기르는 동물들을 마치 자식 사랑하듯 사랑으로 보살펴 주셨다.

　어머니께서 가축 돌보기를 이렇듯 성심껏 하시니, 나도 돕지 않을 수 없었다. 돼지 우리 치우기처럼 지독한 냄새로 일꾼들이 꺼려 하는 일은 자연스레 내 몫이 되었다. 내가 주말마다 집에 내려와 돼지 배설물을 치우고 있으면, 동네 사람들은 코를 막고 그 앞을 지나가거나 빠른 걸음으로 역한 냄새를 피하곤 했다. 그러나 정작 그 안에서 작업을 하고 있는 나는 그 역한 냄새를 별로 의식하지 못하고 일을 했다. 먹이를 주며 길렀으니 돼지와 친근하기도 하고, 두엄을 자주 치우다 보니 익숙해지기도 했겠지만, 돼지우리 안에 들어가서 3~5분간 작업을 하다보면 코가 그 냄새에 익숙해지거나 후각이 무디어져 냄새를 제대로 맡지 못하게 된 탓일 것이다.

우리집의 닭·돼지는 건강히 잘 자라 산란도 잘하고 새끼도 잘 낳았다. 기르는 방법이 특별해서가 아니라 닭·돼지를 한 식구처럼 여겼기 때문이라 생각한다. 이런 일도 있었다. 토요일 저녁에 고향 집에 와보니 해산을 앞둔 어미 돼지가 설사를 심하게 하고 있었다. 어머니께서는 저 큰 어미돼지가 저렇게 병들었으니 어미돼지는 물론 새끼들도 다 죽게 되었다고 몹시 안쓰러워하셨다.

돼지 우리에 들어가 보니 어미돼지가 불룩한 큰 배를 헐떡이며 누워 있는데, 눈에 눈물이 고여 있었다. 돼지는 설사에 걸리면 좀처럼 회복하지 못하고 그대로 죽어버린다는 사실을 나는 경험으로 알고 있었다. 혹시 도움이 될까 싶어 집에 가지고 있던 '원기소'(당시의 소화제 겸 활력소임)를 으깨어 물에 타서 숟가락으로 돼지 혀에 떠 넣어주었다. 또 한편 돼지 배를 힘주어 문질러주기 시작했다. 어렸을 때 내가 배 아파하면 할머니께서 '할머니 손은 약손, 네 배는 똥배!' 하면서 문질러주시어 아픈 배가 사르르 나았던 기억이 떠올랐기 때문이다. 얼마동안 문지르니 돼지 배 안에서 액체 같은 것이 출렁 출렁거리는 소리가 들렸다. 돼지는 시원한지 이쪽 저쪽으로 몸을 뒤집었고 배를 계속 문질러 달라고 하는 것처럼 보였다. 배를 문지르면서 원기소 탄 물도 계속 돼지 혀에 넣어 주었다. 돼지에게 도정하지 않은 벼를 먹이면 설사를 멈추게 할 수도 있다는 이야기도 생각나, 벼를 주었더니 돼지가 조금씩 먹기 시작했다. 나는 쾌재를 부르며 밤을 지내고 아침에 눈뜨자마자 돼지우리로 달려가 돼지 꼬리를 잡고 일으켜 보았다. 돼지는 꼬리를 잡고 일으키면 쉽게 일어나는데, 어미돼지는 잠시 이리 뒤척이고 저리 뒤척이더니 똑바로 일어섰다.

4화
옳은 것은 용기 있게 – '한전'에서 첫 사회생활

1965년 나는 한국전력공사 공개채용시험에 합격하여 한전의 신입직원으로서 사회에 첫 발을 내딛었다. 공채사원은 모두 일선 지점으로 배치한다는 원칙에 따라 나는 충북지역의 청주 지점 서무과에서 근무하게 되었다. 서무과는 기획, 예산, 인사, 구매, 차량 관리, 기타 잡무 등을 담당하고 있었다. 서무과 소속의 스무 명 과원 중에서 유일한 공채 직원인 탓에 자연스레 뭇 시선을 받을 수밖에 없었고, 과장과 계장들 또한 이모저모 배려해주었다. 내게 맡겨진 임무 중 하나가 16대 정도의 차량을 관리하는 것이었다. 그 중에는 크레인도 있었는데 충청북도 도청에도 없는 크레인을 한전 지점이 보유하고 있어, 도청이나 경찰국으로부터 가끔 출동 협조 요청을 받기도 했다.

　내가 차량 관리를 맡은 지 얼마 안 되어, 나보다 스무 살 가량 나이가 많은 차량주임이 찾아와 '지정 주유소'를 늘려 달라고 요청했다. 지점 건물을 중심으로 북쪽, 서쪽, 남쪽 방향에 차들이 다니는 도로가 있는데, 지정 주유소가 남쪽에만 1개 있다는 것이었다. 따라서 북쪽과 서쪽 도로에서 남쪽 주유소까지 주유하러 오자니 불편하고, 또한 반대 방향에서 급하게 주유소에 들어가고 나오다 보면 불가피하게 차선을 위반하게 되어 벌금도 제법 문다는 것이었다. 이처럼 주유소 이용이 불편하므로 북쪽부터 우선 지정 주유소를 하나 더 늘려 달라는 청이었다. 합리적이고 타당한 제안이라는 생각이 들었다. 그런데 선임 직원들에게 이 제안에 대해 상의했더니, "눈치도 없냐?" "지정 주유소가 1개밖에 없는 이유를 짐작 못하겠느냐"고 하면서 세상물정에 어두운 소리를 한다는 듯 나를 보았다. 기사주임이 미스터 남을 얕잡아보고, 발령받은지 얼마 안 되어 사무실 실정을 속속들이 모르는 미스터 남을 난처한 요청으로 길들이려는 꿍꿍이로 그러는 것이라며 우정 어린 충고를 하는 선임 직원들도 있었다. 서무과 직원들은 이렇듯 한 목소리로 주유소 추가 지정을 만류했다.

　이용하기 불편하고, 본의 아니게 차선위반까지 하게 만들 뿐만 아니라 주유소 사이의 경쟁도 없어 독점의 폐단이 있을 것이 분명한데도 그냥 모른 체해야 하나? 내부 사정을 뻔히 잘 알고 있을 15명의 기사들이 과연 단순히 신입직원을 길들이기 위해 그런 요청을 한 것일까? 정말 나를 일부러 곤경에 빠뜨려 기를 꺾을 의도로 주유소 추가 지정을 건의했단 말인가? 꼭 그렇게 안 좋은 의도로 받아들여야 하나? 아직 때가 묻지 않아 고정관념에 젖어 있지 않은 신입직원이 기사들의 작은 소망을 해결해주기를 바라는 순수한 동기에서 부탁했을 수도 있지 않은가 말이다.

지금 생각하면 참 아무것도 아닌데, 모든 것이 조심스러울 수밖에 없는 신입직원이라 나는 꽤 난처한 입장에 빠져 있었다. 분위기도 파악 못하고 품의를 올렸다가 계장, 과장, 지점장의 결재라인 어느 선에서든 거부를 당한다면 그 후 파장은 어떠할까, 걱정하지 않을 수 없었던 것이다. 하지만 동시에 이런 생각도 들었다. 주임기사의 숨은 의도, 신입직원 길들이기, 기존 직원들의 부정적인 시선, 결재 성사 여부보다 앞서 주목해야 할 사실은 주임기사의 요청이 무엇보다 합리적이고 옳다는 것이었다. 고민을 거듭하던 나는 이 일이 신입직원이기 때문에 가능할 수도 있겠다는 생각에 이르렀다. 새로운 시선으로 관행의 부조리함을 발견하고 합리적인 대안을 제시하는 것은 어쩌면 신입직원의 의무일 수도 있지 않을까?

옳은 일이라는 판단이 서면 그 일을 추진하여 실천에 옮기기 위해 용기를 내야 한다. 신입사원의 패기를 배경 삼아 나는 주임기사의 의견을 바탕으로 지정 주유소 추가 지정의 합리성을 잘 설명하여 상사들의 이해와 결재를 받아내기로 결심했다. 그리하여 지점의 북쪽 방향에 있는 주유소를 하나 더 지정 주유소로 만들겠다는 품의를 올렸다.

아, 그런데 별 무리 없이 계장, 과장, 지점장의 결재가 나는 것 아닌가. 나는 기사주임에게 주유소 추가 지정이 결정되었음을 알리며 안전하게 잘 이용해 줄 것을, 특히 교통위반을 하지 않도록 조심해줄 것을 당부했다. 그 뒤로 15명의 기사들이 나를 대하는 태도가 얼마나 달라졌는지 모른다. 걱정해 주던 선배와 동료들도 깜짝 놀라며 내 용기와 상사를 잘 설득한 능력에 대해 찬사를 보내주었다. 당돌하게 여겨질 수 있는 신입직원의 제안에 공감하고 이해해준 계장, 과장, 지점장도 나를 많이 격려해 주었다.

5화
그래프 한 장의 아이디어로 장관의 칭찬까지

당시 서울대학교 행정대학원 2년차 학생은 정부 행정부처에서 인턴을 하는 제도가 있었다. 한국전력공사가 상공부(현재 통상산업자원부에 통합됨, 이후 상공부라 함) 산하기관이었으므로 나는 상공부에서 인턴을 했다. 그러던 어느 날 상공부 공무원이 된 행정대학원 선배로부터 연락이 와서 만났다. 선배는 특별채용시험을 통해 상공부 공무원으로 전직해 보라고 내게 권했다. 하지만 그럴 경우 급여도 현재보다 훨씬 적어지고, 행정고시에 합격한 친구들은 3급을(현재 5급)로 임용되는데 비해 특채는 4급 갑(현재 6급)으로 임용

되므로 직급도 상대적으로 낮아 나는 선뜻 그러겠다는 말을 하지 못했다. 그러자 선배는 직급도 중요하지만 하는 일이 더 중요하다 면서, 중요한 일을 맡게 되면 배우는 것도 많고 앞으로 좋은 기회 도 올 것이라고 하였다. 선배의 말대로 장래성을 보고 나는 1967 년에 특별채용시험을 치르고 상공부 수출진흥과(4급 갑 직급)로 발령받았다.

과에 배치된 내게 처음 주어진 일은 뜻밖에도 '자습(自習)'이었다. 김찬동 과장(후에 차관보, 대학교수를 역임)은 "앞으로 자율수습기간으로 한 달 간의 말미를 주겠다. 그 동안 사무실 분위기와 업무 및 선임직원들의 일하는 자세 등을 배우고 익히며, 궁금한 것은 과 직원 누구에게나 물어보고, 사무실 내의 어떠한 서류라도 마음껏 열람해 보라"고 명한 것이다. 담당 업무 없이 앞으로 1개월 동안 자유롭게 업무를 파악해 보라는 뜻이었다.

수출진흥과는 국가 전체의 수출계획 수립, 수출진흥과 관련한 종합시책 마련, 수출금융지원제도 입안, 수출용 시설재 및 원자재 의 원활한 공급 등의 일상 업무와 대통령이 임석하는 소위 월례 '청와대 수출진흥확대회의'를 주관하는 업무를 맡고 있었다. 한마디로 우리나라 수출 진흥업무의 총사령탑이라 할 수 있었다. 1960 년대 한국은 수출진흥으로 경제개발을 이루어야 하는 중요한 기로에 서 있었다. 지금 생각해보면 그러한 시대에 수출진흥과에 몸을 담고 수출진흥에 전념할 수 있었던 것은 개인적으로 무척 유익하고 뜻깊은 기회이자 경험이었고 또한 영광이었다.

과장의 명령에 따라 우선 과 분위기에 익숙해지고 선배 직원들과도 친숙해지려고 노력했다. 점심시간이면 과 동료들과 함께 식사하면서 여러 이야기를 들었고 이를 통해 많이 배웠다. 하지만 하루 이틀 지남에 따라 별달리 하는 일도 없이 책상에 우두커니 앉아 있는 것이 점점 부담스러워지기 시작했다.

그러던 중 외부로부터 접수된 서류뭉치가 이리저리 굴러 돌아다니는 것이 내 눈에 들어왔다. 갑류 외국환은행*(당시의 조흥은행, 상업은행, 제일은행, 한일은행)에서 보내온 월별 '수출금융지원상황보고서'였다. 그 서류에는 계장, 과장까지 공람했다는 표시(사인)가 되어 있었다. 각 은행에서 취급한 신용장(L/C) 내도상황, 수출금융지원상황, 수출금융 연체상황, 수출 미이행 업체와 업종 등이 매월별로 상세하게 기록되어 있는 꽤 두터운 서류였다. 각 보고서마다 건 별로 공람처리만 되어 있을 뿐 종합적으로 취합, 정리되어 있지 않았으므로 그 서류를 보고 우리나라의 전체적인 수출 금융지원 상황을 파악하기란 힘들어 보였다.

이들 4개 은행의 수출금융지원 상황을 더 쉽게, 한눈에 알아보게 할 방법이 없을까 고민하던 나는 항목별로 한 표에 정리해 보는 것이 좋겠다는 판단을 했다. 그래서 접수된 은행별 서류를 바탕으로 항목별로 한 표에 합계를 내어 정리하고, 이에 더해 지나

---

* 갑류 외국환은행 : 을류 외국환은행은 대내적인 외국환업무만 취급할 수 있지만, 갑류 외국환은행은 대내·대외 외국환업무를 모두 취급할 수 있음.

간 몇 달간의 자료를 같은 방법으로 정리하여 추이를 분석해 보았다. 어느 업종의 수출이 잘 되고 있는지, 잘 안 되고 있는 업종은 무엇인지, 수출 미이행 상황은 어떤지 등이 일목요연하게 표 위에 드러났다. 이 표를 다시 그래프 용지에 옮겨 몇 가지 색깔로 구분하여 항목별 추세선을 그려 넣고, 그 밑에 간략하게 특징(earmark)을 분석해서 코멘트를 달아놓았다. 이렇게 만들어 놓고 보니 그래프 한 장 속에 우리나라 전체 수출 동향과 수출금융지원의 현재 상황이 고스란히 드러나 있었다.

자율 수습기간 한 달이 끝나갈 무렵 나는 과장에게 그동안 잘 보고 배웠다고 말하며, 내가 만든 그래프에 통계표를 붙여서 보고서를 올렸다. 일주일 쯤 지났을 무렵 과장이 나를 부르르는데, 그 목소리가 상당히 기분이 좋은 듯했다. "오늘 장관(박충훈, 후에 경제부총리·국무총리를 역임)께서 (내가 만든) 수출동향 그래프를 보고 칭찬해주면서 매월 작성하여 보고하라고 하셨다"면서 환한 웃음을 짓는 것이었다. 보고서의 그래프 상단에는 장관의 사인이 큼지막하게 쓰여 있었다. 1개월짜리 신출내기 신입직원이 그래프 한 장으로 장관으로부터 칭찬을 받고 그 자료를 매월 업데이트해 보고하라는 지시까지 받았으니, 겉으로 다 드러낼 수는 없었지만 뛸듯이 기뻤고 자못 어깨도 으쓱했다.

그로부터 얼마 뒤 과에서 가장 중요한 업무인 수출진흥 종합시책과 월례 청와대 수출진흥확대회의를 담당했던 J가 승진하여 과를 떠나게 되었다. 그런데 느닷없이 과장이 내게 J가 하던 업무를 담당하라고 지시하는 것 아닌가. 나는 어안이 벙벙해서 아직 그런 중요하고 어려운 업무를 맡을 적임자가 아니라고 사양하였다. 그런데 과장과 담당계장은 함께 일하면서 배우면 된다며, '열심히 해 보자'는 말로 내가 더는 사양하지 못하게 말을 끝내버렸다.

돌이켜 보면 신출내기였던 내가 과의 중요한 업무를 그렇게 빨리 맡게 된 것은 신용장 내도상황, 수출 금융지원 상황 등의 여러 은행자료를 종합, 정리하여 그래프로 그리고 특징을 분석해 놓은 그 보고서 덕분인 듯했다. 시키지도 않은 일을 찾아서 했을 뿐만 아니라, 주어진 자료를 어떻게 하면 더 편리하게 활용할 수 있는가를 신입직원이 보여준 셈이니, 상사들은 업무에 대한 나의 적극적인 자세와 가능성을 높이 평가한 것이 아닌가 싶다. 어찌 되었든 우연히 그린 그래프 한 장이 그렇게 나의 운명을 바꾸어 놓았다.

1970년 사무관으로 초고속 승진할 때까지 나는 3년 수개월 동안 수출진흥 종합시책과 월례 청와대 수출진흥확대회의 업무를 담당했다. 청와대 수출진흥확대회의에 배석해 진행상황을 직접 보거나 듣는 과정에서 참 많은 것을 배우고 느꼈다. 청와대 수출진흥확대회의는 안건 작성, 일정 통보, 회의 전 브리핑연습, 청와대와의 접촉, 관련기관(경제부처장관, 경제단체장, 은행장)장들의 일정 등과 밀접히 연관되어 있어, 담당자를 직접 찾는 일이 빈번하였다. 상공부, 경제기획원(현재의 기획재정부에 통합됨. 이후 경제기획원이라 함), 재무부(현재의 기획재정부에 통합됨. 이후 재무부라 함)등과 상공부 내의 관련국들(공업제1국, 전기국, 광무국 등)도 청와대 수출진흥확대회의 안건에 대단히 큰 관심을 가지고 신경을 썼으므로 그들과의 접촉도 잦아, 나는 지위와 직급을 막론하고 많은 상사들과 수시로 접촉하게 되었다. 상사들의 방을 수시로 드나들며 대화도 나누고, 수행도 하고, 국장 대리로 외부 회의에 참석하는 등 하급직원 치고는 너무나 큰 행동반경을 갖고 일을 했다. 어느 때는 청와대에서 광화문의 상공부까지 장관 전용차를 타고 오는 일도 있었다. 대통령에게 보고 드린 차트를 들고 나오는 나를 보고 장관이 타라고 한 것이다.

돌이켜 보면, 가벼운 마음으로 그렸던 그 그래프 한 장이 없었다면 내 인생행로 또한 지금과는 상당히 달랐으리라. 나는 그래프 한 장을 통해 모든 일에 주의를 기울이고, 좀 다르게 생각해 보고, 궁리를 하면 새롭고 가치 있는 일을 만들어낼 수 있다는 자신감을 얻었다. 작은 일이 조직과 개인에게 큰 변화를 가져올 수 있게 한 사례가 아닌가 생각한다.

6화

수출금융 무담보 신용보증제도(안)를 창안하다

수출진흥과에서 근무한 지 1년 반쯤 지나자, 민간 유관기관(무역협회, KOTRA, 수출조합, 한국은행, 외국환은행, 수출업체 간부 등) 직원들과 만나게 되고, 그러다 보니 수출 관련 현안에 대해서도 자연스럽게 의견을 나누게 되었다. 또한 무역금융심의위원회에 국장 대리로 참석하여 재무부 및 한국은행의 위원들과 외국환은행에서 올린 안건을 심의하다보니 무역금융과 관련한 문제점을 파악하게 되었고 이를 해결해야 할 필요성도 강하게 느꼈다.

수출 진흥을 위해 정부에서는 신용장에 대한 무역금융을 연 6%의 낮은 금리로 전액 지원해 주었다. 일반 대출금리(20%) 수준과 비교하면 이것은 엄청난 혜택이었다. 당시 수출이 매년 40% 이상 증가하고 있었으므로 당연히 무역금융도 40% 이상 증가해야 했다. 그런데 40% 이상 증가하는 무역금융에 비례하여 담보 또한 40% 이상씩 더 제공되어야 한다는 것이 문제였다. 업체로서는 매년 담보금액을 증액한다는 것이 사실상 불가능했다. 따라서 무역협회, 수출조합, 그리고 수출업체는 아무리 특별우대의 무역금융제도를 마련했다 해도 담보 문제가 해결되지 않고서는 소용이 없으니 '그림의 떡'이라는 것이었다. 예컨대 수출업체가 담보로 제공할 부동산 취득에 이익금을 계속 써야 한다면, 수출품 생산에 필요한 시설확장과 기자재 확보 및 공장 증축과 같은 투자에 힘을 쏟기가 어려워지게 마련이다. 이러한 무역금융 담보 문제를 해결할 방안이 없을까? 한 번 찾아보리라 나는 마음먹었다.

먼저 상공부 중소기업과에 부탁해 중소기업은행의 자료를 받아 분석을 하고, 한국은행 업무부 직원 및 외국환은행 무역금융 담당자들도 자주 만나 논의하였다. 또한 대한보증보험회사 관계자와 신탁은행의 장기신탁상품 개발자들과도 숙의하였다. 수출업체 임직원과 무역협회 손완수 담당자 등과 돌아가며 계속 접촉하였다.

그리고 면담에서 논의된 내용을 계속 기록해보았다. 6개월 정도 문제점을 정리하니 어렴풋이 구도가 그려졌고 해결 방안을 찾을 수 있다는 자신감이 생기기 시작했다.

대강 그려진 초안을 가지고 다시 수출업체, 무역협회, 대한보증보험회사, 갑종외국환은행 등과 개별 접촉을 통해 계속 협의했다. 일을 착수한 지 8개월이 지났을 때쯤 해결 방안이 어느 정도 완성되었다. 우선 보안을 유지해줄 만한 몇몇 사람에게 초인을 보여주고 의견을 물었고 '해볼 만한 작품'이라는 긍정적인 반응을 보여 해결방안을 완결지었다.

내가 홍성좌 과장(후에 차관, 중소기업진흥공단 이사장 역임)에게 이 방안에 대해 설명해 드리니(1969. 6), 과장은 첫 마디에 "이런 것을 왜 나한테 미리 한 마디 상의도 않고 이렇게 불쑥 내 놓는 것이냐"고 슬쩍 나무랐다. 과장의 첫 반응은 내가 예상한 그대로였다. 미리 상의드리지 못한 것은 죄송한 일이나, 사전에 보고드렸으면 수출진흥업무에 관해선 나라 안에서 가장 해박하다고 정평이 난 과장의 의견에 자연스럽게 맞추게 되었을 것이다. 또 '언제까지 빨리 만들어 봐'라는 지침에 따라 시한에 쫓기다 보면 현실 적용이 가능한 시안을 만들기 어려워질 수 있다는 판단에서 우선 작업부터 해보았다고 과장에게 부드럽게 해명했다. 과장은 나의 뜻을 이해하겠다면서 선선히 그간의 고충을 치하해 주고, 설명한 내용에 대해서도 '잘 되었다'고 칭찬해주었다. 이로써 실무적으로 제일 까다로울 것으로 걱정했던 1차 관문을 생각보다 수월하게 무사히 통

한국일보, 1969년 7월 8일.
수출업자의 보증확보 어려움을 덜어주기 위해 대한보증보험을 통해
수출금융을 제공하는 제도를 실시한다고 알리는 기사.

과하게 되었고, 그 뒤 심의환 국장(후에 차관, 총무처장관 역임)이 나를 불러 한두 가지 물어 보기에 명쾌하게 대답해주었더니 파안대소하며 칭찬해주었다.

그러고 나서 얼마 뒤 과장이 나를 불러, "내일 장관께서 이 방안을 기자간담회 형식으로 발표할 것이니 자료를 준비하라"고 하였다. 김정렴 장관(후에 대통령비서실장 역임)에게 국장이 이 방안을 보고했더니, 재무부에서 이재국장과 장관을 거친 경험이 있는 장관이 이 방안을 보자마자 바로 이해하고 '좋은 안'이라며 인정했다는 것이다. 장관의 인정을 받았다는 사실에 나는 너무나 기뻤고 감동했다.

내가 구상한 방안의 내용은 다음과 같다.

- 수출업체가 은행에 신용장을 내고 융자 받을 때, 은행에 담보를 제공하는 대신 대한보증보험회사의 '지급보증서'를 받아 제출하고 융자를 받는다.
- 대한보증보험회사의 '지급보증서' 발행을 뒷받침하기 위해, 신탁은행에 지급보증 이행을 위한 별도의 '기금(무역금융지급보증기금)'을 설치한다.
- 이 기금은 무역협회가 신탁은행에 예치한 '수출진흥기금'을 활용한다.(당시 신탁은행에 예치한 개발신탁 금리는 연 30%이상이었음)
- 내가 고안한 기본구상에는 무역협회의 '수출진흥기금'에서만 기금

을 출연하는 것으로 제안했었다. 그런데 최종 보고를 받은 장관이 매칭 펀드로 그 출연금만큼 정부예산에 반영하여 기금을 확대 조성하겠다고 하였다.

그 업무 흐름은 다음과 같다.

- 수출업체에서 무역협회에 지급보증 추천신청을 하면 무역협회에서 대한보증보험에 지급보증요청을 하고, 대한보증보험에서는 지급보증서를 발급한다. 수출업체에서는 이 보증서에 의거하여 은행에 융자신청을 하여 융자를 받는다.
- 만약 수출업체가 수출을 하지 못해 융자금을 갚지 못할 때에는 대한보증보험에서 대신 갚아주고 신탁은행에 예치된 기금에서 대위변제금을 결제받는다.

'장관실에서 상공부 국장급 이상 간부들을 배석시킨 자리에서 이 방안을 브리핑하라'는 장관의 지시에 따라 나는 차트를 만들어 브리핑을 하였다. 장관은 격려와 칭찬을 아끼지 않았고, 무역협회에서 출연하는 기금만큼 정부 예산에 반영시켜 기금을 배로 만들라고 지침을 내렸다. 무역협회는 회원총회를 열어 이 방안을 원안대로 의결하였다. 이후 차관보가 재무부, 대한보증보험, 외국환은행 등과 연석회의를 열어 모두의 합의를 이끌어냈다.

그런데 그해 가을 장관이 대통령 비서실장으로 임명되어 떠났고, 후임으로 이낙선 국세청장이 장관으로 왔다. 그러고 나서 이 방안은 좀 미루자는 신임 장관의 언급이 있었다는 말을 들었다. 그 이듬해 나는 승진하면서 수출진흥과를 떠났다. 장관이 바뀌면서 이 방안이 햇빛을 보지 못한 것은 매우 안타까운 일이었다.

개인적으로는 너무 고무되었고 큰일을 해냈구나 하는 자신감을 얻게 되었다. 많은 동료와 상사들이 격려와 칭찬을 아끼지 않았다. 또한 이 일을 계기로 나는 1994년 남아공화국의 만델라 정부에 세계은행과 함께 수출금융신용보증제도에 관한 자문을 하게 되었다.

7화
평소 준비해야 위기에 대처한다

1969년, 김학렬 청와대 경제수석이 부총리 겸 경제기획원장관으로 취임한지 얼마 후에 상공부 수출진흥과를 방문하겠다는 통보가 왔다. 상공부 수출진흥과는 수출진흥정책을 입안하고 대통령이 주재하는 월례 수출진흥확대회의를 주관하고 있었다. 부총리의 성품과 색깔이 특별하다는 것은 경제부처 공무원 사회에서 두루 알려진 사실이었다. 부총리가 본인 소관 부처 안에 있는 어느 과를 갑자기 방문한다는 것도 보통 일이 아닌데, 하물며 타 부처의 일개 과를 방문하겠다고 하니, 확실히 예사롭지 않은 일이었다.

부총리의 방문을 앞두고 상공부 수출진흥과는 침침한 사무실

조명도 밝게 하고 비품도 단장하는 등 나름의 준비를 갖추었다. 사실 사무실 외관을 단장하는 것보다 부총리의 날카로운 질문에 대비하는 것이 더 큰 문제였다. 정곡을 찌르는 질타로 소문난 부총리가 어느 분야에 관심을 갖고 있는지, 토론을 하게 될 경우 무엇이 이슈가 될 것인지, 또한 속사포로 질문을 쏘아댈 경우 어떻게 대처해야 할지 등, 부서 직원들은 도무지 감을 잡지 못해 걱정이 태산이었다. 어느덧 긴장되는 순간이 다가왔다. 부총리가 상역차관보를 대동하고 수행한 간부직원들과 함께 바람을 일으키며 수출진흥과로 들어왔다.

수출진흥과 사무실 한쪽에 서서 부총리가 첫 질문을 던졌다.

"홍과장, 내년도 수출계획 수립했는가?"

"지금 입안하고 있습니다."

홍과장의 말이 떨어지자마자 부총리는 차관보를 돌아보며 물었다.

"김 차관보, 왜 사실과 다르게 말했소?"

순간 혈색 좋은 차관보의 얼굴이 더욱 홍조를 띠었다. 부총리의 질문이 계속 이어졌다. A사무관에게 "왜 우리나라는 연불수출* 비중이 낮고 연불수출이 안 되는가?"라고 묻자 A사무관은 가칭 '중

---

* 연불수출(延拂輸出) : 수출업자가 수입업자에게 결제대금의 일부를 현금으로 받고 나머지 대금은 나중에 여러 해 동안 나눠 받는 수출방식. 플랜트나 선박 등 덩치가 큰 제품을 수출할 때는 정부차원이나 민간은행의 지급보증을 전제로 수출금액 지급을 연기하는 일종의 외상수출이다.

장기연불수출진흥법(안)'을 준비하고 있다고 흡족하게 대답했다.

부총리는 이번엔 전체 직원들을 향해 "국가에서 수출업체에 지원해주고 있는 보조적 성격의 지원금이 총계로 US 1 달러 당 몇 원인가?"라고 물었다. 누구도 예상하지 못한 뜻밖의 질문이었다. 우리나라 수출진흥정책의 제1인자로 인정받는 홍과장도 쉽게 답변하지 못하고 얼굴엔 당황해 하는 표정이 역력했다. 사무실에 적막감이 감돌았다.

큰일이었다. 우리나라 수출진흥의 총사령탑이라고 하는 수출진흥과가 정부에서 수출업체에 보조적으로 지원해주고 있는 지원금의 총계가 달러 당 얼마인지도 모른다니 말도 안 되는 일이었다. 수출 및 수입금융 이자율 연 6%, 수출용 원자재 세금감면, 원자재 관세 환급, 수출입링크제·기술소득·수출용 기자재수입 외화대출과 면세조치 등 그 많은 지원을 하면서도 국가에서 수출업체에게 지원하는 보조금적인 지원금의 총계를 담당 직원들 중 아무도 모른다는 것은 있어서는 안 되는 일이었다. 이런 돌대가리들이 모여서 무슨 일을 하겠냐는 부총리의 불호령이 곧 터질 것 같았다.

경제부처에 떠도는, 부총리의 호통에 관한 소문은 많았다. 부총리가 어찌나 크게 호통을 쳤는지 너무나 놀란 경제기획원 간부직원은 문을 열고 나간다는 것이 캐비넷을 열고 들어가려 했다고도 하고, 호주를 다녀온 박정희 대통령이 축산 장려책을 펴고 있을 당시 농림부를 방문한 부총리가 축산 담당 직원(국장, 과장, 사무관)들에게 대학 전공이 무어냐 물어 모두 농과대학 출신이라고 하니,

이렇게 버럭 소리를 질렀다는 것이다.

"돌대가리 같은 사람들이나 이런 짓을 하지. 이래서야 축산진흥이 되겠는가. 축산, 경제, 법률 등 서로 다른 시각을 가진 사람들이 함께 지혜를 모아야지!"

이런 부총리 앞에서 다들 꿀 먹은 벙어리가 되어 서 있으니, 당장이라도 호통이 떨어질 긴박한 위기 상황이었다. 그 순간 우렁찬 목소리 하나가 적막을 깼다. "달러 당 58원입니다"라는 내 대답이었다. 부총리가 들고 있던 담배를 내 책상 위에 있는 재떨이에 비벼 끄고는 이렇게 말했다.

"나는 62원으로 알고 있는데, 58원이라고? 좋아!"

그러고는 몇 가지 질문을 더 하고 나서 사무실을 떠났다.

그곳에 있던 모두가 '달러 당 58원입니다'라는 내 대답에 깜짝 놀랐다. 얼마 후 과장이 나를 부르더니, 차관보가 인터폰을 통해 순간적으로 잘 대답한 내게 고맙다고 전해달라는 말을 했다고 하였다. 차관보도 순간적으로 얼른 기억나지 않았던 모양이었다. 그 후로 한동안 나를 따라다닌 별명은 '58원'이었다.

내가 그 순간 대답할 수 있었던 것은 이런 연유에서다. 청와대 상공 담당 김동수 비서관(후에 수산청장 역임)이 무역협회 등에서 나온 방대한 양의 보고서를 다 읽을 수가 없으므로 상공부 수출진흥과 등의 부서에 30매 정도로 요약해 줄 것을 부탁했다. 나는 청와대 김 비서관 덕택에 쉽게 접하지 못하는 보고서를 읽을 기회를 얻었고 중요한 내용을 발췌해 축약하기 위해 여러 번 읽고 쓰다

보니 기억에 남게 된 것이다. 이렇게 요약한 내용 중에 '수출비용 유효검증에 관한 연구 보고서'가 있었고 마침 부총리의 질문에 해당하는 내용이 있어 순간적으로 떠올랐다. 이 보고서가 아니었으면 그날 수출진흥과에 어떤 상황이 벌어졌을까? 다시 돌이켜봐도 아찔하다.

평소에 준비해 두면 쓸모가 있게 마련이라는 평범한 진리를 또한 차례 실감했고, 역시 옛 어른들 말씀은 틀리는 법이 없다는 생각이 들었다. "배워서 남 주나, 알아야 면장이라도 하지." 그 후에도 "달러 당 58원입니다"를 힘차게 대답하던 때를 떠올리면 비할 데 없는 희열을 느끼곤 했다.

8화
호주 무역진흥 연수보고서가 일으킨 파문

콜롬보계획(Colombo Plan)*의 일환으로 1970년 1월부터 4월까지 오스트레일리아 외무부와 무역산업부가 공동주관한 무역진흥연

---

* 콜롬보계획 : 1951년 스리랑카의 콜롬보에서 발족한 동남아시아 기술·원조계획으로 아시아·태평양국가들의 경제발전계획들 논의하고 개발에 대한 기술적·재정적 원조를 제공하기 위한 계획이다. 이 계획은 인도·파키스탄·스리랑카·오스트레일리아·뉴질랜드·영국정부에 의해 시작되었고, 이후 미국 및 일본과 많은 동남아시아국가들이 참여했다.

수프로그램(Trade promotion training program for less developed countries)에 내가 참여할 수 있었던 것은 그야말로 천재일우의 기회를 잡았기 때문이었다. 1969년 가을 어느 날 박필수 과장(후에 산업자원부장관 역임)이 대뜸 내게 내일 서울대와 호주대사관에 가서 호주의 무역진흥연수참가 자격시험을 쳐보라고 하였다. 왜 이렇게 갑자기 시험을 봐야 하느냐고 물어보니, 먼저 응시한 사람들이 모두 불합격이라고 방금 전 통보가 왔다며, 내일이 응시 마감일이라는 것이었다. 좋은 기회이긴 한데, 실격되면 망신이 아닌가 싶어 처음엔 주저하였다. 하지만 지레 겁먹고 포기해버린다면 나 또한 그저 그런 놈이 된다는 생각에 일단 도전해보기로 했다. 지금 돌이켜봐도 참 잘한 결정이었고, 좋은 기회가 오면 놓치지 않도록 늘 철저히 준비해야 한다는 것을 확실히 알게 되었다.

처음으로 하게 된 해외여행인 데다 장거리 여행이라 나는 긴장하지 않을 수 없었다. 그렇게 큰 비행기를 타는 것도 난생 처음이었는데, 에어컨을 어떻게 조절해야 하는지 몰라 자카르타를 거쳐 시드니까지 적도를 넘어가는 긴긴 비행 동안 나는 오들오들 떨며 견뎠다. 평소에도 몸이 안 좋으면 목부터 붓는 체질인 터라 호주에 도착하자마자 열이 오르고 편도선염을 앓게 되었다. 병원 예약을 할 줄도 몰라 어찌 할 바를 모르던 나는 결국 연수 담당자에게 부탁했다. 담당자는 수업 중인데도 예약을 해주었다. 병원에 예약하고 진료를 받은 것 또한 평생에 처음 있는 일이었다. 진료가 끝나고 난 뒤 의사가 약은 안 주고 달랑 처방전만 줘서 나는 잠시 당황했는데, 당시 호주는 이미 의약 분업이 이루어져 있었기 때문에 약국에 가서 따로 조제를 받아야 했다.

이렇듯 모든 것이 낯설고 어려운 외국에서의 연수 생활이었지만 그곳에서 체험한 하나하나가 전부 소중한 경험이었다. 호주의 수도 캔버라에서 진행된 이 연수프로그램은 한국, 인도, 태국, 필리핀, 파키스탄, 이란, 캄보디아, 베트남, 네팔, 말레이시아 등 10개국에서 온 13명의 공무원들이 대상이었다. 다른 나라에서 온 공무원들은 대부분 나보다 고위직(과장, 국장)으로 연장자였고 그 중에는 미국에서 경제학 박사 학위를 받은 인도 공무원도 있었다. 호주 정부 공무원과 무역 관련 단체 간부들의 강의도 무척 유익했고 시드니와 멜버른에 있는 무역 유관기관을 방문하는 현장 체험 또한 인상적이었다. 3~4명씩 팀을 이루어 분임연구(syndicate work)를 한 뒤 발표하는 기회도 있었다. 한국에서 간 상공부 과장과 내가 영어에 가장 서투른 편이었는데, 다행히 강의 내용이 언제나 미리 배부되어 준비하기가 용이했다.

당시 우리나라는 수출진흥정책을 정부 과제 중 최우선 목표로 삼고 있었으므로 수출진흥과 관련한 제도와 운영은 다른 나라들과 비교가 되지 않을 만큼 잘 돼 있었다. 우리나라 수출진흥종합시책과 월례 청와대 수출진흥확대회의 업무를 맡아본 담당자였던 터라, 나는 연수 과정에서 배우는 내용과 우리나라의 현황을 비교하며 의견을 개진할 수 있었다. 그러자 호주 무역산업부 직원들이 내게 관심을 보였고 자연스럽게 다른 연수생들보다 그들과 가까이 지내게 되었다. 특히 네이비스 엘리스(N. Ellies, Director, Bureau of Trade Commisson)와 친근해져 여러가지 자료를 별도로 제공 받기도 하였다. 그 자료들은 귀국한 뒤 상공부 수출진흥업무를 수행하는 데 큰 도움을 주었다.

나는 매일 강의 자료를 예습, 복습하고 우리나라의 사정과 비교하며, 소견을 차근차근 정리해두었다. 이렇게 좋은 연수를 받도록 보내준 상공부에 조금이라도 도움이 되고 연수목적에 부합하려면 배운 것을 널리 알리고 실천해야 한다는 생각이 들어 연수받은 내용을 잘 정리하여 보고서를 작성하리라 다짐했다. 귀국하면 바로 다음날부터 일에 쫓기게 될 터, 더욱이 3개월이나 자리를 비웠으니 밀린 업무로 정신없이 바쁠 것이 분명하므로 귀국하기 전에 연수보고서를 미리 작성해야겠다고 마음먹었다. 그래서 분임연구 발표용으로 만든 차트를 포함하여 연수보고서를 미리 써놓았다. 연수에서 돌아온 뒤 나는 이렇게 준비해둔 보고서를 인쇄하고 제본하여 상공부 직원과 지인들에게 배포했다. 청와대 보고서를 만드는 '신진인쇄소'에 특별히 주문하여 인쇄는 공판(孔版)으로, 질 좋은 종이에 엷은 하늘색 표지를 달아 보고서를 제작했다. 각종 인쇄비 등은 수용비라는 예산 항목에서 썼는데, 늘 부족했으므로 보고서에 소요되는 인쇄비는 자비로 충당했다. 상공부에서 외국 연수 내용을 담은 보고서는 내 보고서가 처음이었다.

보고서의 내용에 대한 반응이 썩 좋아 나는 많은 직원들로부터 격려와 칭찬을 받았다. 특히 심의환 상역차관보(후에 총무처장관 역임)는 사비로 보고서를 제작했다는 소식을 듣고 과장을 통해 인쇄비용을 보내주며 내용에 대해서도 칭찬해주었다. 보고서를 보았고 내용에 대한 토론을 원한다며 이한빈 원장(서울대학교 행정대학원)으로부터 전갈이 와 만나기도 했다. 만난 자리에서 장차 한국과 호주와 간의 통상전망과 관련해, 우리의 산업발전과 호주의 천연자원을 연결해 상호보완관계를 어떻게 맺어야 하는가에 대한 대책 등을 이야기했다. 득히 1973년 준공 예정인 POSCO와 호주 광산회사 간의 장기원자재계약 또는 합작회사 설립 등에 대해서도 논의했다. 이한빈 원장을 만난 뒤 며칠이 지나 차관이 불러 가보니, 이한빈 원장이 '남대우의 연수보고서를 보고 내용이 좋았다는' 편지를 보내왔다며 '왜 나에게는 보고서를 주지 않느냐'고 말하기도 했다.

기회를 날려 버리지 않고 잡은 덕분에, 3개월 간의 선진외국연수를 통해 나는 견문도 넓히고, 그 이후로 사람도 많이 사귀는 등 개인적으로 발전할 수 있었다. 또한 차관보가 인쇄비를 주고, 차관이 평직원의 보고서를 챙겨주고 하니, 여러 가지 보이지 않는 메리트가 작용하는 듯한 분위기가 피부로 느껴졌다. 그해 특별승진시험 응시대상자 30명 안에 들게 되어 3년 만에 사무관으로 승진하는 행운까지 얻었다. 그 연수보고서는 그 후로도 계속 직장생활을 해나가는 과정에서 브레이크 스루(break through, 문제의 돌파구를 찾아내는 것)를 하게 만드는 계기가 되어 주었다.

9화

호주 수산물을 개발해 수출해 보려던 꿈

호주에서 무역진흥연수프로그램을 받고 있던 1970년 3월, 호주 캔버라 브라시 하우스에서 호주연방 원주민(aborigine)지위향상위원회가 개최되었다. 그곳에서 처음으로 나는 원주민들을 만났고, 그들을 위해 헌신하는 헌트(Mr. Hunt) 목사 내외와도 인사를 나누었다. 호주 원주민이 처한 상황에 대한 자세한 설명을 들은 뒤 원주민 손으로 만든 부메랑을 선물 받아 원주민들의 지도 아래 부메랑을 던지는 체험도 했다.

그 후 멜버른으로 간 현장실습에서 헌트 목사를 다시 만났다. 헌트 목사의 도움으로 나는 전복가공공장 사장을 만나 공장을 둘러보았다. 공장에서는 전복을 소금물에 절여서 2개 정도 넣은 통조림 캔과 전복을 우유·밀가루 등과 함께 갈아서 만든 시럽제품을 생산하고 있었는데, '효능이 배가된 강장제(Double strength)'라고 표기하여 홍콩·유럽으로 수출하고 있었다. 호주 사람들은 전복을 생(회)으로도 안 먹고 가공한 통조림이나 시럽도 먹지 않아 공장에서 생산된 제품은 거의 전부 수출되었다.

당시 호주는 경기가 좋아 좋은 일자리가 많았고 따라서 바다 속으로 들어가 힘들게 전복을 채취하는 일을 하려는 사람이 없었다. 게다가 위험하기까지 한 일이었으니 어쩌면 당연했다. 타스마니아 섬 해변에 문어가 너무 많아 새우(prawn)의 씨를 말리다시피하고 있는데도 새우를 보존하기 위해 문어를 잡을 어부가 없는 것도 큰 문제였다. 호주에 여러 개 있는 호수들 안의 해초를 뜯을 사람도 구할 수 없었다. 해산물 채취를 제대로 할 수가 없으니, 전복 공급이 달려 공장 문을 닫아야 할 지경이었다. 캔버라에서 돌아온 나는 마켓에서 전복 통조림을 사다 먹어보고 중국집에서 전복 요리도 시켜 먹어보았다. 값이 저렴할 뿐 아니라 맛도 썩 좋았다.

이 문제를 해결할 좋은 빙도기 없을까 생각하던 내게 1.4 후퇴 때 피난갔던 제주도에서 1년 간 학교를 다니면서 자주 만났던 제주 해녀가 떠올랐다. 만약 우리나라 해녀들이 호주에서 전복을 따고 해초를 뜯고 문어 잡이를 한다면 호주와 한국 양쪽 모두에 상당한 도움이 되지 않을까? 하는 생각이 들었다. 이러한 생각을 하게 된 데에는 호주에서 만난 세계적인 석학 드라이스데일 (P.D Drysdale)박사*의 논문 '호주와 일본의 통상 역사에 관한 연구'의 영향도 컸다. 연구에 따르면 호주와 영국연방 간의 교역은 일반 상품무역 중심(country bias)으로 이루어진 반면 호주와 일본 간의 교역은 원자재가공무역 중심(commodity bias)으로 이루어졌다고 한다. 호주는 원자재를 수출하여 공급하고 일본은 그 원자재를 가공하여 수출하니, 호주·일본은 서로 상생관계를 유지하면서 양국의 교역이 지속적으로 발전·성장해간다는 내용이었다. 드라이스데일 박사는 내게 한국과 호주도 원자재가공무역 중심 관계를 맺으면

---

* 호주국립대학(ANU, Austrailia National University) 교수.

통상관계가 증진될 수 있다고 하여 나는 내 방안에 더욱 확신을 가질 수 있었다.

실현 가능성을 알아보기 위해 나는 우선 호주 수산청에 수산물 관련 자료를 요청하여 수산물 수출 정책을 살펴보고, 우리나라 해녀의 노동력 이동 문제와 호주와의 합작 가능성을 분석했다. 우리나라의 해녀 관련 자료도 함께 수집했다. 우리나라 해녀 관련 자료를 살펴보면서 놀라운 사실 몇 가지를 발견했다. 우리나라 해녀는 예전에 소련 우라디보스토크, 중국, 일본 등지에 진출하여 이미 해외에서 명성을 날린 적이 있었다. 해녀의 흰색·검은색의 잠수 옷과 긴 흰 띠와 흰 머리 수건은, 색깔과 띠 길이 자체가 상어의 공격을 피할 수 있는 보호 장비라는 사실, 1950년대 미국 우주항공국(NASA)에서 당시 세브란스 의과대학 교수인 홍석기 박사에게 우리나라 해녀에 관한 연구용역을 의뢰하여 보고서를 제출하게 한 사실도 알게 되었다. 우리나라 해녀의 긴 잠수 시간과 잠수와 심호흡 간의 관계 및 해녀가 정상체온보다 상당히 낮은 수온에서 견디어내는 것이 선천적인 것인지, 아니면 어떤 훈련과정으로 단련된 것인지에 관한 연구였다. 우주인이 주변 환경변화의 상황에 처했을 때 어떻게 극복할 수 있는가를 알아보기 위해 NASA에서 우리나라 해녀를 대상으로 실증적 연구를 시도했다는 것이 정말 놀라웠다.

귀국한 뒤 나는 주한 호주대사관 영사, 존 파우시스와 친교를 맺으며 여러 자문을 받았다. 그 외에도 해녀 파견 구상에 대해 여러 사람들에게 자문을 받았는데, 대부분이 가능성이 있으니 도전해 보라는 반응이었다.

힘을 얻은 나는 '호주에서의 수산물 개발 수출'이라는 제목으로 1971년 수출진흥 아이디어뱅크에 이 방안을 제출했고 입상했다. 이낙선 장관(후에 건설부 장관도 역임)은 상공부 직원이 수출진흥 아이디어상을 수상한 것은 처음이라며 칭찬해주었고 상금으로 10만원(당시 내 월 급여의 몇 배에 해당)도 받았다. 나는 이 안을 실제로 성사시키기 위해 민충식 주 호주 한국대사(후에 한국전력공사 사장 역임)에게 방안 내용을 보내서 현지에서 가능성, 문제점 등을 검토해 달라고 부탁했다. 캔버라에서 연수받을 때 대사의 초청으로 댁에서 저녁식사를 함께 한 적이 있었는데, 청와대 비서관 출신인 대사가 수출진흥업무를 담당하는 내게 관심을 표했기에 부탁드리기가 훨씬 수월했다. 얼마 후 대사로부터 회신이 왔다. 연수 중에도 한국과 호주 양국 사이의 상호 이익이 될 수 있는 일을 착안하고 이렇게 성안하여 자신에게까지 의견을 묻는 것에 우선 격려를 아끼지 않았다. 그리고 해녀의 노동력 이동 문제는 호주 노동자의 영역을 침범하지 않으므로 별 문제가 없을 것이며, 또한 개발되지 않은 자원을 개발하여 수출하는 것이니 가능할 것이라고 하였다. 자신 또한 이 방안을 실현시키는 데 힘을 보태겠으니 계속 추진해보라고 격려해주어 나는 더욱 고무되었다.

그 후 외무부 통상1과장과 함께 호주로 가서 아이디어에 대한 타당성 조사를 하도록 결정되어 공무원 해외여행 심사위원회도 통과되었다. 외무부 직원들과 저녁식사를 하면서 호주에서 조사할 일, 특히 주 호주 한국대사(민충식)와 협력관계를 어떻게 할 것인지에 관한 논의까지 하였다. 그런데 느닷없이 잘 진행되던 일이 암초에 부딪히고 말았다. 국무총리실에서 외화절약을 위해 공무원의 해외여행 억제조치를 하달했고 그때문에 호주로의 타당성 조사 출장이 무산되고 만 것이다. 그리고 해가 바뀌어 1972년 나는 재무부로 전출되었다.

당시 4대 재벌그룹 중 한 회사를 다니며 회장의 신임을 받고 있던 친구(그 역시 UNDP 자금으로 수개월 간 호주 연수를 다녀왔음)의 말이, 이 방안을 그룹의 호주 진출 교두보로 추진하고자 그룹차원에서 검토하여 순조롭게 진행시키고 있었는데, 어느 선인가에서 좌초되었다고 했다. 이 일이 성사되지 않은 아쉬움은 1973년 말에 일어난 자원파동으로 더 크게 다가왔다. 앞서 언급한 그 그룹의 회장은 "우리 회사가 앞을 내다보고 호주의 천연자원개발을 보루로 삼아 우리나라에서 처음으로 해외합작투자를 성사시켰다면 그 자체만으로도 큰 의미가 있었던 것은 물론 해외자원개발과 관련해 한 발 앞서가는 선두주자가 되었을 텐데…", 라며 몹시 아쉬워했다고 한다. 친구에게 이 이야기를 전해들으며 우리들의 식견도 그만하면 쓸 만했다고 서로 쳐다보며 웃었다.

Wins 'Idea Bank' Award

Nam Suggests Fishing Colony As Joint Effort With Australia

By KIM JONG-KI

A Korean fisheries colony, that would bring back dollars, is likely to be established in Australia, at the suggestion of an official of the Commerce-Industry Ministry, who once received training for export promotion in Canberra under the Colombo Plan.

The suggestion was presented to the Idea Bank—a place designed to collect suggestions for export promotion—and chosen as one of most promising dollar-earning potential ideas. The Idea Bank gave 100,000 won in cash to Nam Dae-woo in reward for his suggestion.

Nam, who is now working as a subsection chief in the Commerce-Industry Ministry, explains that both Korea and Australia could achieve a genuine partnership in a joint investment venture to explore one of Australia's abundant marine resources—abalone. First of all, Nam analizes the adverse impact of a labor bottleneck on the production of abalone in Australia and suggests that Korean women divers be sent to that country to meet the shortage of labor.

He believes that remittances accruing from this simple labor supply to Australia will amount to between $2 million and $8 million annually.

He further suggests that Korea make an equity investment in a venture for catching rock-clinging shell fishes, plus the supply of labor. It will pay back an enormous sum of investment proceeds and of stock dividends, he says.

Outpost for Expansion

Finally, he recommends that Korea build up a firm colony of Korean fishermen in Australia to be used as an outpost for further expansion of Korea's economic relationships with that country.

The official says he finds this joint venture will provide strong momentum to further increase mutual benifits to the good of both Korea and Australia.

To back up possibilities for the project, Nam gives a lengthy report covering a compar-

Nam

able study of labor situations in Australia and Korea, world market needs for abalone, and possible barriers to the flow of manpower from Korea to Australia.

He finds that production of abalone in Australia rose rapidly until 1968, but has been decreasing since then. For example, production amounted to 8,695 tons in 1968, but dropped to 7,465 tons in 1969, he says.

Nam establishes a cause and effect relationship between a decline in abalone production and a shortage of labor supply. Pointing out that Australian fishermen, according to an official census of the Australian population in 1966, numbered only 8,021, accounting for 0.07 per cent of the total population, he properly quoted the 1969 Year Book of Australia as saying, "Fish production is lower because of the smaller crayfish population."

In sharp contrast, the number of Korean fishermen, excluding their dependents, was 575,000 in 1966.

Except for this labor bottleneck, other conditions are extremely good. Australia provides fine fishing grounds for abalone and weather remains mild the year round, he says.

Nam finds markets for the shell fish strong the world over, Hongkong, Japan, Singapore, Malaysia, the United States, Canada and Britain include

major customers of abalone. The World Trade Annual of 1969 reported that exports of crustal and shell fishes throughout the world, amounted to $175,551,000, of which a major portion went for abalone. In 1969, Australia sold $4,256,000 worth of abalone products abroad.

Potential Customers

Nam goes on to say that a great number of Chinese residents, scattered around Asian countries, are enormous potential customers of abalone products, since many of the Asian countries may lift restrictions on the import of abalone in the years ahead in the face of increasing world free trade moods. He also says that dried abalone products will also be selling well. Nam rules out the possibility of Australian unionists objecting to any influx of Korean fishing manpower, since it will not be in competition with their job opportunities.

He expects a hearty welcome to the offer from Australia, because it will open up the way for developing a backward sector in the rich natural resources of Australia.

To achieve the joint venture, he suggests that the government stay aloof from the management so that the venture can be made on a private partnership basis.

In the meantime, the government has decided to send Nam to Australia on a fact-finding mission on the proposed project. If he finds the project "feasible" following his first-hand survey in Australia, the project will surely act as a powerful lever for Korea to trade with Australia, as an equal partner.

A graduate from the Seoul National University Commerce College, Nam has been working for the Commerce-Industry Ministry as a career trade official. He once successfully went through an export promotion training for government officials at the International Training Center of the Department of External Affairs of Australia, under the Colombo Plan.

1971년 10월 15일/코리아헤럴드.

호주 해산물 채취 작업에 제주 해녀를 진출시킴으로써 한국과 호주의 상호 경제이익을 도모할 수 있다는 나의 제안을 소개.

10화

'우편저금법' 개정으로 우편저금 이자율 소동 해결

1974년 청와대 경제비서관실에는 체신부(현재의 과학기술정보통신부에 통합됨) 담당 비서관이 따로 없었고 상공부 담당비서관이 같이 업무를 맡고 있었는데, 바로 내가 경제제1비서관실 행정실과 체신부 및 또 다른 부서 업무를 맡아 보는 담당이었다.

어느 날 체신부 우편저금과장이 급하게 찾아왔다. 우편저금과장은 국무회의 의결을 거쳐 총리 결재가 난 우편저금이자율 안건이 최종적으로 대통령의 재가가 있어야 결정되니 조속히 재가를 받아달라고 간곡히 요청했다. 자초지종을 들어보니 우편저금과장의 요청이 옳다고 판단되어 서둘러 대통령의 재가를 받아 통보해주었다. 우편저금과장은 매우 기뻐했다.

나는 그 과장을 만나 왜 이렇게 힘들게 쫓기면서 일을 하는지 물어보았다. 과장은 우편저금법이 제정된 이후 한국은행에서 이자율이 변경될 때마다 이같은 법석을 떨어야 한다고 했다. 우편저금 이자율을 변경하기 위해서는 다음과 같은 복잡한 절차를 밟아야 했다. 한국은행에서 기준금리 변경을 결정하면 체신부에서 장관 결재를 받아 경제차관회의, 경제장관회의, 차관회의, 국무회의, 국무총리를 거쳐 끝으로 대통령의 재가를 받아 대통령령으로 공포되어야 우편저금 이자율도 따라서 변경되었던 것이다. 이와 같이 여러 단계를 거치다보니 아무리 서둘러도 최소한 2주일의 시간이 걸릴 수밖에 없었다. 이런 사정이니 우편저금과장은 한국은행 이자율이 변동되었다고 하면, 그 순간부터 2주 동안 노심초사 밤을 새워가며 일을 해야 했다면서, 2주간의 시차 발생으로 인한 고통은 또 이루 말할 수가 없다고 했다. 나는 그 과장에게 함께 해결 방안을 모색해 보자고 하였다. 하지만 현재 상황에서는 뾰족한 수가 없었다.

이자율 결정은 한국은행 총재가 정하는데, 그렇게 복잡한 절차를 거치느라 결국 한국은행 총재의 뒷북을 치도록 내버려둔 것이다. 수없이 체신부·경제부처·국무총리실·청와대 비서실 등 여러 단계를 거쳐 왔는데도 어째서 있을 수도, 있어서도 안 되는 일이 아무런 의문 없이 지속되어 왔는지 이해가 되지 않았다.

그 원인은 사실 단순했다. 우편저금법에서 우편저금이자율을 대통령령인 시행령으로 정하도록 해놓았기 때문이었다. 이 법의 제정 당시에는 그럴만한 이유가 있었겠지만, 이후 여건이 변했는데도 아무런 대응이 없었다는 것이 참으로 의문이었다. 그 이유를 따지기보다는 어떻게든 비합리적인 이 문제를 해결하는 것이 급선무라고 생각하여 홍성좌 비서관(상공부 차관, 중소기업진흥공단 이사장 역임)에게 보고했다. 홍성좌 비서관은 왜 아무도 이런 점에 문제의식을 가지고 개선하려 하지 않았는지 모르겠다며, 체신부와 협의하여 빠른 시일 내에 법을 개정토록 하라고 했다.

우리는 어떤 일에 한 번 젖어버리면, 그것을 당연한 것으로 보려는 습성이 있다. 우편저금법 자체를 개정하면 단 번에 해결할 수 있는 일인데도, 아무도 바꿀 수 있다고 생각하지 않았다. 체신부의 고위 간부가 부끄럽다고 하며, 법을 개정하여 우편저금 이자율은 체신부령(장관 결재 사항)으로 정하도록 했다. 그 이후 그렇게 바쁘게 찾아오던 과장을 더는 만나지 않게 되었다. 만나지 않는 편이 더 좋다는 것은 바로 이런 일을 두고 하는 말일 것이다.

11화
국가적인 텔렉스(Telex) 공급부족을 단칼에

역시 내가 청와대 경제제1비서관실에서 일하던 때의 이야기다. 1973년, 수출은 여전히 잘 되고 있었고 경제도 날로 좋아졌다. 1974년에는 무역업이 등록(신고)제로 바뀌었는데, 등록요건 중에 텔렉스와 텔렉스 요원을 갖추어야 한다는 조건이 들어 있었다. 당시 통신 수단은 우편, 전화, 전보가 일반적이었고, 가장 빠르고 현대적인 텔렉스가 도입되어 보급되는 중이었다.

개인소유인 백색전화 한 대 값이 작은 집 한 채 값이 될 정도로 품귀했던 시절이었다. 전화를 신청하면 1년도 넘게 기다리는 일이 흔했고, 그렇게 기다리다 집에 전화가 설치되면 일가친척, 친구들에게 전화 개통했다고 연락하고, 밤낮을 가리지 않고 축하한다는 전화를 받아 이래저래 아주 우쭐해 하던 때였다. 백색전화를 가졌다 해도 이사가면 지역별로 전화국이 달라 옮겨간 지역에서 새로운 전화번호를 받는 데 수개월 이상 걸리는 것이 보통이었다.

전화, 텔렉스에 대한 수요가 공급을 크게 초과해, 전화, 텔렉스 등 통신수단 확보에 얽힌 사연 또한 다양했다. 일반 시민이 자신의 집에 전화를 설치한다는 것은 거의 불가능에 가까워서 전화국에 어떻게든 선을 대려고 난리를 치던 시절이었다. 전화, 텔렉스가 독점 공급되는 상태에서 초과 수요가 만성적으로 누적되고 있으니 당연한 현상이었다.

당시 통신사업은 정부예산에서 체신사업특별회계라는 독립된 회계에 의해 운영되고 있었다. 전화 사업은 흑자를 기록하고 있었으므로 그 흑자를 전액 전화 인프라 확충에 재투자 한다면 공급 부족 문제를 완화시키는 데 도움이 될 수 있었을 것이다. 하지만 그때는 국가재정 규모도 적고 쓸 곳은 많아 재정운영이 쉽지 않은 때라 적자가 나는 긴급한 사업 부분을 보전하는 쪽으로 운영되다 보니, 인프라 투자를 통한 수요 대처가 이루어질 수 없었다. 설령 체신사업 특별회계가 국회를 통과하여 텔렉스 예산이 확정되더라도 독일의 S회사에 발주한 후 제작하여 수입해 오는 데도 수개월이 걸렸다. 이처럼 텔렉스 문제가 국가차원에서도 매우 심각함에도 이를 해결할 방안이 딱히 없었다.

이런 상황에서 가장 어려움을 겪는 업체가 바로 무역업체였다. 무역을 하려면 아무래도 가장 신속하고 정확한 통신수단인 텔렉스가 꼭 필요한데, 텔렉스 설치와 텔렉스요원 확보는 신설 중소 무역업체가 해결하기 어려운 가장 절실한 애로사항이었다. 상공부에서 수출업무를 담당했던 나는 이러저러한 경로로 텔렉스 문제에 관한 이야기를 많이 들었고 어떻게든 이 문제를 해결해야겠다고 마음을 먹고 한동안 궁리를 거듭했다.

그런 끝에 찾아낸 해결 방안이 텔렉스의 '소유개념'을 '이용개념'으로 바꾸는 것이었다. 당시 광화문에 있는 국제전신전화국(KIT)에 텔렉스 30대를 공동으로 설치하고, 텔렉스 1대를 이용하는 무역업체를 30군데씩 등록을 받아 함께 이용하도록 하면, 텔렉스를 900대 설치하는 것과 동일한 효과를 낼 수 있다는 아이디어였다.

사용방법은 다음과 같았다. KIT는 신청 업체에 고유번호를 지정해 등록시키고 KIT 건물 안에 업체별로 우편함과 비슷한 연락박스를 설치한다. 텔렉스가 도착하면 해당업체의 연락 박스에 투입한 뒤 업체에 전화로 통보해 찾아가게 한다. 업체에서 거래처에 연락할 일이 있을 때는 담당 텔렉스 요원에게 전송할 내용을 보내 담당요원이 처리하게 한다. 텔렉스 공동이용시스템(안)을 만든 뒤 나는 체신부 및 KIT 직원들과 세부 내용을 협의했다.

이 방안이 채택되자 국가적 과제였던 텔렉스 초과수요문제가 단박에 해결되었고, 심지어 텔렉스를 이미 가지고 있던 회사들이 텔렉스를 반납하는 사태까지 일어났다. 텔렉스의 수급 불균형 문제가 해결되자 텔렉스에 붙은 고가의 프리미엄도 자연히 사라졌다. 중소무역업체는 회사마다 텔렉스를 설치하고 텔렉스 요원을 확보할 필요가 없어졌다. 국가 차원의 난제였던 텔렉스 공급부족 문제가 한 푼의 예산 증액 없이 단번에 해결되었을 뿐만 아니라

텔렉스 구입 예산을 확보해 국회 예산심의절차를 거쳐야 하는 일
또한 아예 필요 없어졌다. 법과 제도는 물론 예산조차 건드리지
않고 문제를 해결하다니, 작은 아이디어 하나의 위력이 얼마나 큰
지 새삼 깨달았다.

　내가 이러한 일을 해낼 수 있었던 것은 상공부 수출진흥정책수
립 일선에서 수년을 일하며 쌓은 감각과 청와대의 홍성좌 담당비
서관의 격려와 협조 그리고 당시 자문역할을 해주신 김재익 박사
(후에 대통령 경제수석비서관 역임)의 도움 때문이었다. 또한 체신부의
국제업무담당 직원들과 국제전신전화국(KIT)장의 적극적인 협력이
있었기에 가능했다. 지금도 모두에게 감사하고 있다.

2

아이디어의 놀라운 힘

KCGF 초대 신용조사1부장 시절 이야기
1976~1982

1화
—

압력을 넣지도, 받지도 않겠다는 이사장과의 약속

    나는 공무원을 그만두고 신용보증기금(당시의 영문공식명칭은 Korea Credit Guarantee Fund, KCGF, 지금의 영문 약자는 KODIT, 이하 KCGF로 표기함)이 출범할 때 참여했다. 전 직장에서부터 인연을 맺고 있던 이사장(정재철, 한일은행장, 국회의원 역임)이 신용조사1부의 초대 부장을 맡아달라고 내게 요청해 왔다. 신용보증서를 발급해 주기 위해 기업의 신용상태를 조사('보증용 신용조사')하는 부서였다. 금융기관의 대출이 이 신용조사를 바탕으로 하여 이루어지므로 아주 중요한 일이라 할 수 있었다. 나는 그러한 직무수행을 잘 해낼 자신도 없었고, 금융에서 신용조사가 갖는 중요성이 어떠한지도 잘 몰라서 주저할 수밖에 없었다. 은행에서 십 수 년 종사하고 있는 상과대학 동창생들에게 상의하니 하나같이 다음과 같은 이유를 들어 절대 맡지 말라고 이야기했다.

• 은행의 신용조사서는 부동산 등의 담보를 잡고 나서 형식적 요건을 갖추기 위한 것이지만, KCGF의 신용조사서는 신용보증서의 절대적인 근거자료가 되므로 매우 중요한 것이다. 신설기관인 KCGF에서 처음 시작하는 일이니 신용조사업무에 경험 있는 사람도 없을 것이고, 선험적 사례도 없으니 업무미숙으로 부실한 신용조사가 이루어질 수도 있고, 그 틈새를 교묘히 파고드는 사람들이 있어 악용당할 가능성이 매우 높다."

• 신용보증서는 그 자체가 은행대출의 담보가 되는 것이므로 안팎으로부터 청탁성 압력이 대단할 것이다. 돈과 관련된 공세는 집요하고 거세게 마련이라 이사장도 막아내기 힘들 것이다. 신용조사 담당자들에게는 압력 못지않게 검은 유혹도 많을 것이므로 감내하기 어려울 것이다."

• 다양한 기관에서 온 신용조사 무경험자들이 신용조사원(대리 이상의 책임자급 조사역과 평직원 조사자를 통칭하며, 약칭 '조사원'이라 하기도 함)이 될 것 아닌가? 좋은 말로 '유엔군 부대' 같아 조직의 기강이나 위계질서가 미처 정립돼 있지 않고, 조사원 간의 신뢰도 아직 형성되지 않아 부서를 이끌어가기가 매우 힘들 것이다."

"조사원이 현장(기업체)에 나가서 사실을 확인하고, 회계자료를 분석·정리하며, 재고·가동상황 등을 파악할 텐데, 사무실에 앉아 있는 부장이 어떻게 일일이 통제할 수 있단 말인가."

- 더욱이 '남대우' 너는 중앙 경제부처에서 일한 공무원 경험뿐인데, 실제로 돈과 직결된 문제는 생각보다 복잡하여 이해관계인들이 끈질기게 온갖 수단을 동원하여 접근할 것이니 많은 어려움을 겪을 것이다."

라고 하면서 그 부장직책을 맡지 말라는 우정 어린 충고를 해주었다.

친구들의 조언들을 고맙게 들었으나 여전히 거절하기가 난감했다. 그래서 이사장에게 나의 경험과 능력으로는 신용조사1부장 직책을 감당하기 어려우니 재고해 달라고 간곡히 청했다. "이봐, 그일이 중요하고, 위험요인이 많다는 것, 외압도 클 것이라는 것 … 다 잘 알아, 그래서 그 일을 맡아 달라는 것 아닌가. 함께 잘 헤쳐나가 보자고"하는 것이었다. 고심 끝에 나는 이 일을 맡기로 결심하고 "그러면 열심히 해 보겠습니다"라고 대답했다. 하지만 처음부터 확실한 약속을 받아놓지 않고는 많은 어려움을 겪게 될 것이라는 것을 깨닫고 있었기에 아이디어를 냈다. "다음과 같은 저의 제의를 받아주시고 그 약속을 꼭 지켜주실 것이라는 전제하에서만 이 일을 맡겠습니다"라고 단호하게 못을 박으며 이렇게 말했다.

- 신용조사와 관련해서는 이사장께서 저에게 어떠한 압력이나 청탁도 하지 않는다고 약속해 주십시오. 그리고 저 또한 신용조사와 관련된 이사장님의 어떠한 압력이나 청탁도 절대로 받아들이지

않을 것입니다."

한 기관의 수장首長이 부하가 될 사람의 이런 대담한 제안을 즉
석에서 받아들인다는 것은 쉽지 않은 일인데, 이사장은 이를 선선
히 그리고 '확실하게' 약속해주었다. 그리고 주목할 만한 사실은
이 약속이 2년간(1976년~1978년) 놀라우리만큼 어김없이 지켜졌다
는 것이다.

나는 부장으로 취임한 뒤 '이사장과 부장'이 한 약속내용을 신
용조사1부 전 직원에게 공표했다. "나는 이 약속을 꼭 지킬 것이
다. 못 지키면 나의 거취를 결심하겠다"고 선언했다. 이처럼 약속
을 공개한 것은 나 자신부터 반드시 지키겠다고 다짐하는 한편 이
사장과 임원 및 간부, 직원들에게도 같은 마음을 갖게 하는 효과
를 내기 위해서였다.

나는 직원들에게 압력·청탁 등 신용조사와 관련된 외풍은 '이
사장과 부장'이 바람막이가 되어 철저히 막아줄 것이니, 각자 양
심과 성실한 업무자세를 지켜 이에 상응한 보답을 해달라고 간곡
히 부탁했다. 직원들도 스스로 어떤 압력이나 유혹도 뿌리치겠다
는 각오와 실천을 굳게 다짐했다. 신용조사1부는 기업분석전문가
인 차장(최종수)과 업무역량과 책임감이 충만한 네 명의 과장(총괄
과장 오강근, 기업분석과장 한재봉, 중소기업분석과장 백일천, 경제조사과장 김완
기)으로 구성돼 있었는데, 이들은 산업은행, 기업은행, 서울신탁은
행, 재무부를 거쳐 온 경력자들이었다.

신용조사1부의 업무는 대부분 부장 전결로 되어 있어 초대 부
장의 역할이 매우 중요했다. 신설부서라 차장 및 과장들과 함께
부서의 새로운 문화와 전통을 만들어가려고 노력했다. 어떻게 신
용조사 능력을 향상시키고, 조사기법을 개발할 것인가, 유혹으로
부터 어떻게 스스로를 지켜낼 것인가 (즉 윤리성, 정직성) 등을 놓고
거의 매일 아침조회 시간마다 논의하고 다짐했다. 일과 후에는 모
두 모여 그 날 신용조사에서 있었던 특이한 사례 등을 발표하여
공유하고 '이런 것은 이렇게 해나가자'고 선례를 만들어 나갔다. 또
한 '돈'의 유혹을 받았을 때 유혹을 따돌리거나 마찰 없이 정중하
게 유혹을 거절하려면 어떻게 상대방을 설득해야 하나 등의 방법
을 논의하고 그 지혜를 나누어 가졌다.

2화
돈 봉투를 주면 우편으로 다시 돌려보내

신용조사1부는 서울지역 지점(본점 영업부 포함)의 보증용 신용조
사와 함께 전국의 사채(회사채)보증용 신용조사를 담당하고 있었
으므로 조사범위가 광범위했다. 우리는 신용조사와 신용보증 업
무를 엄격히 분리해 운영키로 했다. 조사와 보증을 따로 떼어놓아
신용조사의 전문성을 높이는 한편 보증심사를 신중하게 하는 견
제기능을 함께 확보할 수 있었다. 초대이사장이 아주 바람직한 방

향을 제시한 것이다.

초창기에는 두 명의 이사·전무이사·감사·이사장 등 5명의 임원진으로 구성되는 '보증심의위원회'가 매주 개최되어 보증여부를 심사·의결했다. 임원진 외에는 신용보증부장과 신용조사1부장이 보증심의위원회의 위원이었다. 보증심의위원회가 열릴 때마다 나는 안건 관련 신용조사서를 지참하고 들어가 조사서에 수록되어 있지 않은 신용요소까지 들추어가면서 의견을 개진했다. 보증심의위원회에서 나는 매우 중요한 역할을 수행할 수밖에 없었는데, 그때마다 이사장이 나의 의견을 경청해주어 많은 힘을 얻었다. 보증심의위원회가 끝난 후에는 담당조사역과 조사자들에게 회의 결과를 알려 주었다.

신용조사원은 신용조사서로 말한다. 한 기업의 신용상태를 사실대로 문서에 투영시킨다는 것은 결코 쉬운 일이 아니다. 그래서 그 기업이 쌓아온 업적, 거래기업 및 은행과의 거래관계, 업종의 성장성, 종업원들의 사기, 수출관계, 업황 등을 빼 놓지 않고 모두 사실대로 수록하도록 노력했다. 보증심사역(신용조사서를 근거로 신용보증여부를 심사하는 책임자)이 신용조사서를 근거로 하여 신용을 판별하고 보증여부를 결정하기 때문에 가급적 신용요소를 객관화시키고 알기 쉬운 용어를 쓰도록 교육시켰다. 당시는 기업의 향후 3년 치 추정재무제표를 작성케 했으므로 신용조사서가 방대했다. 기업의 대출금상환능력을 판별하는 데 중요한 자료가 되므로 그럴 수밖에 없었다.

이런 일을 해본 적이 없는 사람들이 모여서 시작한 업무이므로 책을 통해 배워야 했지만 매일 겪는 경험에서 배우는 것이 더 많았다. 퇴근 후 모여 그날 기업체에 다녀온 이야기를 하면서 이런 것은 이렇게 처리했는데 어떤가, 그게 아니라면 어떻게 처리하면 좋은가를 자유롭게 토론했다. '앞으로 이런 것은 이렇게 해나가자' 라고 결론을 내면 그게 하나씩 불문율로 정해져 노하우를 축적해 갔다.

매일 아침 신용조사1부 조사원들은 '우리는 KCGF의 얼굴이고 거울이다' '신용조사서는 신용요소를 사실대로 발굴해 가감 없이 객관적으로 작성하는 것'이라고 되새기며 다짐했다. 거의 매일 부장이 주재하는 조회로 하루가 시작되었다. 나는 조사원의 긍지와 자부심을 계속 고취시키면서 조사서는 중요한 하나의 '작품'을 만드는 것이나 다름없다고 강조했다. 2년간 거의 빼 놓지 않고 조회를 했다.

오후 연수에서는 신용요소를 발굴·정리 하는 문제 등을 토론하기도 하고, 기업체에서 건네주는 검은 돈 봉투를 처리하는 문제도 논의했다. 기업체가 기분상하지 않게 돈 봉투를 처리하려면 어떻게 해야 하나, 차 안으로 봉투를 억지로 밀어 넣어 실랑이가 심해지는 경우엔 어떻게 하나를 두고도 논의했는데, 그때마다 내가 낸 아이디어가 도움이 되었다. 그럴 때는 일단 받아 가지고 와서 되돌려주는 것으로 결론을 냈다. 예를 들면 받은 돈 봉투에서 송금 수수료를 공제한 금액을 우체국에 가지고 가서 그 기업체 대표이사에게 우편환으로 송금(은행계좌번호는 알 수 없으므로 우체국 우편환을 이용했다)하고 그 증명서를 보관하는 방법이었다. 당시의 KCGF는 대우센터빌딩에 있어서 그 빌딩 안에 있는 우체국을 주로 이용했다. 일과시간이 지난 경우엔 담당과장에게 그 봉투를 맡기고 과장이 다음날 처리해 주었다. 돈 봉투를 받게 되면 이렇게 처리하는 것이 당연한 것으로 되어갔다.

청탁을 미연에 방지하고자 노력함과 더불어 조사원이 외부감사에 피해의식을 갖지 않게 하려고 애썼다. 나는 신용조사1부에 기본적인 '신용조사규정'만 만들어놓고 신용조사 세부처리기준이나 요령 등은 제정하지 않은 채 운영했다. 처음 시작한 업무라서 실제 경험을 통해 새로운 선례를 만들어 불문율들을 축적해놓은 다음 세부처리기준이나 요령을 마련하는 것이 순서라고 보았기 때문이다.

세부처리기준이나 요령 등을 미리 정해 놓고 거기에 맞추려고 애쓰다 보면 형식만 갖춘 조사서가 될 수밖에 없을 것으로 판단했다. 조사서로서 모양새를 갖출 수는 있겠지만 알맹이가 부족한 형식적인 조사서가 될 수밖에 없을 것이란 것이 나의 소신이었다.

경향신문, 1986년 1월 1일.

기업의 청탁을 부드럽게 거절하기 위한 방법으로 뇌물반환영수증을 잘 활용한 조성천 신용조사센터 차장의 사례를 소개한 기사.

3화

신용조사원은 신용조사서로 말한다

KCGF내의 감사실과 외부감독기관(당시 재무부와 은행감독원)의 업무감사를 받을 때마다 신용조사 세부처리기준이나 요령을 정하라는 요구가 끊임없이 있었지만, KCGF가 우리나라에서 처음 하는 일이니 선례들이 쌓여갈 때까지 미루어달라고 요청했다. 부장이 책임지고 잘 운영하겠다고 설득하여 양해를 받곤 했다. 조사원들이 형식적인 세부기준이나 요령에 구속당하지 않고 자유롭게 조사를 할 수 있게 한 좋은 사례였던 셈이다.

신용조사팀은 2인1조로 계속 운영했다. 책임자 대리(조사역)와 평직원(조사자)을 1조로 운영한 것이다. 신임직원이 오면 대리가 가르치면서 신용조사능력을 향상시키고, 신임대리가 오면 능력 있는 평직원과 한 조를 이루게 하여 조사팀이 안정적인 조사능력을 신속하고 지속적으로 갖추게 했다. 조사서의 작성자(조사원) 난에도 대리와 직원이 함께 기명하도록 했다. 2인 1조가 되면 혼자서 눈 감아줄 수 없는 상황이 되어 원천적으로 자동 견제장치가 마련되니 어떤 압력이나 유혹에도 의연하게 대처할 수 있는 효과가 있었다. 한때는 2인1조제를 그만두자든가, 비능률이다, 혼자서도 할 수 있다는 등 갖가지 이견이 있었으나 2년 간 굽힘없이 이를 지켰다. 돌아보아도 역시 잘했다는 생각이 든다.

신용조사원 110여 명이 신용조사1부를 거쳐 갔다. 신설지점이 개설되면 필수요원이 신용조사원이므로 그 충원을 신용조사1부에서 담당하게 된 것이다. 이렇게 충원된 직원들은 치밀한 신용조사 능력을 갖춘 것은 말할 것도 없고 '조사원은 조사서로 말한다'라는 인식을 뚜렷이 갖고 있었다. 조사원으로서의 윤리도덕성, 청렴성도 흔들림 없이 갖추고 있어 신설 점포에서도 큰 신뢰를 얻었다. 초창기 KCGF의 신용조사 문화형성에 이들이 기여한 공로는 크게 칭찬받아 마땅하다.

우리는 업종별·규모별로 작성한 신용조사서 가운데 모범적인 조사서를 모아 '신용조사서 모범사례집'으로 발간하여 참고토록 했는데 좋은 반응을 얻었다. 신설지점에 나간 직원들은 이 사례집에서 큰 도움을 얻는 한편, 신용조사1부 동료들에게 묻고 상의하여 업무수행의 어려움과 외로움을 떨쳐버릴 수 있었다.

금융연수원이 주관하는 신용분석사 양성과정(4주~6주)에 과장·대리·평직원들을 파견시켜 연수를 받도록 했다. 당시에는 급여를 현금봉투로 지급하던 때라 대표가 대신 받아와서 나누어 주도록 했다. 연수기간 중에는 사무실에 나타나지 말고 연수에 전념하라는 취지였다. 모두 협력을 잘 해주어 신용조사1부 직원들이 연수생 50명 중 7-8명이나 상위 성적 10위 안에 들어가는 실력을 발휘해주었다. 나는 저녁에 연수하는 직원 집으로 전화를 걸어 격려해주곤 했다.

KCGF에 전직해 온 직원들은 모두 이 신설기관에서 전문성을 살려 필수요원이 되고 원하는 직위에 오르기를 바라고 있었으므로 신용조사업무를 열심히 배워야겠다는 강한 의욕을 갖고 있었다. 누구든지 열심히 일하면 그것이 인사에서 그만큼 유리하게 작용되길 바라게 마련이다.

1977년 3월의 인사는 1976년 KCGF 설립 이래 처음 실시한 가장 큰 인사여서 모두에게 초미의 관심사였다. 그해 3월 인사에서 신용조사1부에는 승진의 열풍이 예상 이상으로 크게 불어 승진을 앞둔 당사자는 물론 다른 직원들에게도 큰 기대를 갖게 했다. 이 사장이 늘 신용조사의 중요성을 강조하고 "KCGF에서 신용조사 필수요원이 되지 않고서 무엇이 되겠느냐?"고 역설했던 터라 그것이 인사에서 반영되었다. 한 부서에서만 차장에서 부장으로 1명, 과장에서 차장으로 1명, 대리에서 과장으로 7명, 평직원에서 대리로 13명 합계 22명이 승진하는 경사가 났다.

특히 당시 상황에서 주목할 만한 것은 과장 승진자 7명 중 감정원과 서울신탁은행 출신이 각각 2명, 산업은행·제일은행·기업은행 출신이 각각 1명이었다는 사실이다. 당시에는 전직前職이 어디냐에 따라 인사상 유리·불리를 따지는 경향이 심했는데, 열심히 성실하게 일한 직원들이 전직과 상관없이 승진 심사에서 제대로 대우받았다며 직원들의 사기가 저절로 올라갔다. 여러 기관에서 온 직원들로 구성된 신설 기관의 가장 큰 고민거리는 전직 기관에 따른 주도세력과 소외자 간의 갈등과 불협화음이었다. 우리나라뿐만 아니라 일본에서도 은행 통폐합의 성공을 방해하는 가장 큰 골칫거리가 직원간의 갈등과 부조화였다(이나모리 가즈오의『카르마 경영』)고

한다. 승진인사로 유리·불리를 따질 일이 없어지니 자기가 맡은 일에 충실하고자하는 분위기가 정착되었다. 희망이 있으면 딴전을 피우지 않는다는 것을 실감했다.

새로 발령받은 직원들을 4개과에 배치할 때는 대리와 직원들의 성향을 고려했고, 대리와 평직원을 2인1조로 편성할 때에도 이 점을 배려했다. 매 월말이면 전 부직원이 회식을 거나하게 했다. 서무담당대리가 직원들의 자리배치까지도 신경을 많이 썼다. 음식과 술을 곁들이는 동안 누구나 한번은 노래를 불러야 했다. 노래가 끝나면 군가를 잘 부르는 A대리의 '좌로 흔들기 시작' 구령에 맞추어 군가를 제창하고 회식을 마쳤다. B과장은 가사를 못외워 손바닥에 가사를 써가지고 와서 노래를 불렀다. 회식비용은 직급에 따라 모두에게 배분되었는데, 평직원 500원, 대리 1,000원, 과장 3,000원, 차장 5,000원 나머지는 부서 경비에서 부담했다. 상당 부분은 매월 이사장이 부장에게 준 격려금으로 충당했다.

주말이면 부내 테니스대회를 열었는데, 당시에는 사회적으로도 테니스열기가 대단했다. 운동으로 땀을 흠뻑 쏟은 뒤 테니스코트에서 맥주를 나누어 마시면서 상하 간, 동료 간에 일체감을 느꼈다. 나는 과별·직급별로 6~10명 내외의 직원들과 주기적으로 점심식사를 같이 하면서 끊임없이 대화를 나누었는데, 좋은 반응을 얻어 사람들 사이의 소통이 얼마나 중요한가를 실감했다. 소통은 서로를 이해하는 가장 강력한 수단일 뿐만 아니라 사람의 마음을 움직이는 힘이 있다.

신용조사부는 1976년 10월에 부서조직으로는 거의 완벽한 형태를 갖추게 되었다. 처음에는 십수명으로 시작했지만, 거의 매일 한두 명씩 계속 전입해와서 1976년 12월말에는 약 50명으로 늘어났다. 이들은 산업은행·서울신탁은행·기업은행·감정원·성업공사·학교교사·재무부 등 13~15개 기관에서 온 사람들로 전직이 다양했다.

4화
"신용보증기금 덕분에… 눈물이 다 나오더라고요"

제조업을 창업하여 수십 년을 경영해오던 경제계의 존경받는 한 원로사장(제일제침. 고응진 사장)이 1977년 신용조사1부장실을 찾아왔다. 당시 60세가 넘은 분이었다. 그는 신용보증기금으로부터 받은 도움에 감사의 인사를 전하면서 "신용조사를 더욱 철저히 해서 사기꾼이 발을 못붙이도록 해달라"는 격려와 당부의 말씀을 몇 차례나 되풀이했다. 그는 자신이 겪은 일을 이렇게 전했다. 신용보증서를 발급받아 은행에 가지고 가면서 과연 대출이 이루어질까 반신반의했는데, 은행에서 정작 어렵지 않게 대출받고 나니 감격해 눈물이 다 나오더라는 것이다. "대한민국 감사합니다. 우리나라가 이 정도로 발전했습니까" 하면서 감동의 눈물을 흘렸다고 했다.

은행에서 대출을 받으려면 부동산을 제공하여 감정평가를 받고, 감정가액의 60~70%만 대출한도로 설정하고, 다시 대출심사 받은 뒤, 인지대·감정수수료 등 제 비용을 부담하고 나서도 상당한 기간 기다려야 했는데, 신용으로 대출이 이렇게 간단히 이루어지다니 너무 감격했다는 것이다. 신용조사원 2명이 며칠 전에 공장·장부 등을 조사하고 사장과 면담하고 돌아갔는데 얼마 지나지 않아 신용보증서를 발급받았다는 것이다. 담보제공 때보다 훨씬 빠르고 간편하게 대출이 이루어졌다고 했다.

신용조사가 번거롭다, 까다롭다, 제출서류가 많다는 등 불평·불만을 말하는 사람들이 있는데, 이들은 자기가 쌓은 신용에 걸맞은 신용평가를 받으려는 것이 아니고 은행대출금액에 맞추기 위해 신용을 조작하려는 사람이므로 신용을 쌓은 기업과 그렇지 않은 기업을 잘 식별해달라고 이 분은 당부했다. 고마운 말씀이었다.

그는 신용조사원이 원하는 장부가 제대로 갖추어지지 않아서 이번을 계기로 회사의 장부체계를 제대로 갖추었더니 회사의 경영에 도움이 되었다는 말씀도 덧붙였다. 그러면서 당신네 부서 조사원들이 정말로 훌륭한 일을 하고 있으니 긍지와 자부심을 갖고 불평·불만기업에 너무 신경쓰지 말고 우리나라에서도 "신용이 중시되는 사회를 만들어달라"고 용기를 주었다. 새문안 교회의 장로였고, 중소기업중앙회의 한 분과위원장과 고문을 지내신 분이기도 했다. 그 후 아들이 기업을 잘 키워 일찍이 인도와 러시아로 진출했다는 소식을 들었다.

5화
기업의 재무제표를 세무신고기준으로

은행에서 담보 대신 신용으로 대출을 받으려면 KCGF의 신용보증이 필요하고 신용보증은 신용조사를 통해 결정된다. 신용조사의 중요성은 그러므로 아무리 강조해도 지나침이 없다. 그래서 나는 신용조사를 할 때 기업으로부터 기업과 관련한 등기서류, 은행거래내역, 은행제공 담보내역, 은행연체 및 압류관계 내역, 경영진의 이력서, 은행의 대출의향서 등의 서류와 함께 향후 3년 간의 추정재무제표 등 필요한 자료들을 모두 제출받고 나아가 그 제출받은 서류가 진실한 것인가를 확인하는 등 최선을 다하고자 했다. 그런데 반드시 받아야 할 재무제표를 두고 의견이 엇갈렸다. 은행에서는 신규대출이나 추가 대출을 해줄 때 으레 기업의 재무제표를 요구해 왔으므로 KCGF에서는 이미 제출된 그 자료를 원용하면 되지 그 기업체의 재무제표를 따로 받을 필요가 없다는 의견이 주류를 이루고 있었다. 신용조사1부 직원들의 80퍼센트 이상이 은행출신이라 거의 모두가 이를 지지했다.

그러나 '신용사회 건설' '신용질서 확립' '신용사회 구현(대통령의 휘호)'의 기치를 내걸고 출범한 KCGF가 신용조사를 할 때 재무제표를 받는 것은 너무 당연했다. 그런데 당시 기업 재무제표에는 두 가지 종류가 통용되고 있어 적지 않은 부작용을 일으키고 있다는 점이 문제였다. 세무서제출용과 은행제출용이 이중으로 사용되고 있었던 것이다. 나는 이런 폐단이 언젠가 바로잡혀야 하는데 지금 이야말로 그 때라고 생각했다.

그래서 아이디어를 냈다. KCGF에 내는 재무제표는 결산서를 제출받은 해당 세무서장이 확인한 것이어야 한다고 주장한 것이다. 꽤 많은 토론이 이루어졌다. 국민의 3대 의무인 납세의무를 성실히 이행하는 것은 신용의 중요한 요소 중 하나이고, 또한 정부산하기관인 KCGF가 기업의 납세의무 이행을 확인하는 것은 당연하다는 데에 누구도 이의를 제기할 수 없었다. 그리하여 KCGF가 신용조사를 할 때는 세무서장이 확인한 재무제표를 반드시 제출하도록 정하였다.

우리나라에서 은행거래와 관련해 세무서장이 확인해준 기업의 재무제표(세무자료)가 기준이 된 것은 처음 있는 일이었다. 기업들이 그동안 관행으로 세무서제출용과 은행제출용 재무제표를 서로 다르게 사용해도 문제가 되지 않았는데, 이제 KCGF의 신용보증서를 이용하려면 어느 한 쪽으로 통일(단일화)해야 하는 상황에 처하게 된 것이다. 기업체 입장에서는 대단히 당혹스럽고 고민스럽지만 어느 쪽으로든 결정하지 않으면 안 되었다. 소위 이중장부의 존속여부가 도마 위에 오르게 된 것이다.

마침 1977년 7월부터 우리나라에 부가가치세(VAT) 제도가 처음으로 도입, 실시하게 되어 KCGF가 요구한 세무서장 확인 재무제표와 부가가치세제 실시가 절묘하게 맞아떨어지게 되었다. 그동안 매출액 외형을 누락시키거나 손익규모를 조정해온 기업체들은 더욱 더 고민에 빠지게 되었다.

그러나 신용조사가 사실대로 이루어지고, 사실에 입각해서 떳떳하게 기업실적을 공개하며, 거기에 걸맞게 은행을 이용할 수 있게 되고, 세무서에 가서도 당당하게 처신할 수 있게 되었다고 생각하는 기업체 사장들에게는 일대전환의 계기가 되었다. 한번 세무서에 결산서를 사실대로 신고하고 났더니 기업내부통제도 쉬워지고, 은행이용도 원활해지며, 어디 가서나 떳떳한 모습을 보일 수 있게 되어서 사업이 더 잘 되더라고 했다.

기업체의 사장들 가운데는 "내가 실현한 실적을 사실대로 평가받고 당당하게 경영을 하게 되니 좋더라, 나 자신의 이익을 위해 스스로 변했다"고 말하는 사람도 있었다. 세무서장 확인 재무제표로 인해 KCGF를 활용하는 많은 기업체 스스로가 자신의 이익을 위해 재무제표를 사실대로 세무서에 신고하게끔 자발적으로 변한 것이다. 이는 KCGF의 설립목적에 맞는 시책이었을 뿐만 아니라 '조세저항 없는 성실신고제' 라는 국가납세정책을 정착시키는 데 일조를 한 셈이어서 큰 보람을 느꼈다.

신용보증 신청 기업들이 사실대로 재무제표를 신고함으로써 세무서 입장에서는 동업계의 경쟁 내지 유사기업들을 비교분석해볼 수 있는 좋은 자료도 얻게 되었다. 내가 재무부 기획예산담당관과 출자관리과장을 지냈던 관계로, 이런 사실이 알려지자 당시 재무부의 배도 세정차관보(후에 KCGF 이사장 역임)와 최진배 세제국장이 KCGF가 성실한 납세문화를 이루는 데 크게 기여했다고 격려해주었다.

6화
'세무신고 기준'에 얽힌 이야기들

그러나 이런 '정직한 세무신고'가 정착되기까지는 적지 않은 시행착오를 거쳐야만 했다. 어느 날 나는 높은 위치에 있는 분으로부터 한 민원인이 있으니 잘 들어보고 좋은 조언을 해주기 바란다는 부탁을 받았다. 민원인을 만나 보니 실제 영업실적은 100인데 세무신고를 그 반도 안 되게 하여 그 기업의 1회전 운전자금 한도를 적게 만들어놓고 있었다. 결산상 이익 규모도 작게 줄여놓아 대출금 상환능력을 예측하기도 어려울 만큼 곤란한 상태에 빠뜨려놓고 있었다. 부가세 신고 때 사실대로 신고하면 자동적으로 해소될 수 있다고 설명해줬더니 "부끄럽다"고 하면서 "몰라서, 또 관행대로 해오다보니 그렇게 되었다, 바로잡겠다, 정말 고맙다"고 했다. 그 후 그는 사실대로 부가세 신고를 하고나니 금융도 정상화되고 기업 활동도 좋아졌다면서 진심을 담아 고마움을 표해왔다. 이 민원인을 소개한 분도 정말로 고맙다는 인사말을 전해와 나 역시 격려를 받았다. 나는 내가 낸 하나의 조그만 아이디어가 이런 변화를 만들어내는 것을 보며 놀랐다. 그리고 하나의 시책이 성공을 거두는 데는 시행착오의 과정이 있게 마련이라는 것도 실감할 수 있었다.

1992년엔 정부 예산당국으로부터 KCGF가 정부예산 출연신청을 한 사유를 설명해달라는 연락을 받고 이석채 예산실장(청와대 경제수석비서관, 정보통신부장관 역임)을 만난 일이 있었다. 당시 나는 전무이사로 승진해 있는 때여서 이사장을 대신해 내가 갔다. '무엇 때문에 매년 정부출연을 요청하는가?' 하고 물어오는데, 그 순간 부정적인 견해가 감지되었다. 신용 없는 기업들을 제대로 판별하지 못한 채 신용보증을 해주어서 대위변제해 주느라고 국고만 축내는 것이 아니냐는 것이었다. 다른 쪽에 시급하게 써야 할 예산도 많은데 KCGF가 매년 정부예산에 의존하는 상태가 지속되고 있으니 곤란하다는 것이었다.

예산당국의 이런 의문은 충분히 이해할 수 있었다. 대위변제 규모가 적지 않았기 때문이다. 1991년 1,865억원, 1992년 4,900억원, 1993년 4,617억원(보증기금 20년사 973페이지)에 이르고 있으니 결코 가볍게 볼 수 없는 액수였던 것이다.

하지만 이 질문에 대해 나는 이렇게 대답해주었다. "충분히 이해합니다만, KCGF가 그동안 정부재정에 기여한 바를 참고해주기 바란다. KCGF 출범 이후 우리나라 최초로 세무서장이 확인한 재무제표를 채택케 함으로써 기업들이 조세저항 없이 외형을 사실대로 신고하게 하는 결과를 가져왔다. 또한 기업의 대출금상환능력을 보기 위해 이익규모를 보증심사기준의 중요한 항목으로 만들어 놓아 당기순이익을 사실대로 신고케 만들었다. 이런 시책이

1976년 KCGF 설립이후 계속되어 우리사회에 성실신고와 성실납세의 풍토가 조성된 것이다. 재정수입에도 적지 않은 기여했다고 본다. 다만, 계량화를 잘 하지 못할 뿐"이었다고 설명했다.

예산실장은 처음 들어보는 말이라면서 신용조사를 할 때 이를 세무신고와 연결시킨 것은 썩 잘 한 일이었다고 높이 평가하면서 조세저항 없는 성실납세향상에 KCGF가 기여한 바 크다는 것을 서슴없이 인정하겠다고 대답해주었다.

7화
신용조사 때 만난 위기의 사례들

신용조사엔 이런 저런 어려움이 따라다닌다. 기업은 조사의 관문을 통과하기 위해 온갖 노력을 기울인다. 때로는 변칙적인 방법까지 동원하기도 한다. 이런 기업을 상대로 그 기업이 놓여 있는 진짜 상태, 즉 진실의 실체를 밝혀내려다 보니 기업과 조사기관 사이에 긴장이 생기기도 한다. 어떤 기업은 '신용을 만들어내기 위해' 실적을 부풀리기도 하고 불리한 것은 애써 감추려한다. 이런 것들을 가려내고 보이지 않는 여러 위험한 요소들까지 밝혀내야 하니 쉬운 일이 아니다. 그런데 여러 어려움 가운데서도 가장 힘든 것이 외부로부터 가해오는 '보이지 않는 압력'이었다. 우리는 이런 조건 속에서도 어려움을 잘 헤쳐나갔는데, 때론 '위기'를 만날 때도 있었다. 그 대표적인 사례 세 가지를 초반기, 중반기 종반기 로 나누어 소개해본다.

큰일 낼 뻔했던 신용조사의 위기(초반기)

신용조사1부가 자리잡은지 얼마 안 되어 당시에 사회적으로 주목을 받고 있던 A기업이 신용보증을 신청하여 조사를 하게 되었다. 당시는 중동 진출 러시가 붐을 이룰 때여서 해외건설업체를 비롯한 많은 기업들이 중동으로 달려갈 때였다. 이런 때에 중동과 특수 관계를 맺어 '중동통'으로 소문난 A기업이 신용보증을 신청해 온 것이었다. 내가 외출했다 돌아오니 A기업에 대한 신용조사가 신속히 이루어져야 한다는 지시가 위에서 내려왔다고 했다. 차장이 그 업체에 대한 신용조사를 가장 유능하다고 평판이 나있는 갑甲 대리에게 맡겼다고 나에게 보고했다.

A기업에 대한 조사는 신용조사1부 4개과의 업무분장으로 보아 갑 대리가 속해 있는 과의 소관이 아니었다. 그래서 차장한테 A기업은 업무분장대로 소관과로 이관하고 갑 대리에게는 그 업무를 돕게 하라고 지시했다. 그랬더니 이미 갑 대리가 A기업에 자료요청을 해놓은 상태라고 했다. 그럴지라도 업무는 원칙대로 처리해야 하므로 원래의 소관 과장에게 이 일을 인계받도록 하여 진행하게 했다. 조사가 시작된지 며칠 후 담당조사팀의 조사역이 와서 A기업의 신용상태에 문제가 있다면서 어떻게 처리해야 할지를 물었

다. 나는 신용상태를 사실대로 밝히고 그에 입각해서 우리의 입장을 정하자고 대답했다.

이 조사엔 A기업의 사회적 위상, 윗선의 관심 등 여러 가지 요인들이 얽혀 조사팀이나 담당과장 모두가 난처한 입장에 놓여 있었다. 만약 KCGF가 A기업의 신용상태를 잘못 확인하여 A기업에 크나큰 손해를 입히면 A기업뿐만 아니라 국익에도 상당한 손실을 가져올 수 있는 만큼 사실관계를 다각도로 확인할 필요가 있었다. A기업이 사회적으로 중요한 위치에 있는데다 시일도 꽤 지나가고 있었기 때문에 KCGF 내에서도 이 사안이 주목을 받게 되었다. 직원들도 A기업 조사가 어떻게 마무리되는가를 주시하며 자기들끼리의 논의도 무성했다. 정말로 부장이 외압을 받지 않고 조사팀이 확인한 사실대로 처리할 것인지가 초미의 관심사였다. 나는 아이디어를 내어 세 가지 처리방안을 만들었는데, 가장 좋은 방안은 제2안이라고 생각했다.

여러 차례 사안별로 확인과정을 거치고 있을 때 이사장이 이 일을 어떻게 처리하면 좋겠는가, 내 입장은 무엇이냐고 묻기에 나는 제2안을 제시했다. 즉 기업 스스로 보증신청을 철회케 하는 것이 좋겠다고 건의한 것이다. 신용에 문제가 있는 이상 원칙적으로 승인을 해 줄 수는 없는 노릇이고, A기업의 위상으로 보아 비토(veto)를 당한 것이 알려지면 적지 않은 타격을 입을 것이니 스스로 신청을 철회케 하는 것이 바람직하다는 취지였다.

윗분들 보기엔 뜻밖의 아이디어로 보였을 것이다. 다행히도 이사장이 그렇게 하도록 결단을 내려주어, 이 사안은 결국 조사팀의 신용조사 결과대로 처리되었다. 신용조사1부 탄생 이후 정말 중요한 결정이었다. 이 일을 통해 조사팀이 사실을 철저히 조사, 확인하는 것이 제일 중요하며 결정은 사실에 입각해 내려져야 한다는 원칙이 다시 확립되었다. 윗선의 관심대상이고 사회적으로 명성 있는 기업이라 할지라도 신용조사는 사실대로 다루어져야한다는 기본원칙이 자리잡게 되었다.

이 결정이 얼마나 중요했던가는 이루 다 말할 수 없다. 신용조사1부의 업무처리 대원칙이 확립되는 계기가 된 것이다. 신용조사1부는 외풍으로부터 안전한 상태이니 직원들은 정직과 양심으로 보답해야 한다는 기풍이 자리잡았다.

그로부터 얼마 후 놀라운 뉴스가 보도됐다. A기업에 대출을 해준 은행이 곤경에 처하는 일이 벌어졌다는 것이다. A기업의 신용문제가 그 해에 터져 그 은행의 최고경영진들이 몹시 어려운 처지에 놓이게 되었다. 신용 추락으로 A기업만이 아니라 은행도 신뢰와 이미지에 큰 타격을 입었다.

우리나라 최고의 위치에 있던 대기업집단(재벌기업) 한 군데도 A기업 때문에 엄청난 경제적 피해를 입었다. 그 그룹의 회장이 "경제적 피해를 입은 것보다 더 부끄러운 것은 그런 기업의 신용을 가려내지 못했다는 사실"이라고 말했다는 이야기를 언론사 중진인 친구로부터 전해 들었다. 그 소식을 듣고 맨 먼저 떠오른 생각은 그때 우리가 일을 올바로 처리하지 못했으면 어떻게 되었을까 하는 것이었다. 큰 곤경에 처했을 것이다. 그 때 일을 돌아보면 조사팀의 성실성, 정직성, 용기, 윤리의식, 능력이 얼마나 중요한가를 다시 확인하게 된다.

초창기 A기업의 처리과정을 보고 KCGF의 많은 사람들은 큰 교훈을 얻었다. 흔들림 없이 양심에 따라 성심껏 신용상태를 조사하는 것이 모두를 위해 최선이라는 확신을 갖게 되었다. 우리는 우리대로 이사장이 조사팀의 조사내용을 존중해주며, 처음 약속대로 압력을 넣지 않고 신용조사부의 건의를 받아들인 결심을 해준 데 대해 경의를 표했다. 최고의사결정권자의 결정이 얼마나 중요한가도 새삼 깨닫게 되었다.

1977년은 KCGF가 설립된지 1년도 안 되는 해였다. 그때 신용조사를 소홀히하여 사고를 예방하지 못했다면 신설기관의 위상은 어쩔 뻔했으며, 신용조사를 하는 전문기관으로서의 입지는 어떻게 되었을까? 이 일을 마무리짓고 이사장은 이렇게 말했다. "신용을 찾아내서 신용을 쌓은 기업이 우대받도록 하는 일도 중요하지만, 신용을 해칠 기업, 신용상태에 문제가 있는 기업을 미리 가려내 예방하는 것도 KCGF가 수행해야 할 사명이다."

부당한 재조사를 거부하다(중반기)

이런 일도 있었다. 정부의 정책자금을 배정받은 한 기업이 어쩐 일로 보증신청을 해와 조사를 한 일이었다. 우리는 신용조사를 마치고 조사를 의뢰한 서울시내 지점으로 신용조사서를 보냈다. 조사 결과로 보증이 어려운 것으로 결론을 내자 신청한 B기업이 이의를 제기해 문제가 되었다. 정부로부터 정책자금을 배정받을 정도로 사업성을 인정받은 기업인데, 신용보증이 어렵다고 했으니 조사에 문제가 있었던 게 분명하다며 신용상태를 새로 조사해달라고 요구해왔다. KCGF의 규정에 의하면 기업에 대한 신용조사서는 신용상태를 조사한 조사팀의 부장 결새로 종결되게 되어 있었다. 조사를 의뢰한 지점에서는 신용조사서를 근거로 그 기업의 신용정도를 판별하여 그에 상응한 보증을 결정하면 되는 것이다.

신용조사서는 유효기간이 1년이라 1년 내에는 재조사를 할 수 없게 되어 있었다. B기업은 담당 조사팀이 부실하게 조사했다고 항의하면서 여러 갈래로 재조사를 해달라고 집요하게 요구했다. 신용조사는 조사팀이 조사, 확인하는 것으로 종결되는데도 담당한 을(乙)조사역은 이로 인해 몹시 시달림을 당하고 있었다. 이 조사역이 사표를 써서 주머니에 넣고 다닌다는 말이 들려왔다. 얼마나 힘들었으면 사표를 써가지고 다닐까? 하는 생각에 내가 나서야겠다고 마음먹었다. 그 조사역을 불러 주머니 속의 사표를 받아본 뒤 그것을 찢어 버렸다. 그리고 이제부턴 물러설 생각을 하지 말고 나와 함께 대응해나가자며 위로하고 격려해 주었다.

신용조사가 잘못돼 오류를 범하는 경우도 있겠지만, 재조사를 요청할 때는 기업이 맞춤자료를 만들어 재시도하는 경우가 대부분이었다. 어느 날 이사장이 보증심의위원회에서 나에게 "B라는 기업 신용조사를 했느냐?"고 물어왔다. 그리고는 "왜 그 기업이 이사장에게까지 찾아와 항의하게 만드느냐?"고 문책성 질문을 덧붙였다.

나는 "신용조사서 결재는 부장 전결이니 그 B기업 사람들을 부장인 제게 보내달라"고 대답했다. B기업 뒤에는 영향력있는 기관도 있었다. 그 힘센 기관 사람과 B기업사람 3인이 나를 찾아와 자기들의 입장을 설명하며 항의했다. 나는 끝까지 다 듣고나서 그 조사역은 성실한 사람으로 신용상태를 사실대로 조사한 것을 내가 확인했었노라고 분명하게 설명해 주었다. 혹시 신용조사를 받을 당시 B기업이 성실하게 조사를 받지 않았다면 그것은 B사의 책임이라고 일깨워주기도 했다.

그리고 신용조사 유효기간이 끝난 후 다시 조사를 요구한다면 정상적으로 처리해주겠다고 덧붙였다. 그러자 B기업은 배정받은 정책자금의 용도며 시기 등을 내세우며 재조사를 거듭 요청했다. 나는 두 가지 대안이 실현된다면 재조사가 가능할지 모르겠다고 대답했다.

첫째 이사장이 신용조사1부장에게 위임한 신용조사서 전결규정을 취소하고, 이사장이 신용조사서 결재권을 환수해갈 경우엔 이사장이 재조사를 명할 수 있다. 둘째 현 신용조사1부장인 '나'를 경질하고 새 부장을 임명하여 그 후임 부장이 재조사를 하겠다고 하면 가능할지도 모르겠다. 그러나 이 두 가지 중 어느 것도 이사장으로서는 결심하기가 어려운 일이니 이사장에게 청을 해도 소용이 없을 것이다. 단언컨대 내가 신용조사1부장으로 있는 동안에는 재조사는 불가능하다. 유효기간이 지난 뒤에나 재고해볼 수 있을 것이라고 확고한 입장을 밝혔다.

나는 이사장에게 그간에 있었던 일을 보고하고 그 사람들이 이사장을 다시 찾아오는 일은 없을 것이라고 말씀드렸다. 정책자금 배정기준과 신용조사서의 신용상태가 반드시 부합하는 것은 아니므로 어느 한 쪽이 어그러진다고 거기에 맞추려는 일은 해서 안 되는 것이었다. 그 후 얼마 안 되어 그 정책자금을 다루고 지급한 은행이 B기업의 부실로 인해 피해를 입고 은행 임원진이 어려움을 겪고 있다는 언론 보도가 나왔다.

나는 이 소식을 듣고 조사팀의 성실한 직무수행을 다시 한 번 평가하면서 공정하고 사실에 바탕을 둔 그들의 꿋꿋한 자세에 감사했다. 조사내용을 신뢰해준 이사장의 믿음 또한 직원들의 자부심과 긍지를 북돋아주었음에 틀림없다. 직간접으로 B기업의 신용조사에 관심을 가졌던 관계자들도 결국 KCGF의 신용조사서를 인정하게 되었다.

잘못된 신용조사는 봇물이 터지는 것(종반기)

내가 국방대학원 입교를 앞두고 있던 1978년 여름쯤의 일이다. 나는 당시 기업활동을 활발하게 하여 경제계에서 주목을 받고 있던 C기업의 신용조사서를 결재하게 되었다. 그 기업은 여러 나라와 국제무역거래를 많이 하고 있어 세계로 뻗어나가는 한국의 바람직한 기업으로 평가받고 있었다.

그런데 이 기업의 거래내용을 살펴보니 중개무역과 삼각무역이 구분되어 있지 않고 적지 않게 중복돼 있는 것이 발견되었다. 조사팀과 논의한 결과 이와 관련된 내용을 상세하게 조사할 필요가 있다고 의견이 모아졌다. 그래서 그간의 거래관계를 중개무역과 삼각무역으로 정리했더니 C기업의 외형이 제출된 것과 크게 차이가 났다. 우리는 그밖에도 C기업의 신용상태를 다각도로 조사·정리하여 신용조사서를 완성했다.

조사과정에서 병丙조사역이 중복되어 있던 거래내용을 바로잡아 C사와 대화를 했더니 즉석에서 조사에 임하는 자세가 달라지더라고 했다.

기업이 과감하게 사업을 추진할 때에는 사소한 것을 묻어버리거나 간과하기 쉬운데, 이런 것도 들여다보고 가려내야 하는 것이 신용조사 업무다. 이 일을 마친 후 나는 국방대학원에 들어가 학생신분이 되었는데, 어느 날 아침 신문을 보니 C기업이 문제가 되어 사회면 기사로 크게 보도돼 있었다. 기사를 보고 놀라서 병 조사역을 만나 그간에 있었던 이야기를 듣고는 안도했다. 그 조사역은 중개무역과 삼각무역을 구분하여 정리한 것을 계기로 다른 것도 좀 더 면밀하게 살펴보게 되었다. "부장님께서 중개무역과 삼각무역의 중복 문제를 미리 지적해주지 않았다면 큰 실수를 저지를 뻔했다"며 내게 고맙다는 말을 했다.

C기업이 문제가 되자 병 조사역의 조사서를 외부 전문가들이 확인 내지 검증하게 되었는데, 신용조사내용이 충실할 뿐만 아니라 처리도 공정하고 깨끗하게 했다는 평가를 받았다고 했다. 우리는 함께 기뻐하고 축하했다.

내가 신용조사1부장으로 기업 신용조사를 한 것은 1976년부터 1978년까지 2년 간이다. 이 신용조사서를 근거로 보증이 이루어져 여러 기업들이 은행대출을 받고 기업보증시채를 발행했다.

이 과정 중에 모두 좋은 결과만 있었던 것은 아니다. 때로는 신용조사서가 의심을 받아 외부 전문가들의 검증 대상이 되기도 했고, 또 담당조사역과 조사자가 오해를 받아 관계기관에 가서 심문을 받는 일도 있었다. 그러나 2년 동안 신용조사서가 잘못되어, 조사팀이 일을 잘못 처리하여 문제가 된 적은 한 번도 없었다. 조사원들이 깨끗한 마음으로 투명하고 공정하게 일을 처리해 주었기 때문이다. 지금도 그들 모두에게 감사하고 있다. 신용조사가 흐트러지면 '봇물이 터지는 것'이라는 말이 지금도 되새겨진다.

어렵게 구한 뉴욕 케미컬 뱅크(Chemical Bank)의 신용조사 매뉴얼

　1977년 4월~7월 나는 KCGF의 초대 신용조사1부장으로 3개월 간 뉴욕 케미컬 뱅크(Chemical Bank)가 주관하는 '해외금융기관 직원연수프로그램'(Foreign Bankers Program)에 참가했다. 특히 내가 관심을 갖고 배우고자 한 분야는 신용조사(Credit Investigation)와 관련된 것인데, 마침 신용정보 취급자의 윤리강령, 정보수집, 신용정보기관, 신용평가, 기업도산 예측… 등의 강의가 있었다. 그 가운데서도 미국 RAM* 위원이고 케미컬 뱅크의 신용조사부장인 랜즈버그(Landsberg)의 강의가 인상적이었다. 그 은행의 기업도산예측을 만들어낸 장본인이었다. 그는 그 은행의 신용조사와 관련된 내부 자료가 대단히 잘 만들어져 있다고 자랑했다.

　이 이야기를 들으니 우리나라의 신용조사업무 발전에 좋은 모델이 될 수 있는 자료를 구해가지고 가면 큰 도움이 될 것이란 생각이 들었다. 그들이 많은 사례와 경험을 축적하여 마련한 것인 만큼 이 분야에 첫 발을 내딛은 우리에게 귀중한 자료가 될 것이 틀림없어 보였다. 그것을 얻어 가져갈 수 있다면 KCGF가 설립된 지 얼마 안 되었는데도 현직 부장직을 3개월씩이나 부장대리에게

---

* RAM: 미국의 은행 간 신용정보교환을 목적으로 설립된 로버트 모리스협회(RAM).

맡겨놓고 연수를 보낸 이사장의 결단에 보답하는 것이라는 생각도 들었다. 그래서 해외금융기관 직원연수프로그램을 주관하는 현지의 직원들에게 그런 자료를 어떻게 구할 수 있는지, 복사본이라도 얻을 수 있는지 알아보았다. 그러나 대답은 '그런 자료를 본 적도 없고, 갖고 있지도 않다'는 대답뿐이었다.

특수신용조사부서에서 일하는 MBA출신의 젊은 직원들과 접촉해보아도 그들은 그런 자료를 알지 못한다면서 설사 있더라도 '대외비(confidential)'로 분류되어 구할 수 없을 것이라는 것이었다. 그러면서 있다면 '매뉴얼'로 되어 있을 것이라고 했다.

나는 대학 친구인 P가 시중은행 근무 중 해외연수를 다녀왔는데, 연수 중 위험을 무릅쓰면서 매뉴얼 사본을 구해 와 은행업무 발전에 큰 도움을 주었다는 말을 들은 일이 있었다. 훗날 은행장이 그것을 알고 그를 한 직급 특진시켰는데, '위험을 감수하면서까지 자료를 구해온 은행에 대한 사랑과 업무에 대한 집념을 높이 샀다'는 것이다.

금융기법이란 그 은행의 오랜 경험 끝에 쌓아진 것이고 그 기법이 곧 은행의 경쟁력인데, 이런 것을 제3자, 그것도 외국의 금융기관이라 할 KCGF에게 누가 주려하겠는가? 더구나 그것이 경쟁자인 다른 은행으로 흘러들어갈 수도 있지 않은가? '대외비'를 유출하면 처벌도 받지 않을까? 난감했다. 그렇다고 이렇게 소중한 자료가 있는 것을 알고도 접근조차 하지 못한 채 귀국한다면 이곳에 온 소임을 다 하지 못하는 것이라는 생각을 떨쳐버릴 수 없었다.

나는 마음을 단단히 먹고 랜즈버그 사무실을 방문해 면담을 요청했다. 다행히도 내 청이 받아들여져 랜즈버그 사무실에서 면담을 하게 되었다.

나는 찾아온 취지를 자세히 설명해 주었다. "한국에서 이제 막설립된 KCGF가 초대 신용조사1부장인 나를 여기에 보낸 것은 KCGF가 신용조사업무를 얼마나 중요시하는가를 단적으로 보여 준 것이다. 한국에는 이런 업무를 해본 기관도 사람도 없다. 이곳의 오랜 경험과 노 하우는 우리에게 큰 도움이 될 것이다. 나에겐 한국에서 이 일을 발전시켜야 할 책임이 있다. 당신이 나를 돕는 것은 동아시아의 친구인 한국이라는 나라를 도와주는 것이기도 하다. 나는 이 일을 꼭 성사시키고 싶다. 당신이 간여한 랜즈버그 RMA의 윤리관을 우리 조사원들에게도 알려주어 생활화시키고 싶다. 당신의 강의를 들으면서 이런 결심을 굳히게 되었다. 강의 때 당신이 자랑한 랜즈버그의 신용조사 관련된 매뉴얼을 구하고 싶은데, 도와달라"고 간곡히 부탁했다.

내 이야기에 마음이 열렸는지 그는 매뉴얼을 보여 주었다. 그러나 '대외비'라 줄 수는 없다고 딱 잡아떼는 것이었다. 그 매뉴얼을 보고 나니 꼭 얻어 가야겠다는 마음이 더욱 강해져 그 자료를 얻을 때까지는 이 사무실에서 물러서지 않겠다는 단호한 태도를 보였다. 그리고는 그 방에 눌러앉아 있었다. 그도 딱한 모양이었다. 얼마의 시간이 지나 그의 마음이 움직였다. 그가 매뉴얼의 표지를 떼어낸 다음 나에게 주었다. 나는 그 자료를 우리 한국의 신용조사를 발전시키는 데 밑거름이 되게 하겠다는 말을 하고 받아 왔다. 그때 단호하게 버텼기 때문에 그 소중한 '대외비' 자료를 구해올 수 있었다고 생각한다. "두드려라 그러면 열릴 것이다"라는 말을 실감했다. 그 매뉴얼이 그동안 쌓아 온 우리의 노하우와 결합하여 KCGF의 윤리 규정과 업무 수행에 소중한 디딤돌이 된 것은 더 말할 나위가 없다.

9화

해외교민에게도 신용보증을

1977년 해외금융기관 직원연수프로그램으로 3개월 간 미국 뉴욕에 머물렀을 때, 뉴욕 맨해튼 72번가 웨스턴 애비뉴에서 유태인들이 많이 모여 사는 A아파트에 방을 얻어 자취를 했다. 비교적 안전한 지역이라 지하철을 타고 저녁 늦게까지 다닐 수 있어 활동시간에 여유가 있었다. 중심가에 있는 뉴욕 케미칼 은행(Chemical Bank)본점과 금융센터와도 가까운 거리였다.

당시 한국에서 연수받으려고 온 사람들은 부르클린과 플러싱에서 하숙을 하거나 방을 얻어 지하철역에서 1시간 이상 걸리는 거리를 오갔다. 거리도 먼데다 안전문제도 있어 어둡기 전에 일찍 귀가하는 사람들이 많았다.

자취를 하다보니 한국인들의 식료품상·야채가게·생선가게·세탁소 등을 자주 드나들게 되어 이민온 우리나라 교민들과 접촉하고 이야기를 나눌 기회가 많았다. 미국에 처음 와서 살다보니 초창기에 '신용'을 쌓는 데 시간이 많이 걸리고, 신용이 쌓이기 전까지는 숱한 고생을 면할 수 없었다는 이야기를 수도 없이 들었다.

특히 1950년대 말 미국에 와서 고학으로 공부하고 미국의 큰 회사에 다니다가 나와 자영업을 하여 성공한 Mr.장 (필라델피아 거주) 내외가 초청하여 그 분 댁에 몇 번 간 일이 있는데, 이 분도 예외가 아니었다. Mr.장 내외는 필라델피아에서 성공한 분들로 큰 저택에 살고 있었다. 필라델피아 번화가에서 크게 장사를 하고 있었는데, 일찍이 이민 와서 성공한 사람으로 교민사회에 잘 알려져 있었다. 펜실베니아에 유학온 사람은 그 내외의 도움을 받은 사람이 많아 미국뿐만 아니라 한국 내에도 그와 교분을 맺고 지내는 분이 많았다.

내가 KCGF에서 일하고 있다면서 KCGF의 기능과 역할을 설명했더니 Mr.장을 비롯한 많은 분들이 미국에 와서 신용 쌓느라 힘들었던 이야기를 자세히 들려주었다. 신용을 얻는 데는 오랜 시일이 걸린다면서 이민온 사람들이 미국 와서 겪는 가장 힘든 일이 현지에서 은행의 신용을 인정받는 것이라 했다.

1977년 6월의 뉴스위크(News Week)지 어느 호에 'Koreans are coming'이라는 제목의 커버스토리가 실릴 정도로 당시엔 우리나라의 미국 이민이 러시를 이루고 있었다. 이민가는 분들 가운데는 한국에서 배울 만큼 배우고 사회적 활동을 적극적으로 하던 분들이 적지 않았다. 낯선 나라, 신용이 중시되는 나라, 짜임새가 꽉 짜여진 나라에 와서 신용 없이 외롭게 스스로 일어서려니 얼마나 힘들었겠는가. 자영업으로 식료품가게, 생선가게, 와인가게, 세탁소, 푸딩집, 핫도그집 등을 하고 있는데, 이들이 은행을 이용하는 데 '절대적으로' 필요한 것이 신용을 쌓는 일이었다.

마침 나의 상과대학 동기로 맨해튼의 외국 금융기관에 근무하는 사람이 있어서, 그리고 우리나라 은행의 뉴욕지점에서 일하는 직원들도 있어서 이 문제를 두고 이야기를 나누게 되었다. 어떻게 하면 우리나라 이민자와 교민들이 신용을 쌓고 관리하는 것을 도와 줄 수 있을까? 현지에 잘 정착하고, 신용을 쌓아 미국 은행과 거래를 원활하게 하려면 어떻게 해야 하나? 하는 문제를 놓고 여러 방안을 궁리하게 되었다. 당시 이런 저런 이유로 대한민국 정부를 비판하면서 이민이라는 돌파구를 이용하여 미국으로 건너 온 사람도 있었으나 신용을 쌓는데 어려움을 겪기는 다른 이민자와 다를 바 없었다. 이민을 온 동기는 다를지라도 대한민국 국민이었었고, 타국에 가면 애국하고 싶은 심정이 일어나는 것도 꼭 같았다. 이들에게 신용을 쌓는 가교역과 매개 역할을 KCGF가 해줄 수 있지 않을까 궁리하여 아이디어를 낸 것이 '해외교민에 대한 신용보증(안)'이었다.

이(안)을 성안하여 직접 이사장에게 보고했다. 이 해외교민신용보증(안)에는 KCGF + 교민정책 + 정부의 정책적 배려가 포함되어 있었다. 이사장이 그 (안)을 갖고 윗선 요로에 설명하고 협의해야 할 사항들이 있어 이사장 이외에는 그(안)이 알려지지 않고 있었다.

그런데 전두환 정부가 들어서면서 해외교민들도 신용보증의 도움을 받을 수 있게 해달라는 교포들의 요구가 있었다. 논의가 시작되자 이 일에는 KCGF의 역할이 매우 중요하다고 판단한 이사장(배도)이 기획부장인 나를 반장으로 임명해 1981년 8월 15일부터 20일 동안 3명이 L.A, 뉴욕, 일본에 파견되었다. 현지사정을 조사하는 일이었다. 해외교포의 신용보증요청에 대한 타당성 및 실태조사, KCGF의 해외점포 개설에 관한 타당성조사였다. 면담자는 3개 지역의 영사관, 재부관, 한국은행 주재원, KOTRA직원, 현지 상공인, 교민, 현지 법률사무소 등이었다.

조사 결과를 요약하면 다음과 같다.

- 미주지역에서는 교민수가 많고 그 증가율이 현저한데 비해 효과적인 교민지원대책이 미흡한 실정임.
- 현재 한국계 은행에 자금지원 요청이 있으나 현지 한국계 은행 지점은 제도적으로나 현실적으로 이에 대처 할 수 있는 여건이 갖추어지지 못하고 있음.
- KCGF의 진출은 교민의 금융문제 해결에 상당한 기여를 할 수 있을 것임.
- KCGF가 신용조사를 수행하게 될 경우 교민에 대한 정확한 신용정보를 파악하여 한국계 은행에 제공하게 함으로써 금융업무의

능률을 기하는 한편 선진신용조사기법이 국내에도 이전 될 것으로 기대됨.

- 신용보증을 통해 한국계 은행대출을 현지에서 실시함으로써 교민에 대한 생업자금 지원을 활성화하여 정부의 교민정책을 효율적으로 뒷받침할 수 있으며, 교민의 경제적 지위향상은 물론 조국에 대한 애국심·소속감을 키울 수 있을 것임.

- KCGF의 진출은 단순한 자금지원뿐 이니라 교민정책의 일환이란 관점에서 다루어져야 할 것이므로 예상되는 기본재산(해외신용보증용)의 조성 방안, 취급자에 대한 신분보장 등 각별한 제반사항이 고려되어야 할 것임.

그러나 1977년 해외교민 신용보증지원(안)이 성안된 시점과 출장 시점인 1981년은 4년의 시차가 있어 그 사이 정부가 바뀌고 당시 우리나라 외환사정도 매우 악화된 상태여서 외환과 관련된 정책을 제기하기 어려운 상황이 되었다. 그리하여 이 안은 내 재임 중에는 큰 진전을 보지 못했는데, 여기서 더 발전시키지 못한 것은 두고두고 아쉬운 일로 남아 있다.

3

궁리는 아이디어의 산실

KCGF 이사 및 전무이사 시절 이야기
1982~1988, 1991~1994

1화

정가가 없는 그림 100여 점을 급히 사야 하는데…

1985년 KCGF 본점이 이전했다. 10년 간 세들어 있던 서울역 앞 대우센터빌딩에서 마포구 공덕동 로터리에 있는 황금색 외관의 빌딩을 매입하여 옮겨왔다. 지하 5층 지상 20층 연건평 1만 평이 넘는 신축 건물이었다. 이전 계획 중에는 새 건물의 곳곳을 장식할 그림 구입예산이 약 2억 원 정도 계상되어 있었다. 그 당시의 2억 원은 큰 금액이었다.

11월에 이사를 마친 뒤 12월초에 업무조정이 있어 나는 서무부 담당이사가 되었다. 서무부는 건물관리, 물품 조달, 차량 관리 등 잡다한 후선업무를 맡아 다른 부서들의 업무를 지원하고 뒷바라지하는 부서였다. 그런데 우선 얼마 남지 않은 연말까지 꼭 처리해야 할 급한 일이 있었다. 약 2억 원어치의 그림 100여 점을 구입하여 임원실*, 각 부서, 회의실, 복도 등에 각각 알맞은 그림을 걸어 주는 일이었다. KCGF는 정부산하기관이라 그해 연말까지 승인받은 예산을 집행하지 못하면 불용처분**하게 되어 그 돈을 쓸 수 없게 된다. 정부에서 쓰라고 승인해준 예산도 쓰지 못하는 것은 소임을 다하지 못하는 것이라는 생각이 들었다. 시간이 얼마 남지 않아 다급한 상황이었다.

문제가 한두 가지가 아니었다. 어떤 종류의, 어떤 크기의 그림을, 누가 어디에 가서, 어떤 기준으로 골라, 어떤 방식으로 구입해야 하나? 원가계산을 할 수 없는 가격을 도대체 어떻게 정해야 하나? 이사장실을 비롯해 30여 개나 되는 각 방 임직원들의 취향은 또 어떻게 맞추어주나? 매우 막막한 상황이었다. 아무리 머리를 쥐어짜도 묘책이 없었다.

그런데다 KCGF가 거액을 들여 그림을 구입한다는 소문이 돌자 다양한 경로를 통해 청탁성으로 느껴지는 화가와 화랑이 소개되고 추천까지 들어오는 것 아닌가? 참으로 난감하기 그지없었다. 담당자들 입장에서는 후일 대내외 업무감사를 의식하지 않을 수도 없었다.

담당 부장은 혈압이 갑자기 크게 올라 병원에 입원하고, 차장은

---

* 임원실 : 이사실, 전무이사실, 감사실, 이사장실 등을 통칭함.
** 불용처분 : KCGF는 정부에서 재정으로 매년 일정액을 출연받고 있는 정부출연기관이므로 매년 예산을 편성하여 정부의 승인을 받아서 집행하도록 되어 있다. 그 해에 승인받은 예산을 못 쓰면 그 예산은 없어지는 제도이다.

외부기관에 파견 나가 있었다. 담당과장과 3-4명의 직원들은 어떻게 해야 할 지 방안을 찾지 못하여 당황하고 있었다. 나도 그림 쪽에 별 소양이 없는 문외한이었다. 그렇다고 이 일을 포기할 수는 없지 않은가? 이리 저리 궁리하니 한 생각이 떠올랐다.

그렇다! 연말이 되면 미술대학교 졸업예정자들이 졸업작품전시회를 개최한다고 하니, 이름 있는 미술대학들의 졸업작품전시장에 출품된 작품을 구입하면 되겠다는 생각이 떠올랐다. 권위 있는 작가의 작품이 아니라 아쉽기는 하지만 미술학도들을 격려하는 의미도 있지 않을까? 학생들이 온 정성을 들인 졸업 작품이니 그림도 신선하고 좋을 것이며, 대학전시장이라 가격도 거품 없이 적정하게 매겨질 것이고, 구입과정에 이런 저런 잡음이나 시비도 없을 것이었다. 걱정하던 모든 문제들을 쉽게 해결할 수 있는 아주 좋은 방법이라 판단되었다. 기대에 부풀어 산뜻한 기분이 들었다.

그러나 아뿔싸! 나의 판단 착오였다. 졸업전시작품은 지도교수에게 증정하거나 본인이 평생 소장하는 것이라 팔 수 없다는 것이었다. 낭패감이 들었다.

다시 궁리했다. 아! 화랑협회를 활용해보자. 한국화랑협회를 찾아가 KCGF가 이런 사유로 이만큼의 그림을 구입하려 한다고 상담하여 거래규모 상위 10위권까지의 화랑을 추천받았다. 여러 경로를 통해 소개·추천받은 화가와 화랑을 포함시켜 12월 19일 마포 본점 건물 19층 대강당에서 아침 9시부터 저녁 5시까지 하루 동안 그림을 전시한 뒤 구매할 테니 작품을 출품해 달라고 알렸다. 전시그림에는 주제, 화가 이름, 이력, 가격, 그림의 특징 등을 기록한 설명서를 붙이도록 했다.

그림 값은 공개경쟁가격이 저절로 형성될 것이었다. 이해당사자 모두에게 공개적으로 공정한 기회를 주는 것이다. 2억 원의 예산은 이사장실을 비롯한 임원실과 각 부서에 방의 크기와 직원 수에 비례하여 1백만 원에서 1천만 원씩을 배정했다. 현관, 회의실, 휴게실, 식당, 복도 등에 들어갈 예산은 소관부서인 인사부·서무부에 각각 배정했다. 동시에 '그림구입결정서'를 배부하여 각 방의 임직원들이 19층 전시장에 가서 마음껏 그림을 감상하고 선정한 후, 선착순으로 오후 5시까지 제출토록 했다.

결과는 대성공이었다. 임원들도 직접 가서 그림을 골랐고, 각 부서장과 직원들도 함께 몰려가서 마감시간도 되기 전에 일찌감치 그림 구입을 끝냈다. 임직원들이 자신의 취향에 맞는 그림과 수량을 배정한 예산 범위 내에서 스스로 결정하도록 했으니 한 마디 잡음도 없었다. 모두가 만족스러워했다. 소개 및 추천받은 화랑과 화가들도 같은 조건으로 공개 경쟁토록 했으니 불만이 있을 수 없었다.

그림을 다 사고났더니 예산도 일부 남았다. 일을 다 끝내고나니 담당 과장이 "이렇게 여러 가지 복잡하고 어려운 문제를 한방에 해결할 수 있는 기발한 방법이 있었군요!" 하면서 감탄했다. 예산 집행도 잘 되었고 앞으로 감사 걱정도 없다고 했다. 문제를 해결하려고 최선을 다하다 보면, 최선은 아니라도 차선의 방법이 나오게 마련이다. 그림을 다 구입하고났더니 입원했던 담당부장도 퇴원하여 출근했다. 마음이 착한 부장이 왜 갑자기 혈압이 높아져 입원까지 하게 되었을까 되씹어보았다.

나는 이 일을 통해 정공법으로 접근하는 것이 중요하다는 것을 확인했다. 공개적인 방법은 떳떳하고 뒷말을 없앤다. 사심이 없으면 일이 잘 풀린다. 공개적인 시장경쟁원리는 얼마나 단순하고 투명한가. 정가가 없는 물품을 다루면서 이런 일로 곤경을 치르는 사람들이 적지 않을 터인데, 참고가 되었으면 한다.

2화
운전기사실을 새 건물 로열 층으로 옮겨주다

서무부 담당이사가 된 다음날 나는 일찍 출근하여 지하 5층에서부터 20층까지 걸어 올라가며 각층 구석구석을 살펴보았다. 새 건물이니 잘 유지해야겠다는 생각에 건물구조와 안전, 청결 등 관리 상태를 살펴보기 위해서였다.

지하 5층에 있는 밀폐된 방에서 건물의 각종 기계시설을 돌보고 있는 사람들을 만났다. 잠은 어디에서 자느냐고 물었다. 그 방에서 자는데 환기시설이 없어 통풍이 되지 않아 하루 밤을 지내고 나면 얼굴이 붓는 것 같고 힘들다고 했다. 새 건물을 관리하는 KCGF 출자회사와 KCGF 간에 환기시설을 누가 해야 하느냐는 다

틈으로 아직 문제가 해결되지 않고 있었다. 나는 KCGF측에서 즉시 환기시설을 하도록 조치하고는 지하 1층에 있는 운전기사실을 들어가 보았다. 누워 있는 사람도 있고, 화투장도 보이는 등 정리 정돈이 잘 안 되어 있는 상태였다. 천장 쪽 위에는 돌유리판을 붙였는데, 건물 뒷문과 연결되는 곳이라 사람들 오가는 것이 어른거렸다. 사람들이 그 위를 걸으면 저벅저벅 발자국 소리가 들렸다.

마땅한 공간이 없어서 그 곳을 운전기사실로 배치했겠지만, 운전하는 시간을 제외하면 그곳은 기사들의 근무 장소였다. 더욱이 배차업무도 하고 차량관리 담당자 및 KCGF를 방문하는 외부차량의 기사도 함께 이용하는 곳인데 환경이 열악하다는 생각이 들었다. 운전기사들도 같은 동료들인데 다른 직원들과 같이 쾌적한 사무실에서 근무할 수 있게 해주면 좋겠다는 생각이 들었다.

얼마 후 서무부에서 건물관리 자회사가 18층으로 이사를 가기로 했다면서 건물 1층과 2층의 일부 빈 공간을 은행지점으로 임대하겠다는 방안을 가져 왔다. 나는 즉시 운전기사실로 내려가 차량주임과 기사들을 만났다. 면적은 2층이 지하 1층보다 다소 협소하지만 환경이 쾌적하여 기사실을 2층으로 옮기고자 한다는 의견을 제시했다. 모두들 너무 좋아했다. 다만 '2층에 가서는 눕지 않는다, 화투장은 없앤다'는 조건과 함께 '책을 비치해 준다'는 약속을 함께 제시했다. 모두가 박수로 받아들였다. 그리고는 서무부 담당자들에게 2층 공간을 기사실로 정하도록 지시했다. 서무부에서는 임대료 수입, 해당 은행지점의 요청 등을 들면서 로열 층(2층)을 운전기사실로 쓰는 금융기관 본점 빌딩은 한 군데도 없다는 점을 들어 부정적인 의견을 내놓았다.

'서무부의 주장도 일리가 있고 이해가 간다. 하지만 운전기사들은 대부분 여러 사정으로 학업을 계속하지 못해 운진직종을 선택한 사람들이다. 다른 직원들과 직무가 다를 뿐 모두 우리 동료들이다. 그들도 우리와 똑같은 환경에서 일할 수 있도록 배려해줄 필요가 있다'고 설득하여 기사실을 2층으로 옮겨주었다.

그 후 기사들은 2층으로 옮겨가는 조건으로 내가 제시한 약속사항을 잘 지켜 주었다. KCGF를 방문한 외부차량의 기사들이 2층의 기사실에 와 보고는 '깜짝 놀라면서 부러워했다'는 말을 여러 차례 들었다.

3화
지방지점 건물 신축을 내 권한과 책임 아래

내가 서무부 담당 이사가 된 다음 전라북도 전주지점 건물 신축에 관한 계획이 논의되기 시작했다. 전주지점 부지는 옛 완주군청 터였다. 전주시내의 요지에 자리 잡고 있어 KCGF를 상징하는 멋진 건물을 지어보자는 생각이 들었다. 건축분야에는 전혀 지식이 없고, 20여 년 직장생활 중 한 번도 경험해본 적이 없는 나로서는 매우 조심스러웠다. 그러나 나의 첫 작품이니 제대로 한번 지어

봐야겠다는 의욕이 생겼다.

먼저 KCGF의 상징성을 잘 나타낼 수 있도록 설계도 감리도 잘할 수 있는 설계회사를 선정해보자는 의견을 제시했다. 그러나 뜻밖에도 건축 담당 과장이 이의를 제기했다. 'KCGF 설립 이후 지방에 지점 건물을 신축할 때에는 그 지역 출신의 유력한 인사가 설계회사를 선정해온 것이 관례로 돼 있다면서 서무부와 담당이사 선에서 논의해보자는 깃은 너무 현실을 모르는 순진한 생각이라는 것이었다. 살짝 나를 조소하는 듯한 느낌을 받았다.

은근히 오기가 나서 이번에는 제대로 한번 해보겠다고 큰소리를 쳐놓고 궁리하기 시작했다. 이사장이 외부의 여러 사정을 감안해야 하고 또한 외압으로부터 자유롭지 못할 것이라는 입장도 알고 있었다. 그러나 이번 기회에 이사장(곽상수)을 설계회사와 시공회사 선정으로부터 해방시켜드려야겠다는 생각이 들어 마음먹고 이사장에게 내 생각을 말씀드렸다.

나는 설계회사와 시공회사 선정에 관한 전권을 담당이사에게 위임해 달라고 건의했다. 만약 위임받은 일로 잡음이 나거나 말썽이 생기면 모든 책임을 지겠다는 말도 함께 했다. 이사장은 즉석에서 명쾌하게 '권한과 책임'을 모두 내게 넘겨주었다. 놀라운 일이었다. 나는 감사하면서도 한편으론 큰 두려움을 느꼈다.

서무부장(박제규)과 3명의 과장을 불러 "설계회사와 시공회사 선정에 관한 전권을 이사장으로부터 위임받았으니 이제 모든 결정과 책임은 내가 질 것"이라고 말해주었다. 모두들 놀라워했다. "이렇게 우리를 믿고 맡겨주신 분에게 보답하는 뜻에서라도 공정하고 투명하게 최선을 다해 정말 잘 해보자"라고 함께 다짐했다.

서무부장과, 건축과장, 조달과장, 서무과장 등과 회의를 했다. 서무부에서는 그간 KCGF와 인연을 맺었던 설계회사 중 베스트 회사 3개를 가려냈다. 그리고는 대한건축설계사협회를 찾아가 우리의 취지를 설명하고 5개 회사를 추천받아 서무부 대리급 이상이 투표하여 1·2·3위 후보를 선정키로 했다. 그 결과 정림건축종합건축사사무소(주)(이하 '정림건축'이라함)가 90%이상 득표하여 압도적 1위인 정림건축을 제1후보 회사로 결정했다.

그러나 의문을 제기한 사람도 없지 않았다. 명성을 떨치고 있는 우리나라 최고 수준의 정림건축이 작은 규모의 KCGF 전주지점 신축건물을 설계해주고 감리해주겠느냐는 것이었다. 그동안 정림건축과 KCGF 사이엔 아무 인연이 없었다. 그래도 한번 서무부장이 그 회사를 찾아가 우리가 왜 정림건축을 선정하게 됐는지 경위를 설명해보자는 데 의견이 모아졌다.

서무부장이 그 회사를 찾아갔다. 그랬더니 그쪽에서 "아니 우리 정림건축은 KCGF와 전혀 인연이 없는데 그런 과정을 거쳐 우리를 선정하게 되었다니 놀랍다. 이런 회사도 다 있느냐?"고 반문하면서 신기해하더라고 했다. 그리고는 "지방에 있는 작은 규모의 건물이라고 해서 문제 될 것은 없다"면서, 다음날 정림건축 회장(고 김정철)이 우리 KCGF를 직접 찾아오기까지 했다.

얼마 후엔 정림건축 회장과 사장단이 KCGF 이사회에 참석하여 건물을 이렇게 지었으면 한다면서 설계도면을 가져와 설명해 주었다. KCGF 설립 10년 동안에 이사회가 지점의 설계도면을 설명받은 것은 처음이었다. '기초공사는 앞으로 증축할 수 있도록 설계하고 옛 완주군청 때부터 있던 큰 느티나무는 그대로 보존하는 등 좋은 여건을 그대로 살려가면서 설계했다'고 했다.

다음 과제는 시공회사 선정이었다. 그 동안 KCGF 지점 신축건물을 건설한 시공회사들의 선정과정을 살펴보니 우리나라 10대 건설 회사들이 응찰하고 그들 중에서 선정되면 지방 건설업체가 하청을 받아 시공하는 행태가 정형화되어 있었다.

나는 KCGF의 거래기업이 거의 중소기업이란 점에 착안했다. 당시는 전두환 정부가 중소기업 육성을 중요한 정부시책 중 하나로 삼아 1983년부터 1987년까지 5년 동안 유망 중소기업을 매년 1,000개씩 선정하여 육성키로 하면서 특히 지역경제 활성화에 역점을 두고 있던 시기이기도 했다.

서무부와 협의한 끝에 이번에는 KCGF가 지역경제 활성화에 앞장서는 뜻에서도 지방 건설회사를 직접 선정하자고 제안했다. 실무자들은 지금까지의 관례를 깨는 것이 걱정되고, 또 앞으로 외부기관 감사를 받을 땐 시비의 대상이 될 수도 있다고 문제를 제기했다. 나는 이사장으로부터 권한과 책임 일체를 위임받아 처리하는 것이므로 "이 문제는 전적으로 담당이사인 내가 책임지고 감사도 내가 받겠다"고 하여 그들을 안심시켰다.

한편 이 같은 지역경제 활성화의 뜻을 전주지점장(김동식, 전주고등학교와 전북대 출신)에게 알려주고 의견을 물었더니, 적극적인 성품을 지닌 지점장이 매우 좋은 생각이라고 동조해 주었다. 시공회사 자격을 전라북도 내에 있는 업체로 제한하고 입찰 공고를 전북일보에 내도록 했다.

입찰방식은 부찰제*로 하고 예정가격은 내가 직접 써서 밀봉해 입찰 당일 아침 서무부장에게 건네주었다. 이 분야의 친구들에게 자문을 받았더니 예정가격을 예산보다 약간 웃돌게 적어야 좋은 결과를 기대할 수 있다고 해서 그렇게 했다. 결과는 잘 맞아떨어졌다. 전라북도 최우수 건설업체인 '홍건사'에 낙찰되었다.

나는 전주 지점장에게 "시공회사가 이렇게 선정된 것은 KCGF에서도 처음 시도되는 일이고, 우리나라에서도 전주지방에서 처음으로 이루어지는 일이다. 시공회사로부터 전주의 자부심을 걸고 성심성의껏 잘 짓겠다는 다짐을 각서로 받으라"고 지시했다. 이번 사례가 성공하여 다른 지방에도 확산될 수 있는 좋은 계기를 만들어 보자고 덧붙였다. 지점장은 내 뜻을 잘 이행하겠다고 하면서 자기 고향에서 처음으로 보람 있는 일을 하게 되어 자랑스럽고 영광스러운 일이라고 기뻐했다.

「전북일보」는 2회(1986년 6월 20일자와 7월 24일자)에 걸쳐 이 일을 보도했다. 신용보증기금이 전주지점 사옥 건축을 지방 건설업체가

---

* 부찰제 : 입찰 예정가액의 85% 미만이면 응찰자격을 상실하고, 예정가격 +-에 제일 근접한 응찰자를 낙찰자로 하는 입찰방식.

시공할 수 있도록 해준 것은 지방의 중소기업을 육성하려는 취지에서였다고 (김동식 전주지점장의 말을 인용) 보도했다. 이 신문은 전북 도내 발주공사의 53.8%를 서울 업체가 맡아서 하고 있다면서, 전주 시내에 건설 중인 4개 금융기관의 신축사옥 공사 중 도내 업체가 수주한 것은 오직 신용보증기금의 사옥 뿐이고 나머지는 모두 타 지역 업체가 맡았다고 보도했다.

4화

국내 최고의 설계회사와 지방 건설회사의 짝짓기

중기업수준의 지방 건설회사가 우리나라 최고의 설계기술과 감리를 자랑하는 정림건축을 만나 건축을 함께하게 된 것은 아주 드문 일이었다. 그야말로 시공회사 스스로는 꿈도 꾸지 못한 사건이 벌어진 것이다. 내가 당시 전주지점장을 통해 들은 이야기와 서무부 건축과장이 중간 중간 보고한 내용을 종합해 보면 다음과 같다.

시공회사 측으로서는

- 옛 완주군청 자리에 있던 거목 등을 훼손하지 않고 시공하는 것은 쉽지 않은 일인데, 정림건축의 지도를 받아 무리 없이 공사를 잘 할 수 있었다.

- 원청회사인 서울의 큰 건설회사로부터 하청을 받아 일을 하게 되면 공사비에서 일정율의 마진을 떼어주어야 하는데, 직접 낙찰 받아 공사를 하게 되니 그만큼 수익이 좋아졌다.
- 정림건축의 소개로 각종 품질 좋은 건선자재를 직접 적정한 가격으로 적기에, 쉽게 구입할 수 있게 되어 자재구매에 대한 눈을 뜨게 되었다.
- 철저한 감리를 받으며 시공함으로써 정림건축의 기술을 직접 전수받아 상당한 수준의 기술향상을 이루어냈다.
- 공사기간 내내 KCGF의 담당 이사가 누구인지도 몰랐고, 그 이사가 시공회사도 모르게 현장을 예고 없이 다녀가곤 했기 때문에 커피 한 잔 대접할 기회도 없었다는 것이다.

또한 전주와 인근에 있는 건축 관련 대학 및 공학도들이 공사현장에 견학 와서 정림건축 전문가로부터 직접 설명을 들으며 현장학습을 받는 등 산학협력이 이루어지는 뜻밖의 성과도 있었다. 이 같은 사실을 전북일보가 보도해주어, 전라북도에 있는 다른 기관들도 도내 지방건설회사를 시공회사로 선정하는 등 지역경제 활성화에 도움을 주는 계기가 되었다고 했다. 전주지점장은 이런 사실을 도내 기관장회의와 보증업체 간담회 등에서 적극적으로 홍보했다.

마침내 건축공사가 마무리되어 준공일자가 다가왔다. 준공식을 해야 하는데 늘 하던 대로 오전 10:00시에 하겠다는 것을 내가 바

꿨다. 저녁 6시에 우리 직원끼리 간략하게 축하모임을 갖고, 오후 6시 30분부터 전주시장과 도내 유관 기관장 그리고 보증업체사장들을 초청하여 리셉션 형태의 준공식을 하기로 한 것이다. 퇴근시간대라 많은 손님들이 오셔서 칵테일을 한 잔씩 들고 기분 좋게 환담을 나누었다. 즐겁고 우아한 리셉션 파티가 되었다.

전북 신우회信友會 회원들도 몹시 흐뭇해하는 것을 보고 KCGF 이사장(안승철)도 감격한 듯했다. 김정철 정림건축 회장도 전주까지 내려와 참석했다. 홍건사 사장은 전라북도에서 처음으로 KCGF 전주지점 건물을 자체 능력만으로 완공하여 매우 뿌듯해하는 모습이었다. 이 공사 후 홍건사는 자신들의 시공능력에 자신을 갖게 되었다고 했다. 정림건축과 함께 일하면서 10년 걸려 얻을 기술을 단기간에 습득하면서 아주 모범이 될 건물을 지을 수 있었다고 기뻐했다. 그 후 홍건사는 사업이 번창해서 KCGF의 신용보증을 이용하지 않고도 자기 신용만으로 경영할 수 있게 되었다. 신용과 실력이 검증된 정림건축은 그 다음 해에도 KCGF의 인천지점 건물 설계와 감리를 맡았다.

5화

기계적인 보증제도를 실질적인 보증제도로

1980년대 초 전두환정부는 중소기업 육성을 중요한 정책으로 삼고 중소기업 활성화에 힘을 쏟고 있었다. 이런 정책에도 불구하고 중소기업이 자금지원을 받으려면 일정한 기준을 충족시켜야만 했다. 정부에서 대출기간이 길고 이자가 아주 싼 중소기업정책자금을 배정하더라도 그 자금을 사용하려면 우선 대상 업종에 해당되어야 했다. '기업체평가표'로 볼 때 기본점수 이상이어야 하고, 네거티브 리스트(negative list, 부채비율, 은행연체 여부 등) 항목에도 저촉되지 않아야 한다. 한정된 재원을 효율적으로 배분하고자 하는 취지에서 만들어진 전국기준(전국 중소기업에 동일하게 적용되는 기준)인 만큼 당연하고 합리적인 것이었다.

1982년 신임 이사장(김상찬)을 수행하여 전북지역과 전남지역에서 간담회를 갖게 되었다. 지방 지점에 들려 보증업체 사장 및 유관기관 간부들을 만나 중소기업의 현장 상황을 알아보려는 것이었다. 이야기를 들어보니 한결같이 '이 곳은 경제발전이 낙후된 지역이어서 제조업체 특히 대기업이 없으므로 협력업체나 소재 및 부품업체들도 별로 없다. 기업환경이 열악하여 전국기준을 충족할 수 있는 기업이 적다보니 다른 지역보다 자금배정도 적게 받았다. 그런데도 그것조차 쓸 수가 없다'는 이야기였다.

그렇다면 한국은행이나 중소기업중앙회 및 중소기업은행 등에서 전라남·북도의 중소기업에만 따로 적용하는 별도의 '평가기준' 같은 것이 있는가 알아보았더니 그런 기준은 없고 그저 타 지역에 비해 여건이 '열악하다'는 말 뿐이었다. 따라서 이 지역의 중소기업은 정부에서 좋은 조건의 정책자금을 제공하려 해도 기준에 미달하여 그 자금을 받아 쓸 수 없는 딱한 처지에 놓여 있었다. KCGF 지점장들도 사정은 이해하나 취급기준에 저촉되는 경우에는 어떻게 할 수가 없다고 했다.

KCGF에서 신용보증서만 발급해주면 은행들은 이 보증서에 근거하여 정책자금을 공급할 수 있을 것이다. '우리 지점장들이 기업의 신용을 제대로 파악하여 적극적인 자세로 신용보증을 하게 할 수는 없을까?' 하고 나는 고민했다.

퍼뜩 떠오른 생각이 전국 고등학교 3학년 학생들이 치르는 학력평가 결과였다. 지상에 보도된 것을 보면 예컨대 500점 만점에 전국 평균이 360점일 경우 A도의 평균은 390점이고 B도의 평균은 320점으로 나타날 수 있다. A도의 평균 390점대의 학생들은 B도의 320점대의 학생들 보다 70점이 많고, 전국 평균에 비해보면 A도는 +30점, B도는 -40점으로 나타난다. 그러나 B도의 320점대 학생들도 교육환경을 개선해 주고 사기를 북돋아주면 전국 평균 360점으로 끌어올릴 수 있고, 조금 더 노력하면 390점으로도 올라갈 수 있다. 나는 이런 사례들을 중소기업에도 적용해보기로 했다.

예를 들어 전라남·북도 내의 A중소기업 신용상태가 전국기준으로는 필요조건에 저촉되어, 즉 '하위권'에 속해 정책자금을 이용할 수 없더라도 그 지역에서 실질적으로 '중위권' 이상에 속한다고 지점장이 판단하면 신용보증을 취급할 수 있도록 길을 터주는 것이다. 즉 신용보증을 결정할 때 계수적인 필요조건만 따져보는 심사제도를 벗어나 실질적인 신용상태를 파악하고 그 신용을 지점장이 소신껏 판단하여 보증을 해주는 '예외취급보증제도'를 도입키로 한 것이다. 나는 이런 아이디어를 적극 추진하여 신용상태가 그 지역에서 중위권 이상이라면 신용보증을 받을 수 있도록 숨통을 터주었다. 그러나 이같이 숨통을 터놓았어도 이를 잘 활용할 수 있는가는 그 지역 지점장들의 판단력과 실행의지가 중요한 것으로 나타났다.

그 동안은 훗날의 내부 및 외부감사에 대비한다는 이유로, 또는 시비의 여지를 없애기 위해, 필요조건 충족 여부만 따져보는 것이 일반화돼 있었는데 이런 관행을 깨뜨려버린 것이다.

6화

KCGF, 신용보증을 넘어 중소기업의 경영지도에

KCGF를 설립하면서 초대 이사장(정재철)이 제시한 업무지침이 있었다. 기금의 4대업무를 신용조사, 신용보증, 경영지도, 그리고 건전한 기본재산(기금)관리로 제시한 것이다. 특히 강조한 것이 신용조사 업무의 충실화와 보증기업의 건전한 육성이었다. 즉 철저한 신용조사로 보증이 이루어져 일단 우리의 고객이 되고나면 거기서 그치지 않고 그 후에도 그 기업이 잘 성장해 나가도록 경영지도를 해서 도움을 주어야 한다는 것이다. 지금 생각해 보아도 먼 앞날을 내다본 탁견이었다.

이런 취지에서 선진 경영기법을 도입하는 데 도움을 받고자 미국의 조지아공과대학(GIT)*과 협약을 맺었다. GIT의 전문가가 KCGF에 상주하여 경영기술을 지도하고, KCGF 직원들을 GIT에 파견하여 OJT교육을 받도록 하여 선진국의 경영기법과 지도방법을 배우게 했다.

그런가하면 경영지도부 직원과 전문가를 팀으로 구성하여 보증기업을 찾아가 현장에서 경영지도를 하기도 했다. 「신용사회」라는 잡지를 계간으로 발행하여 통신지도도 했다. 우리나라에서는 처음으로 CEO가 필요로 하는 경영지도 프로그램을 만들고 KCGF에서 보증한 기업의 최고경영자들을 합숙시켜가며 전문가들을 강사로 초청해 '최고경영자세미나'를 열었다.

매년 봄·가을로 2회씩 실시한 이 세미나는 회수가 더해갈수록 점점 수준도 높아지고 보증기업의 반응도 매우 좋았다. 각 분야의 전문가 외에도 최고경영자들이 애로사항 등을 당국에 직접 전할 수 있도록, 당시의 상공부·재무부·국세청의 국장·차관보와 은행 임원 및 중소기업중앙회장 등을 강사로 초청하여 격의 없는 대화

---

* 미국 GIT : Georgia Institute of Technology.

를 나눌 수 있는 만남의 장도 마련해 주었다.

이렇게 여러 해가 지나는 동안 KCGF의 노하우도 쌓이고 KCGF와 보증기업 간의 상호이해와 직접 대화의 필요성이 높아지면서 KCGF의 책임 있는 임원이 마지막 시간에 강의를 해야 할 상황이 되었다. KCGF는 세미나를 개최하면서 행사준비와 진행만 담당하고 강의나 세미나에는 직접 참여하지 않고 뒷 선으로 물러나 있었다. 내가 자청하여 경주에서 개최하는 세미나에서 KCGF 임원으로서 세미나 마지막 시간의 강의를 맡아 '중소기업의 자기신용관리'라는 주제로 강의했다. 모니터링을 한 결과 반응이 상당히 좋게 나와서 크게 고무되었다.

세미나에서 마지막 강의를 끝낸 후에는 '기금과의 대화'란 시간을 넉넉히 잡아 CEO들과 KCGF 간에 허심탄회하게 이야기를 나누는 대화의 장을 마련했다. 이 자리에서 CEO들은 그간 KCGF와 관계를 맺으면서 겪었던 불편하고 불만스러웠던 점, 심지어 고통스러웠고 분노를 느꼈던 점까지도 기탄없이 토로했다. 마지막 시간 강의를 자청하고 '기금과의 대화'시간을 시작한 것이 계기가 되어 나는 이후에도 단골로 그 자리에 가서 CEO들의 애로사항을 듣고 해결하고자 노력했다. 나로서는 앞으로 KCGF가 중소기업을 위해 어떤 일을 어떻게 해야 할지 알게 되는 좋은 학습장이 되었다.

이 세미나는 해마다 봄 가을로 장소를 옮겨가며 개최되어 지역이 다르고 업종이 다른 보증기업 CEO들 간에 사업상 거래관계가 이루어지기도 하고, 정부의 고위 정책입안자(강사)들을 만나 교분을 맺는 계기도 되었다. 중소기업자와 정부당국자 간의 소통의 다리를 만들어 주는 계기도 되었다. 정부당국자들은 경주·제주·설악산 등에 강의하러 와서 시원한 바람을 쏘이기도 하고, 다양한 중소기업 CEO들을 만나 생생한 현장의 소리를 들을 수도 있었다. 또한 KCGF에 대한 이해가 달라지고 KCGF의 역할이 얼마나 중요한가를 깨달아 이후 정책입안에 큰 참고가 되었다고 술회하기도 했다.

1984년부터 KCGF가 주관한 최고경영자세미나는 우리나라에서 처음으로 부부동반으로 이루어졌다. 1984년의 부부동반 세미나는 우리나라 현실에 맞지 않게 너무 앞서가는 것이 아니냐는 우려도 있었으나 실시하고 보니 반응이 너무 좋아 우려가 기우가 되었다. 중소기업 CEO들은 정말로 몸이 열 개라도 모자랄 정도로 너무나 바빴다. 또한 혼자서 모든 것을 해내야 하기 때문에 고독했다. 이래저래 가정에 소홀할 수밖에 없는 처지였다. 그런데 부부동반 최고경영자세미나에 부인과 함께 참여하게 되니 부인도 남편의 고뇌를 이해하게 되고, 부부끼리 며칠 간 진지한 대화를 나눌 수 있는 시간을 갖게 되니 얼마나 유익하고 고마운지 모르겠다면서 감사하다는 말들을 전해왔다.

나에게는 즐겁고 매우 유익한 기회였다. 이 최고경영자세미나에서 한 첫 번째 강의 내용이 「신용사회」 지에 게재되었다. 이를 본 대학, 대학원 등의 초청을 받아 숭실대학교 중소기업대학원 AMP에서 10년 동안 계속 강의를 하게 되었고, 한양대학교, 건국대학

中小企業의
自己 信用管理

■ 信用의 概念

경제활동의 범위가 넓어지고 個別企業의 규모가 확대됨에 따라 신용의 개념도 경제활동의 主體에 따라 여러 가지로 정의될 수 있는데 일반적으로 신용이란 장래의 어느 時點에서 그 대가를 지급할 것을 약속하고 현재의 경제적 가치를 획득할 수 있는 능력이라고 정의할 수 있다.

어느 자리에선가 서울대학교 李賢宰 총장이 「통화의 增發없이 財貨와 用役의 거래를 증진시켜 자본의 再生產을 촉진시키며, 대량생산을 가능케 하는 것은 신용거래의 확대에 있다」라고 강조하는 것을 들은 적이 있다.

기업조직이 고도화되고 교통·통신의 발달과 경쟁의 深化는 기업에게 신용거래의 확대를 불

■ 南 大 祐 / 信用保證基金 理事

「신용사회」지 1984년 송년호.

중소기업의 신용관리 중요성 및 신용보증기금의 역할과 계획에 대한 강의내용 수록.

교, 고려대학교, 연세대학교, 이화여자대학교, 서강대학교 등의 AMP·WAMP 등에서 특강을 할 기회를 가졌다. 중소기업진흥공단 이사장이 안산에 있는 중소기업진흥공단 연수원 '최고경영자과정'에 '신용보증 활용과 신용관리'에 관한 강의를 100분씩 해달라고 요청해서 약 50회 정도 안산에도 갔다.

KCGF 주관 행사에 KCGF 임원이 강사로 참여해보겠다는 생각으로 작게 시작한 것이 계기가 되어 그 후 20여 년 간 대학, 대학원 등에서 외부강사로 활동하게 되었다. 강의를 하려면 주제에 대한 공부를 강의시간의 8~10배는 준비해야 수강생들 앞에 떳떳이 설 수 있다는 것을 스스로 터득하면서 나 자신을 계발하는 계기가 되었다.

7화
'은행연체'의 고정관념을 깨고
위기의 기업들을 구하다

기업이나 개인이나 은행거래에서 '연체'라는 말은 대단히 위협적인 용어다. 은행에서 대출받은 원금과 그 이자를 제 날짜에 갚지 못하면 그것이 연체다. 'A기업이 연체 중이다' 'A기업의 연체가 10일 이상 계속되고 있다' 'A기업의 연체가 빈발하고 있다'고 하면 그 기업은 은행거래나 신용보증을 받는 과정에서 옐로카드 보다는 레드카드에 가까운 취급을 받기 십상이다. 연체 상태는 경리실 무자의 부주의로 하루 이틀 일어나는 경우도 있으나, 그런 경우에는 별 문제가 없다. 그러나 대부분은 기업의 자금사정이 원활치 못하여 발생하기 때문에 그 기업이 감기몸살에 걸렸다는 신호라고 보면 된다.

1987년 6·29 선언 이후 대한민국은 유사이래 처음으로 민주자유화의 물결에 휩쓸려 미증유의 노사분규를 겪었다. 대기업이나 중소기업이나 기업규모에 관계 없이 악성인플루엔자가 퍼지듯이 우리나라 전 사업장에 분규가 번지고 있었다. 1962년 1차경제개발5개년계획 이후 모든 기업이 앞만 보고 달려왔기 때문에 이와 같은 노사분규 경험을 해본 적이 없어 더욱 당황했다. 노사분규에 휘말리면 그 기업자체만 문제가 되는 것이 아니다. 기업 간에는 서로 납품 거래가 이루어지므로 관계 기업 중에 어느 한 기업이 노사분규로 중간재나 부품을 납품받지 못하면 관계 기업들도 연쇄적으로 함께 어려워지게 되는 산업구조이기 때문에 문제가 여간 심각하지 않았다.

"1987년 노사분규는 주로 대기업, 특히 산업공단 내에 있는 중화학 대기업을 중심으로 발생하여 확산되었다. 1987년 한 해 동안 전국에서 발생한 노사분규는 총 3,745건으로 124건을 제외한 3,621건이 6·29선언 이후 발생한 것들이었다. 합법적인 노사관계의 경험이 거의 전무하다시피한 상태에서 한꺼번에 폭발한 이 해의 노

사분규 양태는 대화와 타협이 아닌 농성, 시위, 파업, 사장 감금 등
으로 치달아 과격하기 이를 데 없었다."-정주영 지음, 『이 땅에 태어나서』

예컨대 대기업인 A모기업에 50개의 부품 납품 협력업체가 있
다고 해보자. 그 중 어느 한 개 기업이 과격한 노사분규로 가동이
중단되어 부품을 납품하지 못하게 되면, A모기업도 완제품을 생
산할 수 없어 휴업하게 된다. A모기업이 휴업하면 나머지 49개 협
력업체도 납품을 못하게 되니 49개 기업 모두가 연쇄적으로 휴업
을 해야만 하는 사태가 벌어진다. KCGF가 보증한 기업뿐만 아니
라 수많은 중소기업이 노사분규에 휘말려 자금사정이 악화되면서
'연체상태'라는 거대한 늪에 모두 한꺼번에 빠져들고 있었다.

사태가 여기에 이르자 정부에서는 노사분규안정기금을 긴급히
조성하여 은행에서 적극 대출해주도록 했다. 그러나 은행이 연체
중인 기업들에게 자기들의 책임하에 담보도 없이 추가로 대출해줄
리가 없다. 은행도 망할 수 있으니까 은행만 나무랄 수도 없는 노
릇이었다.

기업 자체 내의, 또는 관계 기업의 노사분규로 인해 가동 중지,
납품 중단, 대금결제 지연 등의 사태가 일어나 자금회전시스템이
갑자기 마비되면서 은행연체 사태가 쓰나미처럼 몰려오고 있었다.
특히 중소기업 경영자들은 자체 노사분규를 해결하랴 은행연체
문제도 해결하랴, 정말로 난감한 지경에 처해 있다고 애처롭게 호
소하고 있었다.

KCGF와 은행은 거래기업이 연체상태이니 어쩔 수 없었다. 운신의 폭이 없었다. 어찌해야 하나? 정부당국도 금융당국도 쉽게 해법을 내놓지 못하고 애만 태우고 있었다. 중소기업 자금지원을 목적으로 정부에서 설립한 KCGF에서는 이런 때 어떻게 해야 하나? 보증기업이 노사분규와 은행연체로 자금융통에 심한 몸살을 앓고 있는데, 그저 바라보고만 있어서야 되겠는가? 기획, 심사업무를 맡고 있었던 나도 '어떻게 해서든지 물꼬를 터 주어야 하는데……'라면서도 마음만 조급했지 무슨 묘책이 떠오르지 않았다. '은행연체'의 벽을 깨야 만했다. 나의 주관으로 실무자회의를 해봐도, 다른 임원들과 의견을 나누어보아도 별 해결책이 나오지 않았다. 그도 그럴 것이 '연체 사실을 연체로 보지 않는다'가 당시에는 감히 상상도 할 수 없는 철통같은 고정관념이었다.

새로 부임한 이사장(안승철)은 KDI원장을 지낸 경제학 박사라 거시적으로 큰 틀에서 해결해보자는 의지를 갖고 있었다. 평상시에 개인이 감기에 걸렸다면 그것은 그 개인의 건강 주의신호라 볼 수 있다. 그런데 지금의 사태는 악성인플루엔자가 창궐하여 수많은 사람이 집단적으로 앓는 유행성독감 같은 것 아닌가? 그렇다면 평상시의 개인적인 감기와는 다르게 보아야 한다. 노사분규사태로 인한 지금의 연체는 은행에서 그동안 보아왔던 평상시의 연체와 달리 건국 이후 처음 겪는 비상사태로 발생한 연체였다. 그 기업의 귀책사유가 아닌 거래처나 관계 기업의 노사분규로 인한 연체라면 그간의 연체 개념과는 다르게 보아야 하는 것 아닌가?

라는 생각이 들었다.

대학에서 익히 배웠던 '난관을 돌파하라(find a way out of difficulties)'라는 구절이 떠올랐다. 나는 그동안 고심 끝에 생각해낸 복안을 이사장에게 보고했다. '연체'에 대한 고정관념을 깨고 비상시국은 비상한 수단으로 대처해야 한다는 것이었는데, 긍정적인 반응이었다. 그러나 다른 임원들의 공감은 얻어내지 못했다. 이사장의 소신 있는 결심을 받아 은행연체의 기준과 본점 승인절차에 대해 다음과 같은 특단의 비상조치를 취했다.

첫째 '노사분규로 인해 발생한 연체는, 지점장이 그 사실을 확인한 경우에는 연체로 보지 않고 보증지원을 해줄 수 있다'

둘째 정부정책자금인 '노사분규안정기금'에 대한 보증은 금액에 상관없이 지점장에게 전결권을 넘겨준다.'

우리나라 금융역사상 유례가 없는 매우 획기적인 조치였다. 은행 쪽의 동의가 필요했다면 불가능했을 것이다. KCGF에서 책임지고 보증을 해준다는데 은행 쪽에서는 반대할 이유가 없고 도리어 환영할 조치였다. 정부당국에서는 더욱 더 환영했으며, 이 비상조치가 작동하자 한숨을 돌릴 수 있었다.

이사장은 대기업 협력업체가 많이 몰려 있는 창원공단, 구미공업단지, 울산공단 등을 차례로 방문하고 지역신우회 조직을 활용하여 그곳 보증기업 경영자들에게 "자금문제는 우리가 적극 지원하겠으니 노사분규 해결에 전념하여 기업정상화를 이룩하도록 노력해 달라고" 당부했다. 이 조치로 많은 기업들이 위기를 넘길 수 있었다. 가뭄 속의 단비와 같았을 것이다. 사태가 진정된 후 지역 신우회원들로부터 "자금을 뒷받침해주는 원군을 얻으니 용기백배하여 노사분규도 해결하고 자신감도 얻었다"고 하는 말을 들었다.

모든 사태가 어느 정도 진정된 후 비상조치로 취급한 보증의 대위변제*결과가 어떠했는지 점검해보았다. 놀랍게도 평상시 대위변제율을 밑돌았다. 비상시에 비상대책이 적중하여 제대로 효과를 본 사례였다. 자금이 뒷받침되니 기업경영자들도 더욱 분발했을 것이다.

8화

최고경영자 세미나 중심의 신우회를 전국지역 신우회로

KCGF가 최고경영자 세미나를 매년 2회씩 개최하다보니, 세미나에 참석한 보증기업 경영자들의 모임인 '신우회信友會'가 자연스레 결성되어 잘 운영되었다. 신우회 주관 조찬회는 거의 서울에서

---

* 대위변제 : KCGF가 보증해준 기업이 잘못돼 은행 빚을 갚지 못하면 KCGF가 대신 갚아주는 것을 말함.

이루어지고 있어, 지방에서는 서울로 올라오곤 했다.

KCGF 설립 10년이 되는 해에 나는 경영지도부 담당이사가 되었다. 당시 신우회장이 활동적인 분이라 그 분과 협의하여 전국에 도道 단위 신우회信友會를 발전적으로 확대 조직했다. 다시 도 단위 신우회가 연합하여 전국신우회가 탄생하게 되었다. 도 단위지역 신우회가 활발하게 운영되어 1박 2일 워크숍 또는 세미나를 개최하는 등 노내 중소기업 대표들 간에 우의를 돈독히 하는 계기가 되었다. 회원 기업 간에 거래도 이루어지고, 다른 업종의 기업과도 교류하게 되며 지역 대학, 연구기관들과의 산학협동도 촉진되었다. 이 워크숍(또는 세미나)에는 언제나 이사장(안승철)이 참석하여 좋은 내용의 강의를 해주었다.

신우회가 제대로 운영되게 하려면 제조업 중견기업들이 '주사업 장(공장) 소재지'의 신우회원이 되어야 한다. KCGF의 지방지점 관할구역 내에 '주사업장 소재지'를 두고 있는 기업은 그 구역을 관할하는 KCGF 지점과 거래하도록 되어 있다. 그러나 주사업장은 지방에 있고 본사는 서울에 있는 경우에 이런 저런 편리성을 강조하여 본점 승인을 받아 거래지점을 본사 소재지인 서울로 이관할수 있는 예외적인 제도도 있었다. 소위 '관할구역예외취급승인'으로 적지 않은 중견기업들이 주사업장 관할지점과의 거래를 벗어나 서울 본사 관할 지점들을 거래하고 있었다.

이런 상태에서는 도 단위 지역신우회가 제대로 활성화되기 어렵다고 보았다. 지점장들도 지역 내에 있는 기업끼리 친목을 도모하고 지역경제를 활성화시키기 위해서는 그 기업들이 지방지점에서 거래하기를 내심으로는 원했다. 해법을 찾아야겠다는 상황에 이르렀다.

여러 가지 저항과 그 나름대로의 이유가 있었지만 이를 무릅쓰고 '관할구역예외취급 금지조치'를 내렸다. 그동안 서울에서 예외로 취급되던 기업들을 해당지역 관할로 이관했더니 도 단위 지역 신우회가 활발해졌다. 충청, 경인지역 등 지점 규모가 커져 지점이 분가되니 직원들도 환영했다. 그 지역 내의 기업 간 거래가 촉진되고 기업 간 유대도 좋아지는 한편 지역 특성을 살린 지역경제 활성화에도 크게 기여하는 계기가 되었다. 아름아름으로 예외 취급하던 것을 정상화시킨 것이다. 비정상을 정상화시킨 사례였다.

9화

제3자연대보증인제도 없애고, 기존의 연대보증책임을 N분의 1로

KCGF 이사로서 일을 하다 친숙하게 된 당시 경제기획원 직원이었던 A씨의 승진을 축하하기 위해 저녁식사를 함께 했다. 그곳에 합석했던 사회개발을 담당하는 K씨가 KCGF의 연대보증인제도가 우리나라 중산층 킬러가 되어가고 있으니 무언가 적절한 대책이 필요하다는 말을 꺼냈다. 그곳에 모인 모든 사람들이 모두 공감하면서 나에게 검토해보는 것이 좋겠다고 했다.

　나라 한 쪽에서는 중산층을 육성하려고 하는데, 왜 무고한 중산층 사람들을 억울한 채무자로 만드느냐. KCGF가 기업의 신용만큼만 보증해주면 되지 왜 별도의 채권보전조치를 하기 위해 기업과 무관한 사람들을 연대보증인*으로 세우게 하느냐? 기업이 잘못되었을 때 연대보증인으로 하여금 전체 채무를 갚게 하는 것은 매우 잘못된 것이다. 이것은 바로잡아야 한다는 것이 이들의 일치된 견해였다. 이들의 말은 질타에 가까운 충고였다. 나도 평소에 문제의식을 갖고 있던 터라 바로 공감했다.

　그간 우리나라 은행대출은 늘 수요가 공급을 초과해서 공급자 은행의 '파는 쪽 시장(seller's market)'이었기 때문에 물적 담보를 잡고도 추가로 연대보증인을 세우는 것이 관행화되어 있었다. 따라서 신용을 평가하여 보증해주는 KCGF에서도 우리나라 은행의 관행에 따라 연대보증인을 세우지 않고 신용만으로 보증을 해준다는 것은 상상하기 어려웠다.

　하지만 나는 KCGF의 임원으로서 그날 그들이 해준 진지한 충고를 지나쳐버릴 수 없었다. 책임을 느꼈다. 쉽지 않은 일이지만 우리가 이런 잘못된 관행을 고치는 선도적 역할을 할 수 있다면 우리 사회의 폐단을 없애는 데 좋은 기여를 할 수 있겠다고 생각했다.

---

* 연대보증인 : 개인이나 기업이 은행에서 돈을 빌릴 때 원래 채무자가 빚을 갚지 못할 경우, 이 빚을 대신 갚아야 하는 제3자를 말함. 인원 수에는 제한이 없으며, 보증인이 여러 명일 경우에도 각자가 채무전액을 책임져야 한다.

그래서 이에 대한 단계별 대책을 입안하여 이사장에게 건의했다. 이사장은 이 문제가 지닌 리스크를 알면서도 이를 해내야 한다는 긍정적 반응을 보였고, 결국 이사회의 토론과 의결을 거쳐 재무부 중소기업애로타개위원회에서 처리키로 했다.

우리는 우선 3천만 원 이하의 보증일 경우 제3자연대보증인제도를 폐지하고 그 기업의 신용만으로 보증을 하게 했다. 보증기업의 수로 보면 당시 보증금액 3천만 원 이하의 보증이 대종(62.9%)을 이루고 있었고, 특히 지방에서는 거의 대부분이 그러했다. KCGF로서는 금융계의 철통같은 고정관념을 깨는 대단히 획기적인 조치였다.

기업 입장에서는 그간 연대보증인 구하느라 얼마나 힘들었을 것인가? 또한 기업이 잘못됐을 경우엔 연대보증인들과 갈등을 겪어 인간관계마저 파탄나는 이루 헤아릴 수 없는 어려움을 겪었을 것이다. 앞으로는 기업의 신용만큼만 보증을 제공하고 추가로 인적 보증을 세우지 않겠다는 것이니 기업으로서는 얼마나 큰 짐을 더는 것인가?

그러나 앞으로 제3자연대보증인제도를 폐지하면, 현재 연대보증책임을 안고 있는 경우에는 어떻게 할 것인가? 형평을 유지해야 하는 것 아닌가? 하는 문제가 대두되었다. 피해를 보고 있는 연대보증인들도 들고일어날 것이다. 연대보증으로 인한 폐단이 그만큼 컸기 때문이다. 갚을 능력이 있는 연대보증인에게는 원금 전액은 물론 연체이자*까지 물려왔다. 연대보증인 책임이 무엇인지도 잘 모르고 인간적으로 피치 못해 연대보증을 섰을 뿐인데……. 상환하고 싶어도 원금 전액과 고율의 연체이자까지 물어야 하므로 부담이 너무 커서 도저히 불가능하다는 민원이 쇄도했다.

연대보증인에게 이자는 감면해주고 원금을 일부만(자기분담금)이라도 상환하면 경제적 자유인으로 활동할 수 있게 해주는 획기적인 추가 조치가 필요했다. '보증금액 원금은 연대보증인 수로 나누어, 즉 원금을 1/n로 나누어 3~5년 동안 분할상환하게 한다. 그리고 이자는 연체이자까지 전액 감면해준다'는 것이 추가조치의 내용이었다. 또 한 번 우리나라 금융사상 처음으로 특단의 조치를 취한 것이다. 이사장의 적극적인 자세가 주효했다.

당시 재무부 내에는 '중소기업애로타개위원회**'가 있었다. 내가 이 위원회의 위원이어서 이 내용을 안건으로 제안했고, 그 자리에서 바로 심의·의결했다. 다음 날 아침 이 내용을 재무부장관(사공일)이 직접 기자회견을 통해 발표했고, 그 내용이 경제신문 일면 톱기사로 실렸다. KCGF 자체의 중대한 정책을 중소기업애로타개위원회의 안건으로 상정하여 처리한 것은 하나의 좋은 사례가 되었다.

---

* 당시 연체이자율은 연 30%에 가까웠다.

** 중소기업애로타개위원회는 재무부 재정차관보가 위원장이며 상공부 중소기업국장, 은행임원, 중소기업유관기관 임원 등으로 구성되어 중소기업의 애로사항에 대한 대책을 심의하고 의결하는 기구였다.

한국경제신문, 1987년 7월 24일.

영세중소기업의 자금지원을 위해 보증급액 3천만 원 이하의 소액신용보증에 대해서
는 제3자연대보증을 면제해주기로 한 정부 안 발표 기사.

10화

충의용사를 KCGF의 지점장으로

휴전 이후 북한군을 이끌고 대한민국으로 귀순한 충의용사가 있었다. 휴전선을 혼자도 아니고 동료 북한군 13명을 이끌고 사선을 넘은 용사였다. 검정고시를 치르고 대학에서 법학을 전공한 뒤 전매청과 중소기업은행 등을 거쳐 KCGF로 이직해 상당히 오래동안 근무하고 있었다. 그런데 그는 지점장이 될 때가 지났는데도 지점장을 하지 못하고 있었다. 그는 왜 자신이 지점장 발령을 받지 못하는지 납득하지 못했다.

충의용사이다보니 정부기관의 요청이 있을 때에는 전국을 순회하며 '자유 수호'와 관련된 반공 강연 강사로도 활동하고 있었다. 본연의 업무 외에 또 다른 나라 일을 하며 열심히 살고 있었다. 당시 그는 충의용사회의 회장직을 맡고 있었다. 그는 자신에 대한 직장에서의 승진·보직 등이 다른 용사들의 관심의 대상이기도 하고, 또 자신이 잘 되어야 다른 용사들도 희망을 가질 수 있는 상징적 존재라고 말하곤 했다.

그가 지점장이 되지 못하는 이유는 '자유 수호 반공 강연은 잘 하지만 지점장 감은 아니잖나?'하는 선입견과 관행 때문이었다. 자신의 밑에 있던 부하 직원들까지 지점장으로 나가고 보니 '열등감'과 '수치스러움'으로 살맛도 안 나고 직장에 나가기도 싫은 심정이었을 것이다. 정부에서 부려먹을 때는 언제이고, 정부산하기관인 직장에서 이렇게 왕따시키는 것은 또 무슨 경우인가?

지점장 직무수행능력을 검증할 기회도 주지 않고 지점장 인사에서 계속 제외시키고 있으니 이러지도 저러지도 못하고 그저 안타까울 뿐이었다. 은행에 취직한 후 대학도 나오고, KCGF로 직장을 옮긴 후에도 성실히 근무하여 남들과 같이 지점장 직급까지 승진도 했다. 하지만 지점장 자리는 그에게는 그림의 떡이란 말인가? 따먹을 수 없는 과일이란 말인가?

신용을 쌓아 놓은 개인이나 기업의 신용을 찾아내어 그에 상응한 보증을 해주고 이를 활용할 수 있게 해주는 KCGF가 자기 직원의 신용을 돌보지 않는다면 되겠나 하는 생각이 들었다. 이 틀을 깨보자는 마음을 굳혔다. 인사 라인과 협의하고 최종적으로 이사장(김명호)의 결심을 받아 서울 외곽의 수도권 지점장으로 발령을 냈다. 그의 간절한 소망이 이루어진 것이다.

이런 사연을 언론계 중진인 친구에게 이야기할 기회가 있었다. 그랬더니 그 친구 말이 "누군가가 은행장 되는 것은 뉴스 가치가 없지만 충의용사가 금융계의 꽃인 KCGF의 지점장이 되는 것은 다르다. 그 한 사람의 꿈이 실현된 것 이상의 큰 의미가 있기 때문이다. 많은 사람들에게 희망을 주는 씨앗을 뿌린 것이다. 그 사실을 기뻐할 사람이 많으니 우리 신문에서 다루겠다"고 하였다. 얼마 후에 '망향望鄕'이란 제목으로 기사가 났다.

후에 그 지점장이 찾아와서 신문기사를 본 사람들로부터 격려도 많이 받고, 또한 희망을 보았다는 말도 많이 들었다고 했다. 신

"望鄕35년…멀리서 省墓하지요"

신용보증기금 利川지점장
前개성 노농적위대소대장　廉東烈씨의 秋夕

名節때면 가족과 臨津閣

추석만 되면 교외로 나가 두고온 북녘의 고향생각에 잠기는 廉東烈씨.　<利川=金漢洙기자>

문화일보, 1992년 9월 9일.

노동적위대소대장으로 소속대원과 함께 사선을 넘어 북한을 탈출한 뒤 35년의 세월이 흘러 신용보증기금 이천지점장까지 오른 사연을 담은 기사.

문 카피를 달라는 사람이 많아 수백 장을 더 복사했다고도 했다. 그는 그 후 지점장을 몇 군데 더 하고 명예롭게 정년퇴직했다.

11화

땅끝마을(해남)에서도 유망 중소기업이 탄생하다

호남지역 담당이사일 때 나는 부지런히 현장의 기업들을 방문했다. 전주·군산·광주·여수·목포 순으로 보증기업을 직접 찾아갔다. 사장들을 만나보고 여러 가지 이야기를 듣곤 했다. 목포를 거쳐 땅끝마을에 가서는 염장미역과 김을 가공하는 K사장의 사업장을 둘러보았다. 마침 그날이 K사장 부친의 생신날이라 동네잔치를 하고 친구들을 대접하는 날이니 함께 가서 점심을 하자고 하여 응했다. 내가 시골 출신이라 주인장에 대한 예의를 갖추는 뜻에서도 음식과 과실주를 맛있게 먹었다.

그런데 이야기를 나누던 중 K사장이 이런 하소연을 하는 것이었다. "회사의 실제 매출액과 은행에 신고한 매출액의 차이가 너무 커서 은행대출한도를 제대로 받지 못하고 있다. 이 문제를 해결하지 못하면 기업이 더 이상 클 수 없다"고 하는 것이었다.

이 문제의 근본 원인은 그 기업이 세무신고를 사실대로 하지 않은 데서 연유된 것이었다. K사장에게 이제부터라도 세무신고(부가가치세)를 사실대로 하고, 그 실적에 걸맞게 은행을 이용하라고 권고했다. 그렇게 하면 KCGF도 세무신고한 매출규모에 맞춰 신용보증금액을 확대해 줄 것이라고 했다. 떳떳하고 당당하게 투명 경영을 하면 다 해결될 문제라고 간곡히 설명했다.

수산물을 취급하니 세무자료를 제대로 갖추기 어려운 것은 사실이었다. 그렇더라도 세무자료를 갖추도록 노력하고 매출액과 영업이익을 사실대로 세무신고하도록 거듭 설득했다. 그 결과 상당한 시일이 걸렸지만 그 회사는 사실에 근접한 세무신고를 하게 되었다. 회계담당 직원들도 아주 편해졌으며 사장과 직원들 간에도 신뢰가 두터워졌다. 은행에서도 적정한 대출을 해주어 사채이자 등의 부담이 크게 줄어들자 수익이 늘고 회사의 영업이 크게 신장되었다.

염장미역과 김의 원료를 공급하는 어민들이 다 아는 이웃들이라 제때에 제값을 지불해주니 어민들의 소득도 늘어났다. K사장의 결단으로 그 기업은 날로 번창했다. 풍어가 든 해에는 냉동 및 냉장시설을 찾아 목포나 광주로 옮겨 가던 것을 자체 냉동 및 냉장 시설을 갖추게 되니 먼 타지로 운송하고 보관하는 비용을 대폭 줄이고 시간도 절약할 수 있게 되었다.

수출도 늘어나 냉동 및 냉장시설과 건조시설을 더 갖추게 되고, 직원채용도 늘어나게 되었다. 전라남도의 인구는 줄어드는데 해남의 인구는 늘고 있었다. K사장 말로는 당시의 임금과 수산물 수매대금 등으로 월 수억 원 정도가 그 지역에 뿌려지니 지역이 활기를 띠게 되었다고 했다.

특히 주목할 일은 그 지역의 중학교 학생 수가 늘어났다는 사실이다. 학생들은 부모가 동네 일터에서 열심히 일하는 모습을 보고 더욱 학업에 충실하게 됐으며 부모를 존경하게 되었다고 했다. 학교에서는 배구부 등 운동부도 활발하게 운영하여 배구종목은 전라남도 대표 수준까지 올라갔다. K사장은 후원자로서 보람을 느꼈다고 했다.

K사장의 회사가 유망 중소기업으로 선정될 만한 위치에 오른 것으로 판단되어 K사장에게 신청을 권유했다. 하지만 K사장에게 실망을 안겨주었다. 유망 중소기업 선정기준에는 소재 및 부품업종 만이 대상이 되어 있으므로 염장미역과 김 가공은 해당되지 않는다는 것이 담당부서가 승인하지 않은 이유였다.

나는 이 이야기를 듣고 '이 회사는 수산물 가공회사지만 공장에 필요한 기계를 설치하고, 냉동 및 냉장시설을 갖추어 수출도 늘리고, 어민소득도 늘리고 있다. 자그마한 땅끝마을 어촌을 상대로 제조업의 소재 및 부품산업만을 고집한다면 이곳에서 유망 중소기업이 선정되는 것은 앞으로도 끝내 기대하기 어려울 것이다. 지방의 어촌이라고 해서 그런 기회를 원천적으로 박탈해서야 되겠는가'라고 지적하고, 담당 부서에 선정기준의 해석을 폭넓게 하라고 설득했다.

드디어 이 회사가 KCGF의 유망 중소기업으로 선정되는 날이 왔다. '나는 유망 중소기업 현판식'을 하러 그 공장에 다녀온 지점장(노의용)의 보고를 듣고 깜짝 놀랐다. 회사 정문 옆 기둥에 '신용보증기금 선정 유망 중소기업'이라는 간판 하나 걸어주는 행사에 땅끝마을 주민 200여 명이 모여 큰 축제를 벌였다는 것이다. '중앙에서 우리 마을의 회사를 유망 중소기업으로 선정해주어 자랑스럽다'고 자부심들이 대단하더라고 했다. 그 뒤 K사장은 중소기업주간 행사 때 서울에 올라와 중소기업중앙회의 발표회에서 KCGF 선정 유망 중소기업 성공사례로 자기 회사의 이야기를 소개했다.

12화
"KCGF가 보증한 신용은 KCGF가 책임진다"

지방에서는 영세한 동업자들끼리 상호보증을 서서 서로의 담보 부족 문제와 취약한 신용상태를 보완하면서 서로 의지하고 공생하는 것이 1980년대 중반의 현실이었다. KCGF 전라남도 여수지점 관할지역의 보증기업 중에는 수산업과 수산물 가공업체(이하 '수산 관련기업'이라함)가 제법 많았다. 중소기업진흥공단에서는 협동화 단지를 조성하여 가공과 냉장, 보관, 유통까지를 지원하고 있었다. 여천(여수와 순천)공단 내에는 2만여 명의 근로자가 종사하고 있었다. 1주일이나 2주일 단위로 임금을 지급하는 날에는 여수와 순천에 큰 시골장이 서고 북적대었다. 외상값도 갚고 사고 싶은 물품도 구매했다. 친구끼리 회식도 하고 술도 한 잔씩 주거니 받거니 하며 마치 축제일과 같은 분위기 속에서 활력이 넘쳤다.

이곳의 기업들은 전통적으로 서로 끈끈한 인간관계를 맺고 서로 협력하여 경제공동체적 유대 속에서 사업을 이끌어 가고 있었다. 은행에서 대출을 받거나 KCGF에서 신용보증을 받기 위해 연대보증인을 필요로 할 때에는 서로 보증을 서주면서 자금을 융통하는 것이 상례가 돼 있었다. KCGF는 1976년 설립 이후 기업의 신용을 조사할 때 세무서장이 확인해준 재무제표를 제출받아 왔다. 영업이익은 보증 여부를 결정할 때 중요한 판단요소가 되고, 매출액은 보증금액을 결정할 때 사정기준이 돼 있었다.

수산관련업종은 다른 제조업과 달리 기후의 영향을 많이 받게 마련이다. 풍어기에 고기가 많이 잡히고 흉어기에 고기잡이가 안 되는 것은 경영자의 의지나 능력과는 상관이 없다. 즉 날씨의 좋고 나쁨에 따라 그 해의 매출액과 손익이 결정되어 버린다. 매년 변동이 심하다.

그런데 은행이나 KCGF는 전년도보다 매출액이나 영업이익이 줄어들면 대출 또는 보증금액을 늘려주기는 커녕 오히려 줄여나가는(회수) 것을 기본방침으로 하고 있었다. 기업의 입장에서는 고기를 잡지 못해 매출도 이익도 줄어들어 어려운데, 이미 대출받은 돈을 갚아야 하니 이중으로 시달리는 매우 어려운 지경에 이르게 되는 것이다. 물론 회사 내에 여유자금이 축적되어 있는 기업은 문제가 없지만……

그런 처지에 놓인 기업들은 본의 아니게 은행이나 KCGF에 제출하는 재무제표 상의 매출액과 이익 규모를 적당히 상향조정하는 유혹에 빠지는 경우가 있다. 매출액과 이익을 올리면 우선 세금을 실제보다 더 내야 하니까 기업으로서는 손해다. 그러나 회사의 문은 닫을 수 없다는 절박한 상황에 이르면 어쩔 수없이 이런 선택을 하게 되는 것이다. 그렇게 조정된 사실이 KCGF 신용조사 과정에서 발견되었을 경우 그 기업은 '부실자료제출기업'으로 분뮤되어 3년 간 보증을 받을 수 없게 되어 있었다.

기후환경이 나빠져서 그 지역에서 부실자료를 제출한 기업이 몇 개 발견되었다. 그 몇 개의 기업에 보증을 금지하게 되면 거기에 그치지 않고 그 해당 기업에 연대보증을 한 기업도 신용불량자 리스트(블랙리스트)에 올라가 모든 은행에서 제재를 받는 것이 당시의 현실이었다. 가로 세로 대각선으로 얽힌 상호보증으로 도미노 현상이 일어나 그 지역 대부분의 기업이 블랙리스트에 올라가게 되었다. 지역경제가 파탄나고 마비될 것은 불을 보듯 뻔한 긴급한 상황이 되었다.

그 지역의 KCGF 보증기업 모두가 서울의 KCGF 본사로 쳐들어가 시위를 하겠다고 했다. 본점 차원에서 시급히 해결해 달라는 것이 그곳 지점장(김용호)의 다급한 호소였다.

보증제도와 규정을 관장하고 있는 보증부서에서는 부실자료 제출기업에 대한 보증 금지를 완강하게 고집하고 있어 실무선에서는 해결책이 없었다. 내가 그 지역 담당이사이니 책임지고 빨리 해결해 달라는 현지 지점장의 간절한 요청이 있었다. KCGF의 '보증금

지규정'과 '연대보증인의 책임'이라는 두 개의 올가미에 걸려 이러지도 저러지도 못하는 딱한 처지에 놓였다.

이 난제를 어떻게 해야 풀 수 있을까? 이 문제야말로 실무자들에게 맡겨서 처리할 일이 아니라 KCGF의 최고의사결정기구인 이사회에서 논의해 해법을 찾는 길이 최선이라고 판단했다. 그래서 이사장에게 건의하여 이사회에서 논의하기로 했다.

이사회 토론 과정에서 나는 다음과 같은 의견을 제시했다.

'부실자료 제출기업에 이미 제공된 보증금액은 KCGF의 정당한 판단에 의해서 이루어진 것이다. 당시에는 적정한 보증금액이었고 KCGF의 책임 하에 이루어진 것이다. 그러므로 부실자료를 제출한 기업에 대한 제재는 부실자료 제출 이후부터 신규로 취급하는 것에만 적용한다. 이미 제공한 보증금액에 대해서는 그 금액 범위 내에서는 제재를 하지 않기로 한다. 이번 조치와 관련해 이사회 의결이 문제가 된다면 이사회가 책임을 진다'는 것이었다. 이사회 구성원 모두가 동의하여 문제를 해결하고 사태를 매듭지었다.

KCGF 이사회의 참 모습을 보여준 경우였다. 일상적으로 지점장이 신청하는 안건을 심의 승인하기도 해야겠지만, 지점장이 다루기 어려운 문제를 크게 멀리 보고 이사회답게 처리해준 첫 사례였다. 지금도 생각하면 기분이 상쾌하다. 당시 밝은 얼굴로 환하게 웃던 그 지점장의 모습이 떠오른다. KCGF가 보증한 신용은 KCGF가 책임진다. 이런 판단기준이 그 기업에도 플러스, 연대보증기업에도 플러스, 그 지역경제에도 플러스, 결국 KCGF와 국가에도 플러스가 된다면 좋은 것 아닌가? 예상치 못한 사태에 직면하여 당시의 제도로 해결하지 못하는 경우라면, 합리적으로 판단하여 우선 처리하고, 사후에 거기에 맞게 시스템을 고쳐나가면 되는 것 아닌가?

13화

묻혀 있는 신용을 찾아내라

1984년 봄 나는 부산·경남지역 담당 이사가 되어 마산지점에 갔다. 지점장이 창원공단 내에 있는 보증기업 몇 군데를 안내하여 둘러보고, 해 질 무렵 방문한 곳이 정밀기계를 생산하는 방위산업체인 A정밀회사였다. 젊은 사장이 사업에 대한 설명을 열심히 해주었다. 박정희 대통령의 유고가 있은 후 기계공업이 불황이며, 특히 방위산업체는 더욱 어려운 상태라고 했다. 한때 연간 매출액 규모가 40억 원 정도였는데, 1983년에는 20억 원으로 줄었고 적자도 나서 자본잠식상태라는 것이었다.

현재는 민간수요로 전환을 모색하여 '과학상자'를 개발했지만 그동안 매출액이 줄고 결손도 났다고 했다. KCGF가 이 회사를 평가해보니 평점도 낮고 각종 재무제표도 너무 악화돼 있었다. 그러나 그 기업은 새로 개발한 제품의 수주를 많이 받고 있어 다시 성장할 발판을 갖추고 있었다. 하지만 현재 여건 상 지점장 권한으로는 보증금액을 더 늘려 줄 수가 없는 상황에 처해 있었다.

이 회사 사장은 종전의 보증금액 수준까지만이라도 지원해 준다면, 84년도에는 매출액을 60억 원까지 끌어올릴 수 있다고 자신 있게 말했다. 설명을 듣고 나오다 보니 공장 문 앞에 '박정희 대통령 기념식수'가 있었다. 정말 대통령이 방문하여 식수를 한 것이냐고 물었더니 그렇다고 했다.

나를 안내한 지점장(김선구)은 A정밀회사를 보증해주어 그 기업이 다시 잘 돌아가도록 지원해줬으면 좋겠는데 재무제표가 너무 취약한 상태라서 본점에 승인신청하기를 주지하고 있다고 설명했다. 담당이사가 현장을 확인했으니 도와주었으면 하는 눈치였다.

본점으로 돌아오자마자 상공부 방위산업 담당에게 A정밀회사에 대해 자문을 구했다. 그 기업은 정밀방위산업체로 장래성이 있고, 설사 주인이 바뀌더라도 그 사업은 국가에서 필요로 하는, 꼭 육성해야 하는 기업이니 지원해 주었으면 좋겠다는 확실한 의견을 제시해주었다. 또한 그 젊은 사장은 전문경영인이고 온 정성과 정열을 다 쏟고 있는 훌륭한 사람이니 믿어보라는 말까지 곁들였다.

나는 필요조건은 부실하지만 충분조건은 좋은 상태라고 보았다. 지점장에게 소신을 밝혀 본점에 승인 신청을 올리라고 하면서 이사회에서 심의할 때는 내가 자세한 설명을 하겠다고 했다. 이사회는 나의 설명에 공감하여 승인키로 의결했다. 그 사장은 그해 약속을 충실히 이행했고, 그해 결산이 끝나자 전화로 매출 실적을 자랑스럽게 알려주는 것을 잊지 않았다.

이 회사는 민수분야에서 발전을 거듭해 컴퓨터 주변기기를 생산하고 과학상자를 계속 개발하는 등 꾸준히 성장하여 증권거래소에 상장되었다. 대통령의 공장 방문 기념식수, 상공부 방위산업 국장의 소견, 지점장의 기업을 보는 안목과 신념, 그리고 온 정력을 다 쏟아 기업을 성장시킨 젊은 사장의 집요한 노력과 열정에 힘입어 대한민국 증권거래소의 상장법인에까지 이르는 성공을 거둔 것이다. 그렇게 된 데에는 필요한 시점에 필요한 만큼의 신용보증을 해준 KCGF의 지원도 큰 기여를 했다고 본다.

14화
유망 중소기업 지원 우수기관으로
대통령 표창을 받다

KCGF는 1986년 말 상공부에 유망 중소기업 지원 우수기관 표창을 신청했다. 이런 신청을 한 데에는 KCGF에 대한 정부의 공인된 평가를 통해 중소기업으로부터 더 많은 신뢰를 받아 더 많이 이용케 하려는 의도가 실려 있었다. 그러나 담당부서에서 보고하기를 KCGF는 수상대상 선정에서 제외되었다는 것이었다. 왜 대상에서 제외되었는가를 알아보았다. 대상기관 중 은행은 수도권과 지방에 각각 한 군데씩 쿼터가 배정되어, KCGF는 금융기관이지만 은행한테 밀렸다는 것이다.

KCGF는 범금융계에 속해 있지만 전국의 은행을 상대로 중소기업의 신용을 보증해주는 유일한 기관으로서, KCGF의 보증이 없으면 유망 중소기업에 대한 자금지원도 이루어지지 않는다. 이런 중요한 역할에도 불구하고 선정에서 제외됐다면 문제가 있는 것 아닌가? KCGF의 역할과 기여도를 관계기관에 충분히 이해시키지 못해 제외된 것이라면 우리 쪽에 잘못이 있다고 볼 수 있었다. 우리가 일한 만큼 정당한 평가를 받아야 하는데 관계기관 담당자들을 잘 납득시키지 못해 인정받지 못하게 된 것이 무척 아쉬웠다.

더구나 새로 취임한 이사장(안승천)이 KCGF에 활력을 불어넣기 위해 긍정적인 상생경영(positivism)을 강조하고 있던 차였다. 또한 KCGF 창립 10주년을 맞아 우리의 공적을 사실대로 평가받아 직원들의 사기를 북돋아야 할 때이기도 했다. 내가 나서기로 마음먹고 명분을 찾기 시작했다. 'KCGF는 은행이 아니다. 은행으로 하여금 담보가 부족한 기업에게도 자금을 원활하게 공급할 수 있도록 기업의 신용을 보증해주는 기관이다. 따라서 은행과는 다른 범주의 쿼터로 다루어져야 한다'는 생각에 이르렀다.

상공부로 달려가서 담당 과장부터 윗선까지 만나 차근차근 설명해주었다. '이미 결정된 것인데……?' 하는 부정적인 대답들이었다. 나는 '상공부가 KCGF의 특수성과 역할을 잘 이해하지 못하고 그 기여도를 인정하지 못한다면 KCGF를 몰라도 너무 모르는 것'이라고 강력하게 주장했다. 결국 나의 의견이 받아들여져 은행 쿼터와는 별도의 쿼터를 하나 더 만들어 대통령표창기관으로 선정되었다. 수상 당일에는 수상기관을 대표하여 KCGF 이사장이 유망 중소기업 지원 현황을 보고하는 기회까지 주어졌다. 창립 10주년을 맞아 처음으로 대통령의 기관표창을 받아 KCGF기(旗)에 대통령 수치*가 달리게 되었다. KCGF 나이가 두 자리 숫자에 걸맞는 수상을 하게 된 것이다.

15화
KCGF가 청와대 무역진흥확대회의에서 보고하다

1984년 한국무역협회 임동승 상무(후에 삼성경제연구소장 역임)로부터 무역협회와 KCGF가 서로 업무협력을 하는 방안을 논의해보자고 제안해왔다. 무역협회 남덕우 회장이 KCGF 이사장과 무역협회 회장단 간에 수출증진을 위한 간담회를 하자는 말씀이 있었다고 하였다. 나는 남덕우 회장을 재무부에서 장관으로 모신 적이 있었다. 남덕우 회장은 KCGF 설립을 구상했고, 신용보증기금법에 은행이 대출금 잔액의 0.5%를 KCGF에 출연토록 한 것은 자신의 발명품이라고까지 자찬한 적이 있다. KCGF가 1976년 설립될 때에는 경제부총리로서 개업식에 참석하는 등 KCGF와는 각별한 인연이

---

* 수치 : 정부에서 유공단체를 포상할 때 주는 끈으로 된 깃발. 단체를 표상하는 깃발과 깃봉 사이에 달아맨다.

있었다.

무역협회 측에서는 남덕우 회장을 비롯한 부회장단과 임동승 상무가 참석했고, KCGF 측에서는 이사장(이광수)과 내가 참석했다. 중견 수출업체에 대한 보증지원과 기업신용관리를 중심으로 논의했다. 우리 측에서 먼저 무역협회가 신용이 있다고 보는 중견 수출업체를 선별하여 KCGF에 추천해주면 적극적으로 우대보증을 해주겠다고 제의했다. 무역협회 측에서는 회원사를 차별하여 추천한다면 회원사들의 불평과 항의가 거셀 것이라며 난색을 표명했다.

우리는 무역협회가 추천을 하지 못한다면 KCGF는 일반적인 보증지원밖에 할 수 없다고 하면서 연계보증제도에서 계열화 모기업의 추천사례를 설명했다. 무역협회가 우리 측의 의견을 받아들여 중견 수출업체를 추천하기로 했다. 무역협회가 우선 500개 수출업체를 추천했고, KCGF에서는 이들 업체에 단기간 내에 우대보증지원을 해주었다. 이것이 무역협회와 KCGF가 국가 제1의 정책과제인 수출진흥을 위해 협력한 좋은 사례가 되었다.

그해에 상공부에서 대통령 주재 무역진흥확대회의 때 KCGF에서 '중소기업 수출증대와 신용보증지원'이라는 제목으로 보고해달라는 요청이 있어 이 내용도 함께 대통령에게 보고하게 되었다. 보고내용을 간추려 보면

• 무역협회와 협력하여 중견 수출업체를 우대보증지원한 사례.
• 타 유관기관과도 협력하여 적극 지원한 사례.

- 유망중소기업 및 기술기업을 발굴하여 지원한 사례.
- 대기업과 협력하여 계열화 중소기업에 연계보증지원한 사례.
- 신용사회정착을 위한 신용조사원 윤리강령 제정 등이다.

우리는 이 회의에서 "중견 수출업체가 신용보증을 이용할 수 있도록 KCGF와 한국무역협회가 협력지원방안을 마련해 실행하고 있으며, 특히 무역협회가 추천한 '수출전문생산업체'를 더 적극적으로 지원하고 있다"고 보고했다.

보고를 들은 대통령은 KCGF처럼 유관기관 간에 협력을 잘하고, 대기업과 중소기업 간 협력관계(연계보증)도 잘 유지시켜 달라고 당부했다.

16화
업무제안 시스템과 운영방식을 확 바꾸다

대부분의 조직에는 업무(직무)제안제도가 마련되어 있다. 업무와 관련하여 현재의 제도나 방식을 개선하고, 더욱 발전시키며, 새롭게 바꾸어 보기 위해 아이디어를 제안하면 이를 심사해서 채택여부를 결정하는 제도이다. 매우 훌륭한 제도인데도 실제로는 대개 유명무실하게 운영되고 있었다.

이 제도가 잘 운영되어 구성원들의 관심과 참여로 무언가 한 가

지썩 바람직한 변화를 가져온다면 조직에는 활력을 불어넣고 구성원들에게는 성취와 보람을 느끼게 해줄 것이다. 평생 직장생활을 해온 나에게는 이것이 평생의 관심사였다. 나는 부장·이사 재임기간 중 한 번도 업무제안을 담당하는 부서와 인연을 맺지 못해 내 생각을 펼 수 있는 기회가 없었다.

나는 전무이사가 되자 이 아이디어제안제도의 운영방식을 크게 고쳐 이를 활성화시키기로 마음먹었다. 주요 내용을 간추려 보면

- 제안자에게는 제안심사위원장 명의로 제안자의 성명과 제안한 제목을 넣어 제안한 사실과 제안한 성의에 감사하는 '제안 감사장'을 만들어 준다.
- 제안내용을 심사할 때엔 관련 부서의 의견과 제안자의 의견을 합쳐서 동시에 심사한다.
- 제안자에게 제안 내용을 설명할 기회를 준다.
- 제안사항을 한 번의 채택이나 불채택으로 끝내지 않고, 후에 다시 보완하여 재차 제안할 수 있게 한다.
- 여러 명의 직원이 협력하여 공동 제안하는 것도 가능하다.
- 제안자의 성명과 직책을 밝히고 공개적으로 심사한다.
- 관련 부서 차장(2급)으로 구성했던 심사위원을 직급과 관련 없이 제안 내용에 관심 있는 직원으로 구성한다.
- 제안 내용에 따라 전문성이 요구될 때에는 KCGF 내 전문가를 심사위원으로 위촉한다.

- 제안된 안건은 사전에 위원들에게 배포하여 미리 검토할 수 있게 한다.
- 제안심사위원장은 KCGF 업무를 총괄하는 전무이사로 한다.

이런 내용으로 제도를 개선했더니 제안 건수도 많아졌고, 심사위원들도 활발하게 의견을 개진하여 이 제도가 단연 활기를 띠고 굴러갔다. 이런 에피소드도 있었다.

앞서 말한 대로 아이디어 제안 제목과 제안자의 성명을 넣어 예쁘게 만든 제안심사위원장 명의의 제안감사장을 예쁜 틀에 넣어 제안자에게 수여했다. 제안자 A씨가 집에 감사장을 걸어 놓았더니 부인과 아이들이 이웃 아주머니와 친구들에게 "우리 아빠는 늘 공부하고 연구하여 직장에서 이렇게 '아이디어'를 내 상을 받았다"고 자랑했다고 한다. A씨의 이야기인 즉 어떤 표창장보다도 부인과 아이들로부터 아빠로서 좋게 평가받는 계기가 되어 매우 뿌듯했다고 했다. 연구하는 아빠, 자랑스러운 아빠, 존경받는 아빠가 된 것이다.

17화

모기업과 수급기업 간의 연계보증제도*를 창안하다

우리나라 중소기업은 모기업(대기업)에 납품하는 수급기업 관계의 비중이 크다. 모기업과 중소기업 간의 수급기업 관계가 원활히 이루어져야만 중소기업이 성장 발전할 수 있다. KCGF 보증기업은 거의 다 중소기업이다. KCGF가 모기업과 수급중소기업 간의 매개 기능을 잘 해야 동반성장이 가능하다는 생각을 하게 되었다.

이러한 새로운 제도의 도입이 성공을 거두기 위해서는 모기업 최고경영권자의 결심과 협조가 절대적으로 필요하다고 판단되었다. 궁리 끝에 평소에 지면이 있는 대한조선공사 남궁련 회장을 찾아뵈었다. 연계보증제도의 취지를 설명하고 이를 실현시켜보자고 제의했다. 그랬더니 좋은 아이디어라고 하면서 해보자고 하였다. '우리 회사에서 추천하여 보증받은 기업이 잘못되면 백 개런티(Back guarantee)**로 30%를 책임지겠다'고까지 하여 더욱 용기를 얻었다. 이것이 연계보증제도 최초의 실험적 사례가 되었다.

이 사례가 성공할 경우 다른 업종의 다른 모기업에도 전파시키기가 용이하고 호응도가 클 것이라는 확신을 갖고 연계보증제도를

---

* 연계보증제도 : 모기업(대기업)에 납품하는 수급기업(중소기업) 간의 계열화 관계에서 모기업이 추천하는 수급기업에게는 적극적으로 우대보증을 해주는 제도임.

** 백 개런티(back guarantee) : KCGF가 은행에 대위변제한 금액의 일부를 수급기업을 추천한 모기업에서 KCGF에게 대신 변제해주는 것임.

계속 추진해보기로 했다. 그래서 아래의 계획표대로 이 아이디어를 추진했다.

1984. 1. 31 대한조선공사에 제의

- 2. 10 모기업과 수급기업 간의 지원절차를 협의.
- 2. 14 수급기업 간담회 개최.
- 2. 24 대한조선공사 추천 수급기업에 대하여 보증신청서 일괄 교부.
- 3. 8 수급기업의 신청서 접수.

모기업과 수급기업 간의 공존공생 추진

KCGF는 모기업이 추천한 수급기업에 더욱 적극적으로 원활하게 신용보증을 해줌으로써 모기업과 수급기업이 함께 공존공생할 수 있도록 매개기능을 수행하며, 보증기업의 저변도 확대하는 것을 목표로 삼았다. 모기업은 KCGF의 신용조사 및 신용평가기능을 통해 수급기업의 신용을 관리하며 수급기업은 스스로 자기 신용관리를 해나가도록 유도하기로 했다.

정부에서는 1975년 중소기업계열화촉진법, 중소기업사업조정법, 중소기업제품구매촉진법 등을 제정하여 대기업과 중소기업 간의 분업과 거래의 공정화를 통해서 상호이익을 증진시키고자 계열화기업 조성시책을 추진하고 있었으므로 크게 보면 우리와 같은 목표를 가지고 있다고 볼 수 있었다.

내가 창안한 대로 모기업의 자발적 참여를 전제로 한 KCGF의 연계보증제도가 추진된다면 정부의 중소기업 관련 입법과정은 필요 없었다. 기대효과를 거두기 위해서는 지속적인 추진과 홍보가 이루어져야 된다는 판단 하에 나는 여러 가지 방법을 총동원했다. 추진경위를 요약하면 다음과 같다.

1984. 1　대한조선공사에 시범사례로 추진을 제의.

1984. 4　최초로 모기업 추천 수급기업에 대한 연계보증제도 실시 (11개 기업 33억원).

1984. 10 대통령 주재 무역진흥월례회의에서 보고.

1985. 1　금성사 추천 수급기업에 보증지원.

1985. 5　삼성전자 추천 수급기업에 보증지원.

1985. 8　대우전자 추천 수급기업에 보증지원.

1985. 10 연계보증지원방식을 공식적으로 제도화.

1986-87 상공부차관 주재 모기업 구매담당임원회의에서 연계보증 제도 3회 설명.

1986. 8　대우자동차 추천 수급기업에 보증지원.

1987. 1　KCGF의 임원별 모기업 담당 권유제 실시.

1987. 4　상공부장관에게 요청하여 모기업의 연계보증제도 이용확 대 유도.

1987. 5　연계보증지원방식을 일부 변경하여 대폭적인 확대 추진.

1987. 6　현대자동차 등 18개 모기업 추천 수급기업에 보증지원.

1988. 12 기아기공 등 10개 모기업 추천 수급기업에 보증지원.

1989. 12 삼성항공산업 등 5개 모기업 추천 수급기업에 보증지원.

1990. 1 국제상사 추천 수급기업에 보증지원.

1991. 11 모스크바에서 개최된 '국제중소기업대회(ICSME)'에서 주제
발표(한국의 연계보증제도 소개).

1992. 3 상공부장관에게 요청하여 모기업의 연계보증제도 이용확
대 재차 유도.

1992. 6 기아자동차 등 4개 모기업 추천 수급기업에 보증지원.

1993. 3 상공부장관 명의 연계보증제도 활용안내문 발송 및 중소
기업협동조합, 전국경제인연합회에 활용안내 협조 요청.

1993. 4 럭키금성그룹을 방문하여 그룹 전 계열사 구매담당 임원
을 대상으로 연계보증제도 업무설명회 개최.

1993. 5 쌍용그룹을 방문하여 연계보증제도 업무설명회 개최.

1993. 9 영국의 'Small Enterprise Development' 인터내셔널 저널
에 연계보증제도에 대한 기사 게재.

1994. 2 현대전자를 방문하여 연계보증제도 업무설명회 개최.

이런 과정을 통해 연계보증제도의 실현을 보았는데, 추진 10년
동안(1993년 말)의 실적을 보면 모기업으로서는 삼성그룹 7개 사를
포함하여 62개 사가 참여했다. 추천된 총 수급기업은 1,316개이고,
보증잔액은 5,711억 원으로 직접보증잔액 7조 1,602억 원의 8.0%
에 해당하는 괄목할 만한 실적을 거두었다. 특히 연계보증 대위변

제율은 KCGF 전체 대위변제율의 절반(10년 간 누계기준) 이하였으니 KCGF에도 큰 기여를 한 셈이다.

연계보증 10년 간의 실적을 계수로 분석해보면 다음과 같다.

연도별 보증지원. 대위변제현황

구분	보증잔액			연계보증대위변제율		기금전체 대위변제율 (D)	C/D(%)
	연계보증 (A)	직접보증 (B)	구성비 (A/B)	금액	율(C)		
1984년	194	13,147	0.1	0	0.00	5.87	0.0
1985년	212	16,692	1.3	0	0.00	4.16	0.0
1986년	303	20,697	1.1	1	0.49	3.77	13.0
1987년	1,027	24,866	4.1	23	2.23	4.07	54.8
1988년	1,918	29,283	6.5	21	1.08	3.95	27.3
1989년	3,027	35,210	8.6	41	1.37	2.73	50.2
1990년	3,487	47,413	7.4	34	0.97	2.07	46.9
1991년	4,044	58,887	6.9	34	0.84	3.00	28.0
1992년	4,320	62,265	6.8	152	3.52	7.15	49.2
1993년	5,711	71,602	8.0	188	3.29	5.67	58.0

자료 ; 「보증월보」, 1994. 5월호

10년 간 연계보증이 괄목하게 늘어나 직접보증잔액의 8%를 점유하게 되었는데, 연계보증대위변제율은 10년 간 기금 전체 대위변제율의 50%정도로 나타났으니 기금의 경영에도 큰 기여를 했다고 볼 수 있다. 특히 주목해야 할 것은 KCGF가 대기업과 중기업 간에 매개기능을 한 이 연계보증으로 기업의 도산(대위변제)이 절반 이하로 줄어들어 기업 간의 협력이 기업의 건전한 발전에 얼마나 중요한가를 입증해주었다는 것이다. 모기업의 추천으로 연계보증 잔액이 1천억 원 이상이었던 5대 그룹과 그 추천기업 수를 보면 기아그룹 144개, 대우그룹 307개, 럭키금성그룹 249개, 삼성그룹 219개, 현대그룹 141개였다. (가나다 순)

KCGF 주도로 실시한 연계보증제도가 성공을 거둔 셈인데, 그 성공 요인으로는 다음과 같은 것을 들 수 있겠다.

첫째 모기업의 자발적 참여를 전제로 했다.
둘째 모기업의 추천을 통한 수급기업을 대상으로 했다.
셋째 처음부터 법제화, 규정화하지 않고 추진했다.
넷째 첫 사례를 기반으로 꾸준히 보완하면서 추진했다.

그리고 이 제도를 창안한 내가 KCGF에서 10여 년 동안 이 업무를 담당하면서 꾸준히 추진한 점도 도움이 됐을 것이라고 믿고 있다.

연계보증제도가 대외적·국제적으로 인정받은 사례

나는 국내외에 이 제도를 널리 알리는 일도 중요하다고 보고 기회가 오면 이를 활용키로 했다. 1991년 6월 중소기업주간 행사 학술

심포지엄에서는 '중소기업과 대기업의 공존공생'이라는 주제로 발표하기도 하고, 국제적으로는 1991년 11월 모스크바에서 열린 국제중소기업대회(International Conference on Medium and Small Enterprises, ICMSE)에 한국 대표로 참가하여 〈한국의 중소기업과 대기업 간의 공존공생을 위한 연계보증제도〉에 대해 발표했다. 더불어 성장하는 실증적인 사례로 좋은 평가를 받았다. 이 대회에는 30여 개 국에서 2백여 명의 대표와 소비에트연방 대표 3백여 명 등 5백여 명이 참석했다.

그런가 하면 영국의 「International Journal of Small Enterprise Development」라는 잡지에 'Linkages Between Large Corporation and Enterprise Development'라는 제목으로 한국의 연계보증제도가 소개되기도 했다. 이 잡지의 편집인 클레어 토니(Clare Tawney)는 "대기업의 추천으로 중소기업에 융자가 이루어지는 매우 창의적인 방법에 크게 관심을 갖게 되었다"고 칭찬하는 논평을 보내주었다.

그 뒤 상공부는 1986년부터 매년 업무계획에 이를 반영해 8년간 계속 연계보증제도의 활성화를 중소기업지원정책으로 추진했고, 특히 1993년 '신경제 100일 계획'에서는 연계보증을 활용한 대기업과 중소기업의 협력강화를 적극적으로 운용토록 했다.

위에서 살펴본 대로 KCGF의 연계보증제도는 모기업과 수급기업 간의 자율적인 협력관계를 매개하는 효과적인 정책수단으로

기금소식, 1991년 12월 15일.
모스크바에서 열린 제5차 국제중소기업회의에 한국대표로 참가하여 주제발표를 한 내용을 가지고 인터뷰를 했다.

정착되었다. 대기업과 계열화기업의 협력적인 분업을 통해 계열기업의 발전이 대기업으로 이어지고 대기업의 발전이 국가의 산업발전으로 이어져, 서로 신뢰하며 더불어 성장하는 공존공생 경제를 이룩하는 데 기여했다고 본다. 이 제도는 나의 발명품이라고도 할 수 있어 외람되게도 감히 자랑하고 싶어진다.

18화

윤리경영의 선구자 KCGF

요즈음 윤리경영이 화두로 떠오르며 강조되고 있어, KCGF 재직 당시 윤리경영을 강화하기 위해 나름대로 힘을 쏟았던 감회가 새롭다. 윤리경영 하면 먼저 떠오르는 것이 미국 연수시절이다. 왜냐하면 그곳에서 아이디어를 얻었기 때문이다. 1977년 신용조사1부장 시절 KCGF 제1호로 김학수 대리와 함께 미국 뉴욕에 있는 케미컬 뱅크의 신용조사담당부서(Special Credit)로 3개월 동안 해외연수를 갔다 온 것은 앞에서 이야기한 바 있다. 이 은행 신용조사부의 랜스버그 부장 사무실을 방문하여 뉴욕 케미컬 뱅크의 신용조사 매뉴얼을 어렵게 구했던 것도 말했었다.

나는 이 연수 중 미국의 은행 간 신용정보교환을 목적으로 설립된 로버트 모리스협회(RMA)가 1916년 신용조사원 윤리강령(Code of Ethics for Credit Reporters)을 만들어 "신용을 다루는 사람으로서 직업윤리와 청렴성을 자율적으로 실천하고 있다"는 말을 듣고 깊은 감명을 받았다. 그래서 우리나라에서도 이런 윤리강령을 만들어 실천하는 날이 어서 오기를 기다려 오다가 이를 실행에 옮기기로 했다.

1982년 신용조사부를 담당하는 이사가 되면서 신용조사원 윤리강령을 제정해야겠다는 구상을 본격적으로 실행에 옮긴 것이다. 우리나라 최초로 KCGF에서 체계화된 신용조사 매뉴얼과 함께 '신용조사원 윤리강령'을 만들어야겠다는 생각을 하니 무척 가슴이 설레었다. 이를 준비하면서 동시에 미국 신용관리전문교육기관인 CRF(Credit Research Foundation)에서 발간한 '신용관리(Credit Management)'란 책자를 직원들과 함께 번역했다. 미국 MBA 출신이면서 영어에 능통한 제4대 이사장(김상찬)이 일부 번역에 참여할 만큼 열의를 가지고 이 작업을 독려해 주었다.

신용조사원 윤리강령을 제정하기까지는 KCGF의 실정에 맞게 만드느라 무려 1년 반이란 시간이 걸렸다. 이 작업을 위해 당시 이해균 과장과 백일천 신용조사부장 등 많은 직원들이 열정과 노력을 기울였고, 경향신문의 편집국장·소설가·시인 등도 참여해 도움을 주었다. 언론인과 문학인들까지 참여시킨 것은 윤리강령이 딱딱한 사문死文이 되지 않고 살아있는 강령이 되게 하기 위해서였다. 되도록 운율을 살리고 기억하기 쉽게 만들어 KCGF 직원이면 언제나 간결하고 신선하게 마음에 산직케 하려는 것이었다.

마침내 총 7개 항으로 완성된 '신용조사원 윤리강령'이 1984년 2월 24일 부산신용조사센터 개점과 때를 같이해 발표되었다. '신용조사원 윤리강령 제정에 즈음하여' 라는 이사장(이광수)의 담화문을 통해 세상에 모습을 드러냈다.

『신용보증기금 20년사』(1996.6)는 이를 이렇게 기록하고 있다. "기금은 윤리강령을 전 직원이 지속적으로 실천하고 생활화하는 분위기를 확립하기 위해 윤리강령 액자를 부착하고 사내방송을 통해 거듭 알리며, 직원 조회나 집합 연수할 때에도 윤리강령을 낭독하는 등 이를 실천하기 위해 끊임없는 노력을 계속해왔다."

회사가 윤리강령이라는 것을 만들고 지킨다는 의식자체가 거의 없던 시기였기 때문에 KCGF의 윤리강령 발표는 전국적으로 커다란 반향을 불러 일으켰다. 각 언론에서는 부산신용조사센터 개점과 함께 이 윤리강령을 소개해 주어 KCGF의 위상을 크게 높였다.

이 윤리강령이 계기가 되어 1984년 8월 신용보증기금법 제1조(목적)도 개정되었다. '신용정보를 효율적으로 관리 운용하여 건전한 신용질서를 확립함으로써' 라는 구절이 추가된 것이다. 또 1993년 3월 2일에는 KCGF 임직원이 직무수행 중 지켜야 할 모범적인 실천지표를 담은 '기금인의 윤리강령'이 제정되었다.

1977년 내가 미국 해외연수과정에서 품었던 염원이 17년 만에 달성된 셈이다. '기금인의 윤리강령'은 문민정부 출범 직후에 발표되어 금융부조리를 척결하려는 정부의 의지와 맞아 떨어져 KCGF의 존재 의의를 널리 알리는 계기가 되었다.

KCGF의 윤리강령이 씨앗이 되어 한일은행의 임직원윤리강령(1993.12.20), 포항제철 기업윤리강령(1993.7.26), LG 그룹의 럭키 금성 윤리규범(1994.2.17), 국세청 세무공무원 윤리강령(1994.4.1) 등이 잇따라 발표되었다. 1998년엔 내가 비상임이사와 사외이사로 근무하던 한국가스공사(한국가스공사 비상임이사 윤리강령)에서, 2004년엔 SK(SK 사외이사 윤리강령) 등 대기업에서도 윤리강령이 만들어져 시행되었다. 2005년 상장회사 협의회의 표준윤리강령(안) 제정에도 밑거름이 되었다. 신용사회 구현의 선도 기관답게 윤리강령 도입에서도 선구자적인 역할을 한 셈이다. 이 윤리강령이 오늘날에도 KCGF를 지탱해주는 정신적 지주역할을 수행하고 있다고 확신한다. 나는 이런 내용의 글을 2006년 간행된 『신용보증기금 30년사』에 기고했는데, 〈윤리경영의 선구자〉란 제목으로 게재되었다.

신용조사원의 윤리강령(1984. 2. 24)

신용보증기금은 신용조사업무가 공정한 거래활동을 보장하여 신용질서를 확립하고 나아가 건전한 신용사회를 선도하는 숭고한 직무임을 확신하고 신용사회 구현의 선도자적 긍지와 사명감을 갖고 정직과 성실을 바탕으로 한 전문지식인으로서의 윤리규범을 확립하고자 다음과 같이 신용조사원의 윤리요강을 정하여 평소의 실천지표로 삼고 업무에 임하도록 하고 있다.

1. 우리는 진실한 정보제공을 위하여 객관적인 사실에 기초하고 건전한 양식에 의하여 판단함으로써 자의적 판단에서 오는 오류를 범하지 않도록 한다(진실성).
2. 우리는 이해관계인의 이익을 보호하기 위하여 초연한 입장에서 공정하게 업무를 처리한다(공정성).
3. 우리는 직무와 관련하여 어떠한 형태의 이득도 구하지 아니하며 항상 정결한 마음으로 직무를 수행한다(청렴성).
4. 우리는 성실한 자세로 신속하게 업무를 수행하며 직무수행 중 취득한 사실을 누설하거나 의뢰자를 밝히지 아니한다(성실성).

5. 우리는 신용조사업무가 고도의 전문적인 지식과 창의성을 바탕으로 이루어짐을 인식하여 지속적인 자기계발과 전문지식 습득에 진력한다(전문성).
6. 우리는 공적자로서의 품위를 지킴과 아울러 언제나 고객에게 친절봉사하는 자세로 업무에 임한다(친절, 봉사성).
7. 우리는 조사원 상호 간의 이해와 신뢰를 바탕으로 서로 협동하여 업무를 수행한다(협동성).

기금인의 윤리강령(1994. 3. 2)

우리는 신용보증기금이 중소기업 발전과 건전한 신용사회를 선도하는 일터임을 확신한다.

이에 우리는 신용사회 구현의 선구자적 긍지와 사명감을 갖고 정직과 성실을 바탕으로 한 전문직업인으로서의 윤리규범을 확립하고자 다음과 같이 직무에 임하는 자세를 정하여 기금인의 실천지표로 삼는다.

1. 우리는 신용을 다루는 사람으로서의 긍지를 갖고 언제나 친절, 봉사하는 자세로 업무에 임한다.
2. 우리는 신용사회 구현의 선구자임을 확신하고 적극적, 능동적 자세로 묻혀진 신용을 찾아낸다.
3. 우리는 편견을 갖지 아니하고, 객관적 사실과 건전한 양식의 기초 위에서 공정, 성실한 자세로 직무를 수행한다.

4. 우리는 직무와 관련하여 사리를 탐하지 아니하며 항상 정직,
   청렴한 마음을 갖는다.
5. 우리는 지속적인 자기계발과 전문지식 습득으로 창의력과 신
   용판단력을 키운다.
6. 우리는 서로의 신뢰와 협력을 바탕으로 활기찬 새로운 기금문
   화를 이룩한다.

19화

신설지점 개점식을 퇴근시간에 맞추다

1981년 KCGF 기획부장 시절의 일이다. 신설 지점 개점(여수, 진
주) 행사에 참석하기 위해 현지에 갔다. 개점식 전 날 이사장(배도)
이 내려와서 저녁을 함께하러 신임 지점장과 함께 약속된 장소로
가던 중 차가 고장이 났다. 빈 택시를 기다려 잡아타고 음식점에
시간 맞추어 가느라고 애를 먹었다. 신설 지점에서 새로 구입한 차
가 왜 고장 났느냐고 물었다. 본점 서무부에서 구입한 새 차는 그
지역의 만형격인 모점으로 보내고, 그 지점에서 쓰던 헌 차를 물려
받았다는 것이다. 기획부에서는 새 지점의 새 차 구입용도로 예산
을 배정했는데 이런 일이 벌어지다니…… 도저히 이해가 되지 않
아 사유를 알아보았다. 관행이라는 것이었다.

잘못된 처사였다. 신설 지점 지점장은 신임 지점장으로서 말썽을 일으키고 싶지 않으니 문제삼지 말아달라고 나에게 신신 당부했다. 서로가 좋은 게 좋다는 태도이니 개선 될 리가 없으며, 그래서 불합리가 반복되었던 것이다. 서무부장에게 추궁했더니 이제까지 그렇게 해왔는데, 왜 남대우 기획부장만 문제를 삼느냐는 투였다. 그래서 그 다음부터는 예산을 신설 지점으로 직접 배정해 서무부를 배제해버렸다. 바람직하지 않은 관례를 바꾼 것이다.

다음 날 지점 개점식은 오전 10시에 시작하여 순서에 따라 이 사장의 인사 말씀, 내빈 축사, 임명장 수여… 등으로 진행되었다. 식을 마치고 다과회를 가졌다. 그런데 신설 지점 고객인 보증기업 사장님들이 주스나 차를 한 잔 마시고 지점 직원들과 간단한 인사를 나누고는 총총히 자리를 떠나는 것이었다. 무언가 아쉽고 허망하다는 느낌을 받았다. 많은 분들이 개점식에 잠시 참석하느라고 귀중한 오전 시간을 거의 할애한 셈인데 이렇게 끝나다니……몸이 몇 개라도 모자랄 사장님들에게 좀 미안한 생각이 들었다.

어떻게 하면 이 바쁜 중소기업 사장님들에게 좀 더 편의를 제공할 수 있을까? 그간의 신설 지점 개점 행사 관례를 바꿀 수는 없을까 생각해보았다. 은행의 신설 지점 개점식은 어김없이 10시에 시작된다. 은행은 개점과 동시에 예금의 입출금을 비롯한 모든 영업이 시작되기 때문이다. KCGF 신설 지점은 개점이란 면에서는 똑같지만 개점과 동시에 보증서가 발급되는 일은 없다. 은행 관례를 따라 우리가 아무런 의미 없이 오전 10시에 개점식을 가질 이유가 없다는 생각이 들었다.

그 뒤 마침 기획부 담당 이사가 된 시점에 신설되는 부천지점 개점일이 다가왔다. 신임 지점장(정호익)한테 개점식 시간을 오후 퇴근시간대(예 : 오후 5시~6시 사이)로 조정하는 것이 어떠냐고 협의했더니 그게 좋겠다는 의견이었다. 이사장(김상찬) 또한 좋겠다고 했다. 개점식은 오후 5시에 우리 식구끼리 하고, 5시 30분부터 보증기업 사장들과 리셉션을 갖기로 했다.

보증기업 사장님들도 하루의 일과를 마치고 퇴근길에 가벼운 마음으로 리셉션에 참석했다. 다과를 안주로 술도 한두 잔씩 곁들이며 동업자들이나 평소 만나지 못했던 지인들과도 만나 담소했다. 취기도 약간 오르는 가운데 시간에 구애받지 않고 편안한 마음으로 직원들과 활발하게 이야기도 나누면서 부담 없이 분위기를 즐기는 모습이 참으로 보기 좋았다. 물론 역대 어느 지점 개점식 때보다 많은 보증기업 사장님들이 와서 성황을 이루었다. 관례를 깬 간단한 시간 조정으로 얻은 성과는 예상밖으로 컸다. 이후 지점 개점식은 오후 퇴근시간대로 자리매김하게 되었다.

KCGF는 고객인 중소기업에 대해 절대적인 갑(甲)의 위치에 있다. 신용보증을 신청하는 입장에 있는 기업은 어쩔 수 없이 을(乙)의 입장이 된다. 중소기업을 위해 존재하는 KCGF이니 만큼 정말로 을의 입장을 이해하고 친절하게 봉사하는 자세로 임해야 한다고 다짐했다.

20화
소개·추천·청탁을 명확히 구분해야

개인이 애로사항이 있어 병원이나 관공서 등에 가게 될 경우, 미리 그곳의 책임자나 담당자에게 소개나 추천해줄 만한 사람을 찾는 것을 흔히 볼 수 있다. KCGF의 경우도 다를 바 없다. KCGF의 고객은 수많은 영세 소·중기업이다. 기업이 KCGF를 찾아오는 것은 부족한 담보를 대체할 보증을 받기 위해서인데, 기업에게는 긴요한 일이라 불안한 마음에서 누군가의 도움을 받고 싶어한다. 그래서 해당 지점에 선을 대보려고 소개나 추천을 받고자 하는 사람들이 적지 않았다.

내가 KCGF에 와서 기획부·신용조사부·심사부·경제조사부 등의 부서장과 담당이사를 지냈던 관계로 지인들로부터 '민원사항'이라는 명분으로 A지점에 B기업을 소개 또는 추천해달라는 전화를 받는 경우가 자주 있었다. 나도 KCGF 일로 관계기관에 가게 되면 가기 전에 그 곳에 나를 소개 또는 추천해줄 만한 사람을 찾아보곤 했다.

인간사회에서 순수한 소개나 추천제도 자체는 좋은 것이라고 본다. 그것이 정말 깨끗한 마음에서 나온 것이라면 나무랄 이유가 없다. 세계 명문대학 유명 교수들의 소개서나 추천서 한 장이 어떤 가치와 무게를 갖고 있는가를 생각해보면 바로 납득할 수 있을 것이다.

다만 우리나라에서는 아직 사회적으로 소개·추천·청탁에 대한 개념 정리가 되지 않은 채 뒤섞여 혼용되고 있는 것이 문제다. 소개나 추천을 한다면서도 그 속에 청탁의 뜻을 숨겨놓는 경우가 많다보니, 소개·추천을 하는 쪽이나 받는 쪽 모두 바르게 이해하지 못하여 오해와 부작용이 발생하고 있다. 이젠 이를 바로잡을 때가 되었다. 소개나 추천을 청탁과 분명하게 구별하여 이 좋은 두 가지 말이 원래의 뜻대로 긍정적인 역할을 할 수 있도록 새로운 문화를 만들어갈 필요가 있다.

나의 경험을 예로 들어 본다. 고위직에 있는 지인으로부터 민원성 부탁 전화를 받은 일이 여러 차례 있었다. 그럴 땐 소개·추천·청탁으로 구분하여 어느 쪽이냐고 물어본다. 물론 아주 겸손하고 친절하게 응대해야 한다. 그럴 때 상대방으로부터 '추천'이라는 답변이 오면 그쪽도 한결 마음이 가벼워진 것처럼 느껴지고 나도 마음이 가볍다. 그리고는 해당 지점장에게 추천만 하는 것이니 더욱 겸손한 자세로 친절하게 대하라는 당부를 한다. 그 후 추천한 분이나, 추천받은 기업, 추천받은 지점으로부터 아무런 부담 없이 문제가 편안하게 정상적으로 처리되었다는 보고를 받는다.

소개·추천·청탁의 개념을 처음부터 명확히 구분해주면 부탁하는 사람도 부탁받는 사람도 편한 마음으로 일을 처리할 수 있다. 이와 관련한 나의 생각이 KCGF 사보인 「기금 소식」 123호(1993. 4. 15)에 인터뷰 기사로 잘 정리되어 있어 소개한다.

소개·추천·청탁의 개념 정의는?

'청탁'은 개인적으로 사사로운 관계를 부탁하는 거북스러운 경우입니다. 예를 들면 '나에게 영향력이 있는 곳의 부탁이니 여건에 관계없이 일이 잘 성사되도록 해 달라'고 하는 경우 등입니다. 당연히 청탁을 받는 쪽에서는 부담을 갖게 됩니다. '소개'의 경우는 업체의 실상은 잘 모르지만 이러이러한 기업이 있다고 연결시켜주는 역할에 해당됩니다. '추천'의 경우는 더 나아가 그 기업은 이러이러한 장점과 능력이 있으니 잘 검토해달라는 보다 적극적 의미가 있다고 하겠습니다. 따라서 이 세 가지는 의미가 서로 다르며 엄밀히 구분하여 사용해야 한다고 봅니다.

추천문화와 신용사회 발전과는 어떤 관계가 있으며 올바른 방향은 무엇입니까?

농경사회나 촌락사회와는 달리 현대의 고도산업사회에서는 이질적이고 복합적인 사회구조로 인해 소개와 추천의 필요성이 커져 왔습니다. 알고 있는 정보를 소개나 추천 형식으로 유통을 촉진시킴으로서 정보화시대에 합리적인 의사결정에 도움을 준다고 봅니다. 신용을 판별·결정하고 공급하는 KCGF로서는 순수한 소개와 공정한 추천에 의한 정보 활용은 건전한 신용질서를 창출하는 데 보탬이 될 것으로 믿습니다.

현업에서 종종 '추천'에 부딪치는 직원들에게 전무이사 입장에서 당부할 말씀은?

우리의 고객이자 동반자인 중소기업 경영자들은 어려운 일을 하면서도 제대로 대우를 받지 못하고 있다고 느끼고 있습니다. 그 분들은 언제나 소개나 추천받기를 희망합니다. 그러나 현업의 실무자들에게 그러한 소개나 추천이 청탁으로 잘못 오해가 되어 불쾌감을 갖게 된다면, 양쪽 모두 피해자가 됩니다. 또한 윗선의 소개나 추천을 '오더'로 간주하여 해당기업의 신용정도 이상으로 보증을 지원해서도 안 될 것입니다.

신용을 쌓는 주체는 오직 기업입니다. 이제 우리도 추천을 하는 사람이 누구이거나, 또한 전(傳)하는 내용이 어떤 형태이든 간에 거부감 없이 있는 그대로 추천을 받아들이고 친절·신속·공정한 자세로 그 기업의 신용정도에 알맞게 처리해야 합니다.

4

양심과 원칙은 힘이 세다

KCGF 감사 시절 이야기
1988~1991

1화

감사監事의 권한을 확인받고,
자체감사제도 개선방안을 마련하다

KCGF에 대한 업무감사는 외부감사와 내부감사가 있다. 외부감사로는 KCGF가 정부출연기관이므로 감사원 감사와 업무감독기관인 ㈜재무부의 업무감사를 받았다. 매년 한 차례씩 외부감사를 받는다. 내부감사는 KCGF 감사監事가 전 부점部店을 상대로 감사실을 지휘하여 실시하는 자체감사이다. 자체감사도 매년 한 번씩은 받는다.

감사監査라면 의례 감사대상 기간에 처리한 업무를 점검하여 잘못 처리한 업무가 있으면 바로잡아주고(시정조치), 시정이 안 될 경우에는 그 잘못의 정도에 따라 책임을 물어 문책(징계조치)하는 것이 기본 모델이다.

그 '잘못' 중에 관련법규를 위반한 불법행위(횡령, 배임 등)는 사회적인 범죄행위인데, 이런 경우는 거의 없다. 단지 모든 정부산하기관이 갖추고 있는 내부 '업무처리규정'을 위반한 경우는 있다. 고의이거나 과실(실수)을 범한 것이다. 고의로 규정을 위반하는 경우도 거의 없지만 가끔 있을 경우에도 사안이 명백하므로 시비의 여지가 없다. 과실의 경우 중과실인 때에도 감사자와 피감사자^{被監査者}간에 다툼이 거의 없지만 가벼운 과실인 때에는 다툼이 종종 있을 수 있다.

　그 동안 자체감사에 대한 직원들의 불만을 요약하면 다음과 같다.

- 감사와 관련된 일정·대상·감사자 명단 등은 물론 징계조치 등 감사결과 처리과정도 모두가 철저한 비밀주의다.
- 잘못을 찾아내어 문책하는 적발위주의 감사이지, 실수하지 않도록 하는 사전예방지도 감사는 아예 없다.
- 유능해서 어려운 일을 많이 처리한 직원일수록 경과실이 있게 마련이라, 감사만 받게 되면 시달리고 징계받는 일이 다반사다. 무능해서 또는 요령이 좋아 처리한 일이 별로 없는 직원은 감사받을 것도 별로 없다.
- 평소에 맡은 업무를 성실하게 열심히 처리한 99% 무과실은 아예 무시하고, 1%의 경과실만 문제 삼는다.

- 증거자료가 있는데도 '확인서'라는 이름의 자백서를 별도로 강요한다.
- 감사자는 꼭 확인서 건수를 올려야만 한다는 중압감에서 피감사자를 괴롭히기도 한다.
- 징계결정 전에 당사자가 이의를 제기하거나, 징계결정과정에 출두하여 소명할 기회를 주지 않는다.
- 감사실 직원에게는 인사고과 때에 혜택을 주므로, 감사실 출신은 승진할 때가 되면 다시 감사실로 쉽게 잘도 간다.
- 보증사고* 책임은 주로 실무책임자인 대리급에게 지워진다.

나는 1988년 KCGF의 감사로 임명받으면서 이러한 문제들을 모두 개선해야겠다고 다짐했다. 자체감사가 이러한 문제점을 계속 안고 있다면 어느 직원이 책임감을 가지고 열심히 일하겠는가? 감사로서 이런 문제들을 타개해 나가려면 나는 무엇부터 해야 하나? 를 놓고 고심하던 중 아이디어가 떠올랐다. 무엇보다 먼저 감사의 지위와 권한을 확고부동하게 획득해내는 것이었다.

그래서 먼저 이사장(권태원)에게 "감사는 제도적으로 집행부로부터 독립된 기관이므로, 조직상으로는 이사장 휘하에 있으나 업무적으로는 독립돼 있으니 그런 입장에서 일을 하겠다. 양해와 협조

---

* 보증사고 : KCGF가 신용보증을 해주었는데, 기업이 잘못되어 KCGF가 보증한 금액을 대신 은행에 물어주게 되는 경우를 말함.

를 부탁드린다"고 처음부터 다짐을 받아놓았다. 이사장은 선선히 동의해 주었다. 정부산하기관의 감사監事는 독립적 위치에서 직무를 처리할 수 있도록 법적으로 보장되어 있으나 실제로는 그런 지위와 권한을 행사하지 못하고 있는 것이 당시의 현실이었다.

나는 이인철* 감사실장과 협의하여 위에서 제기된 문제들을 모두 뜯어고치고 해결할 '자체감사제도 개선방안'을 마련했다. 그리고 '개신방안'을 책자로 만들어 4급 책임자(대리) 이상 전 직원에게 배포했다. 내용을 잘 읽어보고 평소에 업무를 성실하고 정당하게 잘 처리해 줄 것과 또한 업무상 과실도 사전에 예방하도록 힘써달라고 당부했다.

그랬더니 반응은 '이렇게 업무감사에 관한 모든 내용을 공개해도 괜찮은 것이냐? 의아스럽기도 하고 기대되기도 한다'는 것이었다. 나는 '교통순찰차가 보이지 않는 곳에서 단속하더라도, 언제 어디서나 교통법규만 지키면 전혀 신경 쓸 일이 없지 않은가?' 라는 논리를 폈다. 감사원의 고위직에 있는 분에게 이 '개선방안' 책자를 건네 보여주었더니 매우 놀라워하며, 이렇게 투명하고 공개적으로 감사업무를 처리한다는 사실만으로도 대단한 일이라고 칭찬해주었다.

---

* 이인철 감사실장은 인사부, 심사부 부장과 영업부장, 경기지역본부장을 역임했다.

2화

감사監事업무를 독립적으로 행사한 첫 번째 사례

내가 감사가 된 후 독립적으로 직무를 처리한 첫 번째 사례는 이렇다. 감사에게는 이사회 상정안건에 대해 미리 검토해 볼 수 있는 '사전감사' 권한이 있다. 보증금액이 일정액 이상의 고액이거나, 규정에서 벗어나 예외적으로 처리할 필요가 있는 보증승인은 이사회 안건으로 상정하여 심의하고 의결을 거쳐야 한다. 지점장의 승인신청 → 심사부 → 담당이사 → 진무이사 → 감사의 사전감사 → 이사장 결재 → 이사회 의결 과정을 거쳐야 한다.

이런 절차에 따라 사전감사를 하는 중에 A지점에서 신청한 A사의 보증 품의서에 내가 '감사 의견서(문제점 제기)'를 첨부한 '사건'이 있었다. 이런 의견서는 1976년 KCGF가 설립된 후 1988년까지 12년 동안에 처음 있는 일이었다.

이사장 방에서 담당이사와 내가 합석하여 이 문제를 논의했다. 담당이사는 '감사의견서'라는 것은 지금까지 없었던 처음 있는 일이고, 또 감사의견서가 붙어 있는 상태에서는 이사회에 상정할 수 없다고 주장했다.

이사장이 나의 의견을 묻기에 "감사는 이사회에 참석해도 의견진술권만 있고 의결권은 없습니다. 그 의견진술권을 미리 '의견서'로 표시한 것뿐입니다"라고 말했다. 담당이사에게는 "감사의견서는 법적으로 사전 의견진술일 뿐이므로 보증승인신청에 합리성·

타당성이 있으면 이사회에 상정하여 의결하면 된다. 왜 감사의견서 때문에 이사회에 상정조차 하지 못하겠다는 것이냐"고 반문했다. 그 안건은 결국 이사회에 상정되지 못했다. 이 감사의견서 문제가 소문이 되어 전국적으로 일파만파로 퍼지면서, 본점·임원·심사부·지점에서 감사의견서에 대한 논의가 활발히 이루어졌다.

이것이 감사가 되어 독립적으로 감사의 직무를 수행한 첫 사례인데, 의외로 긍정적인 파장이 매우 컸다. 내심으로는 보증 취급하기가 부담스러운데도 거부하기 매우 어려운 지점장들에게 감사가 바람막이 역할을 하여 부실보증을 사전에 예방하는 뜻밖의 효과적인 장치가 된 셈이었다. 외부의 청탁자들도 '감사 때문에' 또는 '감사에게는 안 통한다' 라고 핑계를 대면 움찔하며 물러난다고 했다. 감사가 대외적으로는 기관과 직원을 보호할 수 있는 부수적인 역할도 수행할 수 있다는 역설적이고 긍정적인 사례를 만든 것이다.

3화
감사監査업무 전부를 '비밀주의'에서 '공개주의'로

은행의 검사역*들은 어느 날 아침 지점 근처에 남모르게 머물러 있다가 지점이 문을 열자마자 들어가서 보유현금·수표 및 유가증

---

* 검사역 : 감사자를 정부기관에서는 '감사관'으로, 금융계에서는 '검사역'으로 호칭함.

권 등 시재검사부터 실시한다. 당시만 해도 현금을 다루는 것이 주 업무인 은행특성상 불가피한 관행이었다고 본다. 검사역들도 하루 전에서야 감사출장명령을 받는다. 그동안 KCGF도 설립 이래로 은행의 관행을 따라 그대로 해왔다. 물론 KCGF 지점도 현금과 유가증권 등을 일부 보유하고 있다. 그렇지만 은행지점에 비하면 극히 소액이며 주 업무대상이 아니므로 꼭 은행과 같은 비밀작전까지 할 필요 없다고 나는 생각했다. 은행도 아닌 우리가 왜 이런 필요 없는 관행을 따라야 하는가? 나는 이를 바로잡아야겠다고 결심하고 '개선방안'을 마련했다.

즉 연간 감사계획을 연초에 전 부점(본점 부서와 지점)에 통보하고, 감사에 들어가기 3개월 전에 확정된 감사기간과 검사역 명단까지 예고해주기로 한 것이다. 감사대상 지점이나 검사역 양측에게 준비할 기간을 주기 위해서였다.

이런 예고에 따라 감사받을 지점에서는 3개월 동안 충분한 시간을 갖고 수감(受監)준비를 하면서 자체적으로 총 점검을 하게 된다. 시정할 사항은 시정해 놓고 보완할 사항은 보완하고 정비할 사항은 정비해 놓는다. 이 모든 것이 자율적·예방적으로 이루어진다.

갑자기 들이닥쳐 잘못을 찾아내어 문책하는 적발위주 감사에서 사전예방위주의 지도감사로 전환한 것이다. 그 과정에서 자신의 업무상 과실이 발견되면 스스로 잘못을 깨우치면서 마음의 준비도 하게 된다. 그러나 과실이 있을 경우엔 그것을 덮을 수 있는 방법은 없다. 사실을 사실대로 인정하면 된다. 검사역에게 지적받아도 당황해 할 필요가 없다.

한편 검사역들은 사전에 감사준비를 한다. 자료와 정보를 수집해 분석해 보며, 대상지점의 친분 있는 직원과 소통도 하고 만나기도 한다. 공과 사를 구분 못하는 직원은 검사역이 될 수 없도록 제도적 장치가 마련되어 있어 문제될 게 없다.

감사를 마치고 나면 징계조치할 사안도 있다. 징계사안은 검사역회의(3급 검사역 이상으로 구성)에서 공개토론하여 징계의 양量을 정한다. 검사역도 인간이라 개인적으로는 불공정할 수도 있다. 그러나 검사역회의에서 공개토론을 거치게 함으로써 검사역별로 들쭉날쭉한 불공정 양정量定을 배제했다.

검사역회의가 끝나면 그 내용을 해당 지점장과 당사자에게 통보하고, 징계 대상자가 불만을 가질 경우엔 이의를 제기할 기회도 주어 감사실 검사역회의에 나와 충분히 변명할 수 있는 기회를 주었다. 그 직원이 스스로 승복할 때까지 소명할 기회를 주기로 한 것이다. 그리고 나니 징계조치 후에 어떠한 잡음도 일어나지 않았다.

4화

감사과정에서 받아오던 '확인서' 제도를 전면 폐지하다

감사가 진행되면 감사받는 직원들과 검사역들 사이에 '확인서'를 써라, 못 쓰겠다 하는 실랑이가 심심치 않게 일어나고 서로 얼굴을 붉히는 일까지 벌어지곤 했다. 서로 간에 확인서가 곧 징계조치의 전조로 인식되어 있었기 때문이다. 감사기간 종료 하루 전날부터 끝나는 날까지는 이 확인서 문제로 시끌시끌했다. 감사가 끝나고 나면 '확인서를 몇 장 썼느냐? 몇 장 받았느냐?'가 화제거리가 되었다.

나는 이 '확인서' 받는 관행을 전면 폐지해버렸다. 그 동안은 외부감사나 내부감사에서 이 확인서 문제가 감사과정의 핵심문제가되어 있었다. 감사기간이 끝나는 날 확인서 받느라고 퇴근시간을넘겨 늦게까지 승강이 벌이지 말고 '그동안 감사받느라고 수고들하셨다' 라고 웃으면서 인사하고 깨끗이 철수하도록 개선했다. 징계절차에 들어갈 경우에는 당사자를 감사실에 출두시켜 '문답서'를 받는 제도를 도입했다. 확인서를 몇 건 채워야 한다는 검사역들의 부담도 없앴다.

이렇게 감사제도를 바꾸고 나니 감사를 받는 지점 직원들이나검사역들이나 모두 그렇게 홀가분해하고 기분 좋아할 수 없었다. 어차피 정년퇴직할 때까지는 2년여 마다 인사이동 때에 서로 만났다 헤어지고 헤어졌다 또 만나는 처지가 아닌가? 확인서를 없앤 것은 기금 설립 12년 만에 이루어낸 감사제도 혁신 중 하나였다.

5화
검사역 충원은 검사역들의 추천으로

감사실 검사역들은 어떻게 발령을 받는가? KCGF에서는 감사가 집행부 인사부서에 요청하는 대로 검사역의 전입·전출 발령을 내게 되어 있었다. 인사부로부터 지난 12년 간 감사실 검사역의 전입·전출 자료를 제출받아 분석해 보았더니 다음과 같은 문제점이 눈에 띄었다.

감사실 근무 직원들에게는 타 부서 직원보다 인사고과 평점을 1.5배수 더 우대하여 받을 수 있는 특혜가 있다. 매우 유리한 입장이다. 눈치 빠른 직원들은 이리저리해서 대리 때 감사실로 발령 받아 와서 인사고과 혜택을 받아 동기생들보다 빨리 승진하고, 승진 후에도 다시 감사실에 와서 계속 혜택을 받으려 한다. 관건은 어떻게 또다시 감사실로 발령을 받아 갈 수 있느냐이다.

그 동안은 여러 가지 경로로 연고에 따라 인사가 이루어졌다는 것을 알 수 있었다. 나는 이를 타파했다. KCGF 직원이면 누구든지 감사실에 올 수 있도록 문호를 완전 개방했다. 충원이 필요하면 동일 직급 검사역들의 추천을 받아 상위 검사역들이 다시 검토하여 추천한 사람을 감사실장과 감사의 결재를 받아 인사부에 통보했다. 감사실에는 2년 이상 근무할 수 없고, 재직 중 2번 이상 근무할 수 없도록 내부기준도 마련하여 감사실과의 질긴 연고와 연줄을 끊었다.

진주지점에서 감사실로 처음 발령받은 검사역의 첫 소감이 인상 깊었다. 아무 연고도 없는데 이번에 감사실로 선택받은 사실에 자부심과 긍지를 느낀다고 했다. 지방의 지점인 제주나 진주 등에서도 감사실로 올 수 있어서 다른 직원들에게도 희망을 갖게 했다는 것이다. 똑같은 직원이지만 선택받았다는 사실이 이렇게 긍지를 갖게 하니 인사가 중요한 것이다.

과거에 징계(견책 이상) 받은 사실이 있으면 부적격대상이 되어 앞으론 검사역이 될 수 없는 것이 당시 인사의 관행이었다. 동일 직급 검사역들의 추천을 받아 상위 검사역들이 확인하고 감사실장·감사가 추인하는 등 모든 절차를 밟아도 여기에 저촉되면 인사담당 부서에서 '안 된다'고 난색을 표하는 것이 당시의 현실이었다. 이미 징계를 받아 잘못의 책임을 다 졌다는데도 말이다. 그 후에 더욱 성실하게 일을 하여 검사역들의 중복추천까지 받은 직원에게 이렇게 대하는 것은 이중으로 징계하는 것이다. 당사자가 얼마나 좌절하겠는가? 지난간 잘못을 뉘우치고 개전하는 직원에게 보다 용기와 기회를 주어야 한다고 설득하여 검사역 발령을 받아냈다. 또 하나의 철벽같은 부정적 고정관념의 고리를 끊어버린 사례였다.

6화

어려운 일을 많이 한 직원일수록
징계를 많이 받는다?

직원들의 불만 사항 중의 하나가 일을 잘하고 열심히 하는 직원에게 어려운 일감을 더 많이 배정하는 지점장들의 행태였다. 어려운 일을 많이 한 직원일수록 감사받을 때 수감대상에 많이 오를 수밖에 없다. 어려운 일을 많이 하다보면 본의 아니게 과실을 범할 수 있는 가능성이 커져서 징계 받는 경우가 많아진다. 한편 평소 일하는 요령이 있거나 실력이 부실하여 어려운 일에서 벗어나 있는 직원은 일을 적게 하여 수감대상에 오를 일도 별로 없으므로 감사받을 때에 신경 쓸 일이 별로 없다.

이것이 잘못되고 모순된 것이라는 것을 다 같이 알고 있으면서도 언제까지 모른 체하며 끌고 갈 것인가? 이를 바로잡지 않으면 직원들의 사기는 저하되고 조직은 활력을 잃게 될 것이다.

나는 '개선방안'에서 감사결과 같은 징계사안이라도 '평소에 열심히 일한 사람은 경하게, 그렇지 않은 사람은 중하게' 다스리겠다고 약속했다. 징계대상자가 있을 경우엔 검사역회의에서 협의해 양정量定을 하도록 했다. 평소 직장 내에서의 평판대로 직무를 99% 성실하게 수행한 사람이 1%의 과실을 범했다면 비록 징계대상이지만 이를 경감해 '주의' 조치하고, 앞으로 좀 더 잘 하도록 격려하는 쪽으로 징계를 처리했다.

징계를 해야겠지만 평소의 업무자세와 실적에 대한 동료 직원들의 평가가 좋을 경우엔 어떻게 한다? 이런 경우엔 이번에 한해 '주의 조치' 한다는 문서를 만들어 감사실 방에서 감사가 직접 당사자에게 전했다. 그리고는 감사실 직원 모두가 박수를 치고 인사를 나누는 것으로 마무리 지었다. 징계가 아니라 마치 격려를 받는 것처럼 느꼈을 것이다. 당사자들의 반응은 아주 긍정적이었다. 이 '주의 조치' 문서가 이사장 표창장 이상으로 값지고 기분 좋게 느껴졌다는 것이다. 감사실 검사역들이 자신을 성실하게 열심히 일하는 훌륭한 직원으로 인정했다는 사실에 오히려 자부심과 긍지를 느낀다고 했다. 직원 하나하나에 대한 평가가 공정하게 이루어져 그에 상응한 대우를 해준다면 그 당사자의 인생관과 직장생활 자세를 크게 바꿀 수 있다는 것을 확인했다.

　　검사역들이 연 중 지점에 감사하러 다니다 보면 성실하게 열심히 일하는 직원들 중에서도 뛰어난 직원을 발견하게 된다. 검사역 회의를 거쳐 내가 그 직원을 표창해 주도록 재무부에 추천하여 장관 표창을 받게 한 일이 있었다. 이런 상을 받으면 인사고과 때에 표창 가점加點이라는 혜택도 받게 된다. 지점장이 지점의 사기가 크게 올랐다며, 감사監査라면 잘못을 적발하여 문책만 하는 줄 알았는데, 잘한 것은 잘했다고 인정하고 격려하며 표창도 해주니 이런 일도 다 있느냐? 고 놀라워했다는 말을 전해 들었다.

7화
문제가 생기면 왜 대리만 문책하나?

KCGF 설립이후 12년 간 감사 결과 처분내용을 분석해 보니 내부감사나 외부감사를 구분할 것 없이 보증사고에 대해서는 주로 실무책임자인 4급 대리가 문책을 받는 경우가 많았다. 4급 책임자 입장에서 보면 공정하지 못하고 윗 사람이 하위직 사람에게 책임을 전가하는 것으로 나타나 결과적으로 뒷맛이 개운치 못할 뿐만 아니라 반목과 갈등으로까지 이어지고 있었다. 감사결과 공정하지 못하게 처분받는 것도 문제지만 함께 일한 사람들 간에 반목과 불신이 일어나 조직의 분위기를 해치고 사기를 떨어뜨리는 것이 더욱 큰 문제였다.

문책이 불공정하고 형평성을 상실한 것인데, 이런 불합리한 일들이 그동안 금융업종에서 관행처럼 이어져 내려오고 있었다. 시정돼야 한다고 느끼면서도 내놓고 말을 못하는 그런 형편이었다. 권한과 책임이 일치해야지 어떻게 4급 직원에게 더 중한 책임을 지울 수 있단 말인가? 이해가 되지 않았다. 사정이 이렇다보니 이와 관련된 불만이 조직의 정상 계통을 통해 다루어지지 않고 노동조합을 통해 표출되기에 이르렀다.

기업신용의 판별은 신용력에 상응해 신용보증이 결정되는 필요조건(심사기준)과 충분조건(신용판단)으로 이루어지는데, 4급 책임자에게 필요조건과 충분조건을 다 책임지라고 할 수 있는가? 나는 검사역회의에서 이 문제를 제기하여 앞으로는 이 두 가지를 구분해서 책임을 묻기로 기준을 잡았다. 권한과 책임, 즉 사실확인 과정과 의사결정 과정을 나누고 그 비중을 가려서 권한에 상응한 책임을 지워나가는 쪽으로 방침을 바꾸었다.

그 과정에서 합법성 위주 감사에 합목적성 감사도 추가하는 방향으로도 방침을 바꾸었다. 합법성 감사가 요식행위, 형식위주의 감사에 주안을 두었다면, 합목적성 감사는 여기에 더해 기업의 실질적인 신용력과 성장성 등 신용잠재력도 고려해서 보증여부 결정을 따져 보겠다는 것이다.

하지만 상위자上位者는 감사실장과 동급인 동료들이고, 검사역들에게는 동료였거나 상사였으며, 감사실을 떠나게 되면 상사로 같이 일할 사람들이다. 따라서 막상 지점장이 문책대상이 되었을 때는 전례도 없고 기준도 없으니 곧바로 실행하기가 난감한 상태에 빠지게 된다.

마침 그해 외부 감사기관으로부터 전반적인 업무감사를 받았는데, 감사처분요구서가 내려왔다. 주로 단기고액보증사고에 대한 처분을 요구한 것인데, 4급 책임자들에게는 문책등급을 정해 내려보내면서도, 지점장급에 대해서는 KCGF가 알아서 처리하고 보고해 달라고 하는 것이었다. 역시 관행대로였다.

이 사안이 어떻게 처리될 것인가? 를 두고 감사실 검사역들은 물론 대상자들 그리고 기금내의 모든 직원들의 관심이 집중되었다. 나는 이 문제를 처리하는 기준으로 가장 기본적인 원칙 두 가지를 근간으로 정했다. 즉 '판단 책임'과 '실무 책임'을 구분하여 처리하자는 것이었다. 즉 문제된 것이 의사결정에 관한 것이면 판단책임자(상위직급)를, 사실확인 등 실무에 관한 것이면 실무책임자(하위직급)를 문책하기로 하여 권한과 책임에 균형을 이루게 했다. 이 결과에 대해 이의를 제기한 사람은 아무도 없었다. 아무 잡음 없이 마무리를 짓고 감사기관에 처분결과를 보고했더니 그들도 놀라워하는 기색이었다. KCGF 설립 이래 처음 있는 일이었다.

8화

단기고액보증사고에 대한 특별 감사반 운영

내가 감사가 되어 내놓은 뜻있는 아이디어를 제시해보라고 한다면 그 하나로 '특별 감사반'을 들고 싶다. 단기고액보증사고에 대한 원인을 좀 더 철저히 분석하여 이를 신용조사나 보증심사 때에 반영함으로써 단기고액보증사고를 최대한으로 줄여야 되겠다는 생각에서 '특별 감사반'을 운영키로 한 것이다. 신용조사전문기관이란 데서 기업에 대한 신용조사를 어떻게 했기에 3개월 또는 6개월 앞도 내다보지 못하고 단기간 내에 부도나 도산당할 기업에 보증서를 발급해주었느냐는 비판을 받아 왔기 때문이다. 이런 경우엔 변명의 여지가 궁색했다.

물론 앞에서도 잠시 언급했지만 화재나 수재 또는 주 거래기업의 도산으로 연쇄 도산되는 등 예측 불가능한 경우에는 어쩔 수 없다. 하지만 그렇지 않은 경우에는 사례 연구를 통해 그 원인을 면밀히 분석하고 그 자료를 전국 지점에 전파하여 이를 반면교사로 삼게 한다면 그런 일의 재발을 막을 수 있다고 생각했다. 향후의 예방차원에서도 필요했다.

특별 감사반을 발족시킨 뒤 반장을 3급 책임자로 임명했다. 그랬더니 어떻게 3급이 1급 또는 2급 책임자인 지점장을 감사할 수 있느냐고 반론을 제기하는 것이었다. 정말로 3급이 감히 이 일을 잘 해낼 수 있을까 걱정들은 했다. 그러나 3급 특별 감사반상이 이 일을 잘 수행할 수 있도록 3가지 장치를 마련해 놓았다.

첫째 특감반장은 단기고액보증사고의 발생 원인과 유형을 정리·분석하는 것을 주 업무로 하는 것이지 수감대상자를 문책하는 것을 주요 업무로 하는 것은 아니다. 물론 그 과정에서 명백한 과실이 발견될 경우에는 당연히 징계조치해야 하지만…….

둘째 특감반장은 지점장들보다 한·두 직급 낮은 위치에 있어 지점장들이 특감반장에게 이런 저런 구차한 변명을 하기가 쉽지 않을 것이다. 따라서 특감반장은 인간적인 부담을 덜 느끼며 감사할 수가 있다.

셋째 특감반장에게는 감사가 이런저런 사항을 중점적으로 조사해 오라는 '조사 지시서'를 친필로 써주었다. 특감반장은 그 지시서를 지점장에게 제시하고 그 내용을 조사·확인해야 함을 양해시킨다.

단기고액보증사고 때문에 어느 지점에 특감반장이 출동했다는 사실만으로도 전 지점장들은 긴장감을 느꼈다. 이 특감은 향후 보증취급을 할 때에 좀 더 책임감을 가지고 신중한 판단을 하도록 경각심을 일깨워주어 반복되는 과실을 줄여가는 효과를 함께 거두었다.

9화

직원복지를 빙자한 부정을 바로잡다

금융계에서는 주택이 없는 직원들에게는 주택임차를 위한 '주택임차보증금'을 빌려주고, 주택을 구입하는 직원들에게는 '주택구입자금'을 대여해주는 제도를 운영하여 직원들의 주거안정을 확보해주는 복지제도를 마련해 운영하고 있었다. 다른 직장에서는 거의 사례를 찾아볼 수 없는 대단히 큰 복지제도였다. 무이자로 지원되는 이 자금을 받아 은행에 예금만 해 두어도 높은 이자소득이 생기는 큰 혜택이었다.

이렇게 좋은 복지제도를 악용하는 사례가 점점 늘어나고 있어 함께 근무하는 동료직원들 간에도 불만과 불평이 높았다. 실제로는 주택을 임차하지 않고도 임차한 것처럼 허위문서를 작성하고, 주택을 구입하지 않고도 구입한 것처럼 문서를 작성하여 혜택을 받아내는 일이 거리낌 없이 자행되고 있었기 때문이다. 양심 있는 직원들은 쳐다만 보면서 따라하지 못하는 자괴감까지 느끼고 있었다. 부점장 전결사항이라 이러한 불법사례를 뻔히 알면서도 '직원복지'라는 명분 때문에 어쩔 수 없이 모른 체하고 결재해주며 괴로워하고 있었다.

아무리 '직원복지' 차원이라고 해도 용납될 수가 없었다. 더욱이 KCGF는 신용조사를 할 때에 기업이 허위자료를 제출하면 '허위자료 제출기업'으로 낙인을 찍어 보증금지는 물론 전 금융기관에 통보되는 블랙리스트에까지 올려놓고 있지 않은가? 그런데 KCGF 직원 스스로가 고의로 허위문서를 작성하여 내부규정을 어겨가며 부당이득을 취하고 있다고? 언제 폭발할 지 모르는 폭탄을 계속 껴안고 있어야만 하나?

이 문제는 대단히 심각하고 위중한 것이므로 무슨 일이 있어도 조속히 척결해야겠다고 생각했다. 이사장(권태원)에게 이 문제를 어떻게든 처리해야겠다고 말했다. 그 의지는 좋지만 이미 관례로 정착되어 있고, 이미 이용자들도 많아 저항이 상당할 것이며, 노동조합에서도 들고 일어날 텐데 감당할 수 있겠는가? '자신 있으면 해보라'는 말씀이었다. 정말 잘 해보라는 부탁의 말씀까지 덧붙였다.

궁리 끝에 감사監事 명의로 자진신고기간을 정해놓고 '허위자료로 이 제도를 악용한 직원은 자진신고하고 정해진 기한 내에 정리하라. 그러면 문제 삼지 않겠다'고 통보했다. 처음에는 저항이 심했다. 그리고 실제로 징계까지 하겠느냐는 안이한 분위기도 있었다.

감사실에서 인사부와 합동으로 '특별조사반'을 편성하여 이를 악용한 사례를 실제 조사하겠다고 선언하고 본점부터 조사를 실시해 나갔다. 실제로 조사할 때에는 조사반에서 부점장과 함께 케이크를 한 상자 사들고 해당 직원들의 집까지 직접 방문하여 서류상 거주지에 실제로 살고 있는가를 확인했다. 한편으로는 감사가 출근시간에 수도권 지점을 일주일에 두 점포씩 순회하며 취지를 설명했다. 질의응답 시간도 가졌다. 차츰 직원들이 이해하고 공감하기 시작했다.

약 3개월 동안 백여 명이 스스로 잘못을 깨우치고 바로잡아 긴장하며 걱정했던 저항이나 마찰 없이 사태를 잘 마무리지었다. 수십억 원의 자금반납까지 완료되면서 문제를 완전히 해결했다.

그해 가을 감사원이 KCGF에 대한 감사를 실시했다. A감사관이 KCGF 전체의 주택임차보증금과 주택구입자금대여금 지급현황 자료를 제출토록 요구했다. 이에 자료를 제출하면서 그간의 조치 결과를 설명했더니 깜짝 놀라면서 어떻게 그렇게 스스로 시정하게 되었느냐고 묻기까지 했다. 무작위로 몇 건을 실제로 확인해보고는 감사를 종결지었다. A감사관은 대어를 낚으려 했다가 조금은 허탈해하는 모습이었다.

감사관은 "미리 이 일을 해결하지 못했다면 당사자는 물론 부점장을 포함한 관련 임직원들까지 문책당하는 것은 물론 '불법사용자금에 대한 배상과 그 간의 이자 그리고 부당이득에 대한 과세까지 추징당했을 것이다. 그럴 경우 주택구입자금대여금이나 임차보증금 원금만큼 배상하게 되었을 것"이라고 일러주었다. 잘못을 스스로 깨달아 사전에 자율적으로 시정조치함으로써 기관과 직원을 보호한 것은 예방감사의 본보기가 되었다.

뒷이야기 중 하나를 들어본다. KCGF에서 다른 국책은행장으로 발령받아 간 분이 전해준 이야기다. 그 은행에서는 감사원 감사에서 주택임차보증금과 주택구입자금대여금을 부정 사용한 직원들이 적발되어 그 뒷처리와 은행자체의 신뢰문제로 오랜 동안 무척 큰 괴로움을 겪었다면서 KCGF가 사전에 스스로 시정 조치한 것은 아주 잘한 일이라고 높이 평가해주었다. 금융기관의 신뢰는 곧 생명이기 때문이다.

10화
업무로 피소된 직원에게 고문변호사의 지원 제공

은행과 기업에서 일반용 신용조사(당좌개설용, 해외의뢰용, 상거래용 등)를 담당하던 부서에 오랜 기간 근무했던 직원들의 신용조사서 의견란을 보니 '가정법'과 '탐문한 바에 의하면' 등 상당히 아리송한 표현이나 어휘를 쓰는 경향이 적지 않게 발견되었다. 알아보니 이런 관행은 자기방어를 위한 것이었다. 과거 피조사자나 피조사기관이 신용조사서 내용에 문제를 제기하여 수사기관에 다녀온 경험 있는 직원들일수록 모호한, 이현령비현령식 표현방법을 쓰는 것이었다. 그래야만 자기보호를 하는 데 유리하다는 체험에서 나온 호신수단이었다. 나는 신용조사1부장 시절의 신용조사서 의견란에서도 이를 감지한 바 있었다.

이러한 상황을 보면서 왜 조직에서 자기 직원들을 보호하기 위한 장치를 마련하지 않나 하는 생각이 들었다. 내가 이사 재직 중 담당했던 지점의 B대리의 예가 그것이다. 보증약정서의 연대보증인란에 자필서명한 C연대보증인이 본인은 서명한 사실이 없으며 누군가 대필서명한 것이라면서 담당했던 B대리를 고소하여 B대리가 어려운 입장에 처하게 된 것이다. 그때 동료직원들이 협력하며 수사기관에 KCGF의 입장을 잘 설명하여 이해시키고, 고소인이 자기의 보증 책임을 B대리에게 전가시키려는 의도를 밝혀줄 수 있는 실마리를 찾아내어 어려운 고비를 넘기는 것을 본 일이 있었다.

그러던 중 감사에게 올라온 지점 직원의 사고에 관한 보고 중에 부산지점 A대리가 자필서명한 것과 관련하여 형사 피소된 사건이 들어 있었다. 지난날 B대리의 경우가 떠올랐다. B대리의 경우에도 보증인이 자기가 서명한 것이 아니라고 고소를 했었다.

A대리는 출장이 아닌 일로 자기 휴가를 써가며 자비로 서울과 부산을 오가는 등 몹시 힘들어하고 있었다. 회사 일을 하다 피소를 당했는데 회사가 적어도 출장처리라도 해서 도와줘야 하는 것 아닌가? 라고 했더니, 그런 장치가 마련되어 있지 않다는 대답이었다. 문제는 그같은 대답을 하는 직원들이 A대리 건을 자기와는 무관한 것으로 보고 별로 관심조차 갖고 있지 않다는 것이었다. 인사부에서도 아무 관심이 없는데 왜 감사가 이런 일에 관심을 갖

고 챙기는지 모르겠다는 태도였다.

감사실장에게 A대리의 일을 출장 또는 주재 근무로 바꿀 수 있는지 관련 부서와 협의해 조치를 취하라 하고, 우리 KCGF에 고문 변호사가 여러 분 있으니 A대리 피소건과 관련해 도움을 줄 수 있는 방안을 마련해 보라고 지시했다. 감사실장이 노력하여 A대리를 현지 지점에 주재 근무시켜 그 일에 적극 대응할 수 있게 하고, 고문변호사를 선임해 대처할 수 있도록 제도적 장치도 마련해주었다. 마침내 A대리 피소 건은 지점장과 다른 동료들도 관심을 갖고 협력하여 잘 마무리 되었다.

이 사건은 KCGF와 계약한 고문 변호사를 채권확보 등과 관련된 일에만 활용하고, KCGF 직원의 피소사건 같은 것은 거들떠보지도 않은 채 운영해 오던 제도와 관행을 바꾸어놓았다. 채권확보도 중요하지만 직원은 더욱 소중하다. 업무를 열심히 성실하게 하고서도 피소를 당해 본인 혼자서 감당하기 힘든 상황에 처했을 때 회사에서 도움을 받을 수 있다는 안도감을 갖게 하면 직원들의 사기가 진작되고 근무의욕도 북돋아진다는 것을 이때 다시 확인했다. 이 사건은 KCGF의 안전판 장치가 피소직원을 보호해준 하나의 사례가 되었다. 그 후 한국외환은행 등이 이 제도를 벤치마킹했다는 말을 전해 들었다.

5

창조적 아이디어와
벤처 정신 없이는 미래 열 수 없어

신보창업투자회사 사장 시절 이야기
1994~1997

1화

신보창업투자회사가 모험적 행태를 보여줘야
(to be venturous)

 KCGF 임원 시절에 신보창업투자회사(SBIC, 이후 '신보창투사'라 함)
를 설립시킨 내가 6년 만에 사장으로 다시 취임했다. 나는 신보창
투사를 설립하고 영업을 시작할 때까지 3개월 동안 초대사장이
되어 직원 선발 등 영업에 필요한 준비 작업을 마치고 후임 사장
에게 넘겨줄 때까지 KCGF 기획부 담당 이사로서 신보창투사 대
표이사 사장을 겸직했었다. 그러다가 6년 후인 1994년에 신보창투
사 사장으로 선임되어 사실상 두 번째 대표이사가 된 것이다.

 이 회사는 KCGF가 벤처기업에 대한 투자를 전담시키기 위해
100퍼센트 출자한 자회사였다. 업무현황보고를 받아보았다. 그동
안 우리 사회의 벤처투자환경도 시들한 쪽으로 많이 기울기도 했

지만 막상 취임하고 보니 회사 내의 분위기가 내 생각보다 더 침체되어 있었다. 빠져 나오기 힘든 늪에 푹 잠겨 있는 분위기였다. 그 원인을 파악해보았다.

투자재원이 고갈되어 유망한 벤처기업을 발굴했다 하더라도 투자할 여력이 없었고, 사회적 분위기에 편승하여 임직원들의 벤처투자에 대한 의지도 열정도 없었다. 그러나 가장 중요한 원인은 따로 있었다.

신보창투사는 자본금 100%를 출자한 KCGF의 자회사이므로 설립할 때부터 대부분 KCGF에서 전직해온 직원들로 구성되었다. 자회사로 한 직급씩 높여서 옮겨온 직원들이었다. 사무실도 모회사인 KCGF의 본점 건물 일부를 임차해 사용하고 있었다. 따라서 신보창투사 직원들은 엘리베이터나 구내 및 인근식당 등에서 KCGF 직원들과 자연스럽게 접촉하면서 KCGF의 방대한 기업정보 자원을 활용하여 유망벤처기업을 발굴할 수 있는 강점을 최대한으로 살려나갈 수 있는 유리한 환경에 있었다. 그런데도 웬일인지 거꾸로 KCGF 직원들과 접촉하는 것조차 일부러 기피하고 있는 분위기였다.

실례로 신보창투사는 근무시간을 KCGF의 출근·점심·퇴근시간보다 한 시간씩 앞당겨서 운영하고 있었다. 내가 KCGF에 있을 때에는 벤처 캐피털 업계의 특성상 고객에게 편의도 제공하고 동업계와도 보조를 맞추기 위한 것으로 알고 있었다. 그러나 사실은 놀랍게도 그게 아니었다. 출근·점심·퇴근시간에 KCGF 직원들과 마주치는 것을 피하기 위해서였다는 것이다. 다른 벤처 캐피털회사가 갖출 수 없는 자원을 활용하기는커녕 의도적으로 피하고 있다니 이해가 되지 않았다. 왜 그랬을까? 큰 집 작은 집 인식 때문일까? 그것도 납득이 안 되었다.

내가 전혀 몰랐던 사실이 한 가지 더 있었다. KCGF 거래기업 사장들이 신보창투사에 오고 가는 도중에 KCGF 본점에 근무하는 아는 직원과 만나게 되는 것을 몹시 꺼리고 있다는 사실이었다. 언뜻 이해하기 어려웠다. 같은 건물인데 여기까지 와서 신보창투사의 볼일만 보고 자기한테는 인사말 한마디 없이 그냥 가 버린다? 사장들 입장에서는 인사를 하고 가자니 마음이 안 내키고, 안 하고 가자니 소위 '괘씸죄'에 걸릴 것이니 피하고 싶어한다는 것이었다. 그들의 설명을 들으니 '그럴 수도 있겠구나' 싶었다. 새로운 사실을 깨달았다.

한편 KCGF는 여유 있는 사무실을 신보창투사에게 임대하여 임대료를 받고 있어 딴 곳으로 이전하는 것을 반대하고 있다는 것도 한 요인으로 꼽히고 있었다. 100% 출자회사이니 모회사의 눈치를 살피지 않을 수도 없는 형편이었다. 직원들과 일대 일로 면담도 해보고 회사의 향후 발전방안에 대한 소견서를 쓰도록 해보았으나 침체된 분위기를 확 바꾸기 전에는 어떤 말도 어떤 조치도 약발이 듣지 않게 되어 있었다. 한편으로는 신임 사장이 모회사의 전무이사를 지내다 새로 부임했으니, 모회사에 가서 증자를 받아와 투자 재원을 마련해주었으면 좋겠다는 눈치들이 완연했다.

이건 아닌데 하는 생각에서 '신보창투사는 KCGF에 의존하지 않고 즉 증자 요청을 하지 않고 독립적으로 우리 자신의 활로를 우리 스스로가 개척해 나가야 한다'는 것을 전 임직원에게 분명히 선언했다.

노조위원장 정철이 합리적인 사람이고 직원들로부터 신망도 얻고 있어 의견을 구했다. 지금의 상황에서는 장래성도 없고, 벤처 캐피털회사로서의 구실도 하기 어려우며 투자조합결성은 엄두도 못 내니 무엇인가 혁신적인 조치가 필요하다고 했다.

어떻게 회사를 일으켜 세울 지 궁리를 거듭했다. 우선 사무실을 우리나라 금융의 허브인 여의도로 옮겨야겠다고 생각했다. 마침 여의도에 증권감독원 신축건물 준공이 그해 6월로 예정되어 있다는 정보를 입수했다. 증권감독원과 15층 전 층에 대한 임대차계약을 맺고 모회사인 KCGF를 설득하여 여의도 시대를 열게 되었다.

1994년 7월 4일 미국 독립기념일에 사무실을 이전했다. 나는 사무실을 옮기면서 '이것은 단순히 신보창투사의 이삿짐과 사람을 마포에서 여의도로 이전하는 것이 아니다. 우리의 벤처정신과 각오가 여의도 시대를 열려고 가는 것'이라고 선언했다. 모두가 공감하고 파이팅하며 'To be venturous'라고 외쳤다. 1994년 사무실 이전을 계기로 회사의 분위기가 눈에 띄게 달라지고 있는 것을 임직원 모두가 느끼고 있었다. 그 변화의 예를 들어보면 다음과 같다.

- 신보창투사 직원들도 화이트칼라 와이셔츠에 예쁜 명찰을 목에 걸고, 여의도의 큰 물결에 올라타고 있으니 저절로 생기발랄해지고 있었다.
- 직원들이 여러 가지 정보에 접하다 보니 스스로가 회사에 정보를 물어오는 새들이 되어 갔다.
- 벤처투자조합을 결성해보자는 분위기가 태동하여 1994년 벤처투자 업계에서 처음으로 벤처투자조합을 결성하였다.
- 신보창투사가 투자한 회사들과 함께 '신보벤처클럽'을 결성하여 출범식과 세미나를 열었다. 그날 참석한 상공부 중소기업국장과 함께 침체된 벤처활성화를 논의하여 '녹색창업투자제도'를 마련하는 밑거름이 되었다.
- 우리나라에서 처음으로 이현세 만화 '아마겟돈'을 영화로 만들기 위해, 신보창투사가 주축이 되어 10군데 투자자들이 10억 원을 출자했다.
- 아마겟돈 만화의 영화화 프로젝트가 시작되면서 우리나라 영화산업 발전의 전기를 마련하는 데 한 획을 긋게 되었다.

증권감독원빌딩 19층 식당은 신보창투사의 사교장소로 이용되었다. 위치가 좋아 고객들이 방문하기도 쉽고 주위환경도 좋으며 깨끗했다. 업무와 관련하여 개인적인 접대나 소모임이 필요한 경우에 이 식당을 적극적으로 활용했다. 차와 음식을 모두 할 수 있어 직원들도 아주 좋아하며 업무를 더욱 능동적으로 추진하는 데 도움이 되었다고 했다.

2화
벤처 투자 업계 최초로 만화영화
'아마겟돈'에 투자하다

　신보창투사가 여의도 증권감독원 빌딩으로 이전한 직후 가을에
한 지인이 만화영화 '아마겟돈'을 추진하고 있다며 투자를 권유해
왔다. 제조업 중심으로 투자가 이루어져 온 관행을 깨고 벤처 캐
피탈이 국내 최초로 영화산업에 투자한다? 고민하지 않을 수 없
었다. 나는 영화를 별로 잘 보지 않는 편이지만 우리나라에서도
미래 산업으로 영화를 다루어 볼 수 있겠다는 생각이 들었다. '창
투사'답게 벤처(venture)를 하기로 마음먹었다.

　모든 투자에는 작든 크든 리스크가 따르는 법인데, 이 위험을
감당하려는 '모험'을 하지 않으면 아무것도 이룰 수 없을 것이다.
KCGF 재직 시에 벤처기업을 접해보았으므로 유명했던 만화 '아마
겟돈'의 영화화에 관심을 갖고, 10인의 투자자 중 1인으로 참여해
투자하기로 했다. 공상과학이란 상상력의 발전을 통해 새로운 산
업에 도전해보자는 것이었다.

　만화영화 아마겟돈위원회가 발족했고 1994년 11월 아마겟돈 법
인이 설립되어 신보창투사가 주주로 참여했다. 이것이 국내에서는

처음으로 벤처 캐피탈이 영화산업에 투자한 효시가 되어 큰 파장을 일으켰다. 만화영화 '아마겟돈'이 만화영화분야에서 창조적 파괴를 이루어낸 몇 가지 사례들은 다음과 같다.

- 우리나라 최초로 벤처 캐피탈회사가 투자가로서 투자한 영화.
- 신보창투사의 전문경영관리로 영화계에 투명성을 부각시킨 영화.
- 영화산업을 제조업으로 분류시켜 미래산업의 한 축으로 등장시킨 영화.
- 캐릭터 산업, 소프트웨어 유발 등 멀티미디어시대를 신도한 종합 예술영화.
- 국내 애니메이션 제작기술수준을 한껏 드높인 영화.
- 제작 시작 전에 이미 제작비용을 확보한 영화.
- 젊고 연고가 없는 영화감독들에게 '나도 하면 되겠구나'하는 새로운 세계로의 꿈과 용기를 심어준 영화 등이다.

벤처 캐피탈이 영화에 투자했다는 사실은 이미 영화를 제조업으로 평가했다는 의미로, 미래의 엄청난 문화산업으로 자리매김하게 되었다. 영화 아마겟돈은 제작 초기부터 언론매체의 집중적인 관심의 대상이 되었다. 특히 일간지의 문화 및 연예관련 부서가 아닌 경제부·산업부 기자들의 열띤 취재로 영화산업에 대한 사회 인식을 크게 변화시켰다. 영화를 중요한 산업의 하나로 본다는 의미였다. 《만화영화 아마겟돈 백서》에 따르면 이 영화를 본 관객 수

信保創投

만화영화제작 참여 "화제"

李賢世 「아마겟돈」 극화 2억 투자

영상사업 진출... 信保창업투자

▲ 매일경제신문, 1994년 11월 8일.

▼ 한국경제신문, 1994년 11월 8일.

신보창투의 영화 아마겟돈 투자 관련 기사.

는 전국적으로 약 20만 명에 달해 당시로서는 꽤 주목을 받은 영화였다. 이 영화가 종영된 후의 결산과 경영분석에 따르면 수익총계는 13억 8천 7백만 원, 비용은 25억 3백만 원으로 순 손실금액이 11억 1천 6백만 원에 이르렀다. 비록 손실이 났지만 손실 이상의 문화적, 경제적 파급효과를 거두었다는 것이 당시의 평가였다.

신보창투사는 아마겟돈 경영관리를 전담할 심사역 1인(김종완, 현 ㈜손오공 대표이사)을 아마겟돈 법인의 관리부장으로 파견해 상주시켰다. 매주 1회 이상 신보창투사로 출근하여 경과보고를 하고 업무협의를 하게 했다.

회계법인의 회계분야 컨설팅과 회계감사를 받도록 하여 10인의 투자자가 모두 신뢰할 수 있도록 투명경영에도 만전을 기했다. 그리고 토론회와 세미나를 개최하여 상공부에서 영상산업을 제조업으로 분류하게 된 계기가 되었다. 벤처 캐피탈이 영화제작에 투자할 수 있게 되었음은 물론 영화가 단순한 오락서비스산업이 아니고 제조업 이상의 부가가치를 창출할 수 있는 신산업이라는 인식을 심어주었다.

새로운 시도를, 새로운 바람을 일으켜 보려는 젊은 영화감독들은 충무로 프레임 내에서 뜻을 펼치기가 쉽지 않았다. 그러나 이제 예전과 달리 영화 제작비를 충무로가 아닌 투자시장에서 조달할 수 있는 길이 열린 것이다. 이와 같은 자금조달 방법은 아마겟돈에 대한 벤처 캐피탈 투자로 시작되었다. 이처럼 영화가 산업으로 인정받고 직접 투자를 받으면서 시나리오 작가, 신진 영화감독,

영화 제작사들이 충무로라는 우물 안에서 벗어나 독창적인 아이디어와 제작능력으로 도전할 수 있게 되었다. 신천지가 열리기 시작했다.

세계적으로 영화가 '떠오르는 미래의 문화산업'으로 각광받고 평가되는 만큼 이제 한국에서도 영화제작사는 기업화되어야 하고 또한 기업으로서 기본적인 틀을 갖추어야 한다. 우선 회계처리 면에서 종전의 비체계적이고 주먹구구식 방식에서 벗어나 상법 및 기업회계기준 등의 제도를 준수해야 하는 것은 기본이다.

또한 체계적이고 합리적으로 모든 거래를 기록한 재무제표를 만들어 외부감사인의 회계감사를 통해 검증받음으로써 신뢰를 쌓아가야 한다. '아마겟돈'은 기업 등의 투자자와 영화제작사 간에 신뢰를 바탕으로 본격적인 산업화 모델을 만들어낸 첫 사례가 되었다.

아마겟돈 프로젝트는 손익 면에서는 성공하지 못했지만, 이후 '은행나무 침대' '본 투 킬' '피아노 맨' 등 많은 영화에 벤처 캐피탈이 투자를 하는 계기가 되었다.

아마겟돈 주주들은 투자측면에서는 손해를 보았지만, 산업측면에서는 큰 기여를 했다고 자부한다.

우리는 영화산업의 시행착오를 줄이고 애니메이션의 향후 발전과 훗날을 준비하는 이들을 위해 '아마겟돈'의 기획과정·제작기법 및 관리시스템을 모두 공개했다. 즉 '아마겟돈'의 시작에서 끝까지 모든 부문을 사실대로 기록한 《아마겟돈 백서》를 발간하여 무료

한국경제신문, 1995년 4월 7일.

아마겟돈의 투자유치 성공을 알리며 한국벤처기업이 나아가
야 할 방향을 제시한 칼럼.

아마겟돈 프로젝트 경과발표 및 토론회 사진.

로 배포했다.

　그래서 지금도 영화업계에선 '영화계의 전무·후무한 작업이었다' 는 평가를 받고 있다. 신보창투사 심사역 김종완 부장이 총괄하 여 제작한 이 백서는 총 398페이지로 '아마겟돈'의 기획, 투자, 회 계관리, 경영분석, 제작, 캐릭터 사업, 디자인 작업, 광고, 홍보, 배 급, 기타 자료' 편으로 편집되었다. 영화인, 영화를 공부하는 학생 과 교수, 신산업 연구개발팀, 대기업, 벤처기업 등 약 400여 개인과 단체에서 백서를 받아 갔다.

　'아마겟돈'은 투자손실을 냈다는 점에서는 실패였을지 모르지 만 실패한 것이 아니라는 것이 우리의 판단이었다. 그래서 기록으

216

로 남긴 것인데, 밤낮을 가리지 않고 작업했던 사람들에게는 이 기록이 '실패한 기록'으로 보여질까봐 결코 유쾌한 일이 아니었을 것이다.

'아마겟돈'에 참여했던 부문별 책임자 모두가 모여 '아마겟돈 프로젝트 경과발표 및 토론회'를 대한상공회의소 회의실에서 긴 시간 동안 가졌다.

3화
산·학 공동주관 '중소기업 창업예비학교'를 개설하다

신보창투사를 경영하면서 창업자, 창업예정자 등에게 제대로 된 창업교육프로그램을 제공하는 모델이 필요하다고 판단했다. 숭실대학교 중소기업대학원과 벤처 캐피탈 회사인 신보창투사가 공동으로 주관하는 우리나라 최초의 산학협동강좌인 '중소기업창업예비학교'를 개설했다.

예비 전문지식 없이 창업하는 창업자는 사업초기에 사업자금 부족, 인력 부족, 공장용지 확보 및 인허가의 어려움, 원자재 구입난, 판매부진 등과 같은 애로를 겪는 경우가 많아 창업에 성공할 확률이 낮게 마련이다. 창업예비학교 강좌는 훌륭한 강사진을 구성, 이론과 경험을 겸비한 사례 중심의 창업교육을 통해 충실한 창업지식을 제공하는 데 목표를 두었다. 다양한 창업지원기관의

강사들과 접촉할 수 있는 기회도 부여하여 어떻게 하면 창업예비
자의 욕구(needs)를 만족시켜 줄 수 있을까 배려했다.

우리 사회 전반에 창업분위기를 조성하고, 창업예비자의 경영능
력을 빠른 시간 내에 갖추게 해주며, 창업예비자 상호 간에 활발
한 정보교류가 일어나도록 촉진시켜줄 수 있다면 이 계획은 성공
을 거두는 것이라 보았다.

물론 산학협동의 활성화도 목표의 하나였다. 숭실대학교 측에서
는 종합적인 교육서비스 체계를 마련하는 한편 창업 전문교육의
영역을 사회인으로 확대하는 일을 맡고, 신보창투사 측에서는 투
자 및 경영 컨설팅을 제공하는 한편 그 잠재수요를 개발하고 수요
자의 요구에 맞는 상품을 개발하는 일을 나누어 맡았다.

교육기간은 3주간이며 매주 4일(화·수·목·금) 동안 22개 과목으로 편성했다.

강의내용 및 강사진은 다음과 같다.

- 창업 성공인 강좌의 강사는 이민화 사장(메디슨), 남승우 사장(풀무원), 최배진 사장(선인기계) 등으로 우리나라 대표적 창업 성공인들이었으며
- 창업자가 활용해야 할 창업지원기관 강사진은 KOTRA 창업지원부서장, KCGF 심사부장, 중소기업진흥공단 조사연구처장, 중소기업은행 부행장보, 중소기업청 창업지원과장 등으로 짰으며
- 경영자를 돕는 컨설턴트로는 영화회계법인 공인회계사(상무), 대우전자 실장과 신보창투사의 여러 컨설턴트들을 참여시켰다.

산학협동창업예비학교이고 강의 주제가 현실성 있으며 강사진도 잘 짜였기 때문인지 1996년 6월 18일 시작한 첫 과정엔 모집정원의 몇 배가 넘는 지원자가 몰려 성황을 이루었다. 모두 3차에 걸쳐 실시된 창업예비학교 강좌는 성공적으로 마무리되었다. 이 창업예비학교는 학교교육과 사회교육을 통합 운영하는 체제를 갖춘 산학협동의 모델로서 그 후 우리나라의 창업교육에 올바른 방향을 제시했다고 생각한다.

이 프로젝트를 마치자 숭실대학교 총장(김성진)은 학교와 신보창투사가 협력해 훌륭한 성과를 이루었다고 치하하고, 숭실대학교가

유일한 중소기업대학원으로서 명실상부하게 진가를 보여준 것에 크게 자부심을 갖는다고 술회했다. IMF이후 '국민의 정부'에서 벤처활성화가 활발하게 논의되면서 물밀듯이 창업교육 로드쇼가 쏟아져 나왔는데, 거의가 다 신보창투사의 중소기업창업예비학교 교육프로그램을 참고했다는 것을 알 수 있었다. 창업교육의 등대와 같은 역할을 했다고 생각한다.

4화
벤처 캐피털 업계의 '롤 모델'이 되려고

KCGF는 우리나라에서는 처음으로 중소기업을 지원하기 위해 신용으로 보증을 서주는 상당히 모험적(venturous)인 일을 수행하는 정부산하기관이라 할 수 있다. KCGF는 당시 국가보위위원회의 조치에 따라 중소기업에 자본금 형태로 출자를 해주고 장기 사채 형태로 투자업무를 처음으로 시작하여 한때는 중소기업에 대한 출자와 투자업무를 담당했으니 창업투자가 아주 생소한 것은 아니었다.

당시 벤처 기업이 단 번에 성공하는 비율은 지극히 낮았다. 검증된 통계수치는 없으나 몇 %도 안 되는 것으로 알려진 시대였다. 그러다보니 벤처 캐피털이라 할 창업투자회사와 은행이 출자한 신기술금융회사들은 진짜로 맘먹고 출자를 하거나 투자하는 데 소극적이었다. 어쩌다 출자나 투자를 하는 경우에도 이면으로 담보를 잡거나 유력한 연대보증인을 세우는 것이 일반화되어 있었다.

벤처 기업에 대한 투자를 목적으로 설립된 벤처 캐피털회사의 임원들도 거의 금융기관 경력자들이었다. 우리나라 금융의 후진성은 담보위주의 금융에서 잘 드러나는데, 그러한 금융 관행에 젖어 있는 사람들이 벤처 캐피털회사로 자리만 옮겨왔으니 그들의 투자 행태가 어떻게 달라질 수 있을까? 1987년 말 당시 통상산업부의 나웅배 장관(후에 부총리 역임)이 신보창투사 등록인가증을 직접 주면서 '신보창투사의 투자행태가 우리나라 벤처 캐피털 업계의 롤모델(role model)이 되어야 한다'고 당부한 것도 이런 이유에서였을 것이다. 예외적으로 장관이 손수 등록증을 교부해주는 것이라며 잘 해달라고 당부하는 것을 보면서 그런 뜻을 읽을 수 있었다.

내가 1994년 신보창투사 대표이사로 취임할 당시 벤처 업계는 침체되어 있었다. 벤처 캐피털 회사들도 모두 몸을 움츠리고 있었다. 투자조합 결성은 창업투자업계에서 아예 정지된 상태에 있었다. 그러나 신보창투사는 1994년 작은 규모이긴 하나 KCGF에 의지하지 않고 자력으로 투자조합을 결성해냈고, 다음해인 1995년에도 두 번째 투자조합을 발족시켰다. 또한 앞에서 말한 것처럼 신보창투사의 주관 아래 10인의 투자자를 모집해 만화영화 아마겟돈에 투자함으로써 벤처 캐피털이 영화산업에 투자하는 길을 열어놓기도 했다.

나는 벤처 캐피탈의 일이 여기에만 머물러서는 안 된다고 생각해 관계 기관에 건의하여 창업투자회사가 '투자상담사' 업무를 겸업할 수 있도록 업계 최초로 겸업 승인을 받았다. 투자상담사 2명을 공개 채용하는 한편 우리 직원을 우리가 투자한 회사의 비상임 이사로 선임해 경영에 참여시키기도 했다.

업계의 활성화를 위해 만들어진 벤처 캐피털협회의 발전분과위원회에서 위원장이라는 책임을 맡고 정부에 녹색창업투자제도를 건의하여 실현시킨 것도 나로서는 잊을 수 없다. 1995년 중소기업 주간 행사는 '중소기업투자 활성화와 벤처 캐피털의 역할'을 캐치프레이즈로 내걸고 열렸다. 벤처 캐피털협회도 이 행사에 참가할 수 있게 되었는데, 이때 나에게 주제 발표를 할 기회가 주어졌다. 나는 1995년 5월 29일 '창업기업과 창업투자자 간의 관계 활성화'라는 제목으로 발표했다.

나는 벤처 업계가 발전하려면 벤처 기업, 벤처 캐피털, 투자자 간에 투자 수익을 공평하게 나누는 것이 매우 중요하나는 것을 강조했다. 시작된지 얼마 되지 않은 기간에도 위 3자 사이에 수익 분배 문제를 두고 적지 않은 갈등이 벌어지는 것을 실제로 보고 체험했기 때문이다. 벤처 투자가 활발한 나라들을 보면 성과를 공평하게 나누는 것이 하나의 문화로 정착돼 있으며, 그러므로 이런 '나눔'은 벤처 투자 분야의 가장 중요한 요체로서 금융이나 세제보다 더 중요하다는 점을 거듭 강조했다. 각자가 이룩한 부가가치만큼 공평하게 나누어야만 투자하고 싶은 의욕과 신뢰를 갖게 될 것이라고 지적했다.

1997년 1월 나는 벤처 업계에서는 유일하게 대통령직속자문기구인 금융개혁위원회 위원으로 임명되었는데, 이것은 아마도 정부가 벤처 투자의 중요성을 알고 이를 활성화시키려는 의도가 아니었나 생각한다.

5화
—
에인절(Angel) 투자를 우리나라에 처음 소개하고 실천에 옮겨

KCGF에서 일을 하면서 나는 중소기업이 부도 등으로 쓰러져 신용을 잃는 경우 얼마나 참담한 지경에 이르는지를 수 없이 보아 왔다. 대표이사 본인 및 가족들이 겪는 고통은 말할 것도 없고 하루 아침에 직장을 잃은 직원들과 그 가족들이 겪는 고통 또한 말로 다 할 수 없을 정도였다. 거래기업에 끼친 피해도 크고, 가까운 지인들에 대한 도리도 엉망이 되어버리는 것을 보았다. 은행 쪽은 차치하고라도 말이다. 더욱이 어려운 점은 한번 신용을 잃은 기업은 은행 전체의 블랙리스트에 올라가게 되어 있어 앞으로 재기할 길이 다 막혀버린다는 것이다.

사람이 살아가는 동안 일상생활에서 범하는 한 번의 실수나 실패는 용서를 받으면 그것으로 끝난다. 그러나 은행 빚을 다 갚지 못하여 신용을 실추하면 그것으로 모든 경제활동이 끝나버린다.

무섭고 가혹한 제도이다.

KCGF에서 겪은 사례 하나를 들어보겠다. 세계기능올림픽에서 금메달을 딴 뛰어난 기능인(A)이 창업을 했다. KCGF에서 5천만 원을 보증해주었는데, 그 기업이 오래 유지하지 못하고 부도가 났다. A는 신용불량자가 되어 은행전체의 블랙리스트에 올랐다. 원금 5천만 원에 고리의 연체이자까지 계속 불어나 원리금 상환금액이 점점 늘어났다. KCGF 지점장이 그를 찾아가 회사를 재기시켜보려고 무척 노력했지만, A는 잠적하고 말았다. 그 뒤 A에겐 어떤 일이 벌어졌을 것 같은가?

KCGF와 은행은 채무자인 A를 계속 찾게 되었을 것이고, A의 소득이 노출되거나 A가 있는 곳이 확인될 경우엔 소득을 압류하는 등 각종 채권보전조치를 취했을 것이다. 또한 A와 개인적으로 거래를 했던 채권자나 사채권자가 있었다면 그들 또한 A를 그냥 놔두지 않았을 것이다. A가 원금 5천만 원과 연체이자까지 상환할 능력이 있었다면 처음부터 왜 은행 돈을 빌리려 했겠는가?

이런 경우 A의 세계기능올림픽 금메달 실력을 신뢰하는 어느 여유 있는 투자자가 있어 최악의 경우 손실을 감당할 각오를 하고 5천만 원을 투자했다면 그 기업이 잘못되었을 때에도 A는 은행의 블랙리스트에 오를 일도 없었을 것이고 다시 재기할 기회도 얻었을 것이다. 이런 투자를 장려하는 제도가 선진국에는 있다고 했다. 그런데 우리나라에는 왜 아직도 없단 말인가?

미국에서는 이런 경우를 '에인절(angel) 투자'라고 한다. 천사처럼 착한(선한) 역할을 해주는 투자라는 의미에서 이런 말이 생겼을 것이다. '에인절'이 벤처 기업에 자본참여도 하고 필요한 때에는 자문도 해준다는 정도는 나도 알고 있었다. 하지만 더 상세한 정보가 필요했다. KCGF 뉴욕사무소에 부탁했더니, 에인절이 비공식 조직이므로 구하기 어려움에도 불구하고 소중한 자료를 구해 보내 주었다. KCGF 뉴욕사무소 소장(이해균)과 차장(박창일)에게 지금도 감사하고 있다.

그 자료를 정리해 '에인절 투자의 한국적 접목'이라는 제목으로 글을 써서 한국경제신문 오피니언 난에 실었다.

이 글이 나간 뒤 많은 격려와 문의가 있었다. 당시 경제기획원 Y과장은 "경제부총리께서 에인절 투자에 관한 자료를 주문하셨는데, 국내에 마땅한 자료가 없어 막막하던 차에 너무나 좋은 해답을 주었다"고 고마워했다. Y과장은 그 후 청와대의 주요 직책을 맡았다.

국민의 정부가 들어서서 IMF사태 이후 벤처투자에 힘을 실어주자 우후죽순으로 '에인절 펀드'가 조성되었다. 그러나 에인절이

---

* 에인절 투자(당시엔 '엔젤투자'로 표기했었다) : 개인들이 돈을 모아 창업하는 벤처기업에 필요한 자금을 대주고 주식으로 그 대가를 받는 투자형태이다. 투자자는 투자한 기업이 성공하면 함께 성공하지만, 실패할 경우에는 함께 손실을 보고 만다. 따라서 투자자 입장에서는 손실을 봐도 경제적으로 별 영향을 받지 않는 규모로 투자를 해야 한다. 창업자 입장에서는 천사와 같은 투자자들인 셈이다.

천사로서의 역할을 제대로 하지 못하고 문제를 일으키는 '게이트' 용으로 악용되어 '성공한 천사'의 이야기를 별로 들어보지 못했다. 벤처투자와 에인절 투자는 함께 잘 운영되어야 실수나 실패를 해도 그것을 발판으로 재기하여 성공할 수 있다.

여유 있는 에인절 투자자들이 모험심과 패기와 기술력을 가진 젊은이들에게 자본을 제공해주고, 나아가 투자자들이 갖고 있는 전문적인 재능도 제공하여 경영 및 기술자문까지 해줄 수 있다면 이상적인 에인절 투자가 될 것이다. 또한 지역적으로도 그 지역 내의 에인절들이 큰 꿈을 가진 젊은이들에게 힘을 모아 뒷받침해준다면 성공이 또 다른 성공을 불러와 지역경제에도 큰 활력을 불어넣어 줄 것이다.

나는 우리나라의 실정에 맞는 에인절 투자 모델이 제시되고 발전되어야 한다고 생각해 왔다. 예를 들면 우리 사회의 특징이라 할 수 있는 동문회·향우회·동호인 모임·계 모임·기타 각종 친목회 등의 끈끈한 인간관계를 기반으로 자연적·자생적인 에인절 투자 분위기를 조성하고 여기에 장기적인 정책적 고려와 지원을 결합시킨다면 에인절 투자가 자연스럽게 발전해 갈 수 있다고 생각했었다. 그러나 그동안의 결과를 보면 어느 기관의 주도 아래 에인절 펀드가 졸속으로 만들어지고 단기간 내에 업적을 내어 전시하려다보니 투자를 투자답게 하지 못하고 시행착오를 거듭해 오늘에 이르렀다고 본다.

에인절 투자가 모두 실패한 것은 아니라는 실례가 있다. 우리는

시 론

「에인절」 제도의 한국적 접목

南大祐 <신보창업투자사장>

벤처기업 육성추역

클럽 투자형 바람직

도입여건 성숙

한국경제신문, 1997년 3월 5일.
우리나라 실정에 맞는 에인절 제도의 도입과 정착을 위해 필요한 요건에 대해 제언한 칼럼.

대학 동문끼리 '상지경영컨설팅'이란 법인을 만든 일이 있는데, 구성원 중에서 에인절 투자를 희망하는 회원들을 모아 2000년에 다음과 같은 3개의 벤처기업에 투자한 바 있다.

A기업은 생화학 특수바이오 관련 기업

B기업은 창업기업, 창업교육, 컨설팅 등 벤처지원 기업

C기업은 기계제작 중소기업

각자의 희망에 따라 각 기업에 5백만 원 내지 2천만 원 정도의 주주로 에인절 투자를 했다. 11년이 지난 시점에서 A·B기업은 폐업했지만 C기업은 연매출액 약 100억 원에 종업원 30여명의 기업으로 건실하게 성장하여 오늘에도 건재해 있다.

우리가 에인절 투자를 한 2000년은 컴퓨터·바이오·소프트웨어·첨단산업 등 특정 업종을 대상으로 하여 벤처기업을 정부가 승인하기 시작한 해였다. 굴뚝산업인 기계업종의 제조업은 벤처 캐피털들이 외면하는 때였다. 그럼에도 책임자인 C기업의 CEO가 공대출신 엔지니어이며 성실하고 그 분야의 현장소장 경륜을 쌓은 사람이라는 점이 우리의 눈길을 끌었다. 상지회원들이 에인절 투자자가 되어주고, 벤처 캐피털의 투자까지 유치할 수 있도록 도와주어 C기업을 발족시켰다. 벤처 캐피털 투자가 정해지고 상지회원들이 에인절로 투자하니까 C기업 종업원들도 주주로 참여하기 시작하여 10억 원의 납입자본금 회사가 되었다.

C기업 CEO는 상지경영컨설팅에 와서 에인절 투자 회원들과 경영에 관한 상의를 하고, 필요한 사람이 있으면 우리가 알선해주기도 했다. 주주총회 때에 우리 회원이 참석하여 초창기 5~6년까지는 배당을 유보시켜 재무구조를 충실히 하도록 유도하기도 했다. 지금은 잉여금이 쌓여 자본금의 10배인 100억 원을 넘었다. 이 회사는 5~6년 후에 많은 배당을 하여 주주들은 누적금액으로 원금보다 많은 배당을 받았다.

6화

남아프리카공화국 만델라 정부에
수출정책 자문을 해주다

1994년 5월 중순 경 남아공화국(이후 '남아공'이라 함) 만델라 정부는 실업률이 매우 높아 대외지향적인 고용창출정책을 정부주도로 추진하고 있었고, 세계은행(World Bank)의 아프리카 지부는 이를 지원하고 있었다. 세계은행은 남아공에 대한 단기 컨설팅 프로젝트에 참여할 자문관 후보 중 한 사람으로 나를 지명하고 참여의사를 타진해 왔다. 같은 해 7월 8일 세계은행으로부터 작업팀을 파견키로 했다는 통보를 받고, 이어서 남아공 정부로 부터도 자체 작업팀을 구성했다는 통보를 받았다. 카운터 파트너는 피엔들 씨(Mr. Bent Pienddr)였다.

남아공의 만델라 대통령은 집권(1994년 5월)후 자국의 경제발전과 고용증진정책을 수립하기 위해 국가경제포럼(National Economic Forum)을 설치하고, 그 산하에 선적전船積前수출지원금융위원회(Subcommittee Preshipment Export Finance)를 조직했다. 이 위원회는 세계은행에 '수출지원금융제도 발전방안'에 대해 자문을 요청하고 있었다. 세계은행의 브라이언 레비 박사와 이영희 박사는 세계에서 성공적으로 수출지원을 해온 나라로 한국·일본·대만을 선별한 후 검토한 결과 한국의 신용보증제도를 통한 수출지원제도를 자문 받는 것이 좋겠다는 결론을 내렸다고 알려왔다. 내가 이 일

남아공 정부와 세계은행으로부터 받은 초청장.

의 자문관으로 선정된 배경이다.

　상공부·재무부에서 일한 경력에 신용보증기금에서 18년 근무한 신보창투사 사장이란 점이 나를 이 분야의 전문가로 보이게 한 것 같았다. 참여 제의를 받자 나는 2명의 실무자와 한 팀이 되어 일하고 싶다고 제의했고 이 제안은 그대로 받아들여졌다. 세계은행과 만델라 정부에서 자문관으로 초청해준 사실만으로도 의미와 보람이 있고 영예이기도 했으므로 컨설팅 수수료는 받지 않겠다고 사양했다. 우리나라에서도 6·25때부터 KMAG(Korea Military Advisory Group)라는 미군사고문단이 오랜 기간 상주하면서 한국군의 현대화·선진화에 크게 기여한 바 있다는 것을 알고 있었으므로, 나도 잠시나마 그와 같은 일을 할 수 있다는 자부심으로 마음이 뿌듯했다.

우리 팀은 나와 KCGF의 김윤옥 부장, 그리고 이득희 과장이었다. 1994년 7월 31일부터 8월 20일 까지 21일간 남아공화국 요하네스버그에 머물렀다. 세계은행 팀은 브라이언 레비 박사(Senior Industrial Economist)와 이영희 박사(Principal Economist)였으며, 남아공 정책팀은 루이스 킹마(Louis Kingma)위원장과 상공부차관·집권당 정책자문위원·기타 직원 등 9명이었다. 우리 팀이 방문한 주요 기관은 통상산업부, 신용보험공사, 소기업개발공사, 무역협회 등이었다.

8월 초에는 산업관련 유관기관 관계자 등을 대상으로 하고, 8월 9일에는 금융정책조정위원 등 30여 명을 대상으로 2회에 걸쳐 우리나라 신용보증제도 업무를 소개했고 뒤이어 질의응답 시간을 가졌다. 나에게 시나리오나 통역 없이 직접 토론하자고 해서 활발한 토론이 이루어졌다. 내 영어 소통능력이 더 좋았더라면… 하는 아쉬움을 느꼈다. 우리나라에선 신용보증제도를 잘 운용하여 납세 문화까지 바꾸어놓았다고 했더니 많은 관심을 보였다.

우리가 남아공의 신용보증제도 도입방안(초안)에 자문한 내용은 자산규모 및 운용배수·운영주체·보증대상·보증방법 등 시스템에 관한 것과 보증심사내용·보증기관과 은행(금융기관)간의 협약 내용(보증채무이행) 등에 대해 세부기준을 마련해주는 것이었다.

우리나라의 신용보증제도가 중소기업 지원에 중요한 역할을 하고 있는 점이 세계은행의 눈길을 끌어 남아공의 만델라 정부에 자문하게 되었다고 본다. 나는 이 프로젝트에 참여하면서 우리의 신용보증제도 운영 노하우가 세계에도 통한다는 자부심을 갖게 되었으며, 다른 나라에서도 같은 요청이 있을 수 있으니 더욱 잘 운영해 글로벌 스탠더드가 되어야겠다고 생각했다.

　나의 KCGF 경력이 남아공화국 만델라 정부의 경제정책수립에 도움이 될 수 있었다는 사실은 우리나라가 원조를 받던 나라에서 원조를 주는 나라로 발전했다는 것을 뜻하는 것이라고 생각했다. 자랑스럽고 뿌듯한 체험이었다.

　귀국 후 남아공 정책팀의 루이스 킹마 위원장으로부터 친필 서신을 받았는데, "남대우 사장, 김윤옥 부장, 이득희 과장이 우리에게 자문해준 '중소수출업자 신용보증안'을 남아프리카 정부가 승인해주어 1995년부터 실행하게 되었다"면서 기쁘고 감사하다는 인사말을 보내왔다.(「기금소식」 1996년 3월호) 그리고 신용보증공사의 마이크 트루트세 총지배인으로부터도 서신을 받았는데, 남아공의 수출신용보증금융이 잘 진척돼가고 있어 자신들이 무엇을 성취했는가를 곧 알게 될 거라면서 한국 전문가의 자문결과가 좋은 결실을 거둘 것이라고 전해왔다.

신보창투 南大祐사장 南阿共과 "남다른 인연"

信保創業投資의 南大祐사장이 넬슨 만델라(南阿共 대통령 방한)을 계기로 업계의 관심을 끌고 있다. 南사장은 7일 열리는 넬슨 만델라대통령 환영리셉션에 중소기업인으로는 드물게 초청됐다.

南사장이 남아공과 인연을 맺은 것은 지난해 8월이었다. 그는 지난해 4월 취임한 넬슨 만델라대통령이 경제발전을 위해 구성한 국가경제위원회 산하 수출금융정책조정위원회 자문위원으로 초청받아 한달간 현지를 방문, 연구작업을 했다. 그가 남아공정부의 정책팀(팀장 버트 피나르상공부차관보)

南大祐사장

및 세계은행의 브라이언 레비박사(산업담당수석연구원)와 만든 정책은 남아

현지 수출신용보증制 정책자문
만델라대통령 환영리셉션 참석

공의 수출지원을 위한 「신용보증제도 도입방안」이었다. 이 제도는 1년여간의 준비작업끝에 오는 9월부터 시행될 예정이다.

넬슨 만델라정부가 금융선진국들을 제쳐두고 한국 중소기업가를 초청, 신용보증제도를 연구케한 것은 한국의 경제발전모델을 도입하기 위해선 우리나라의 수출지원제도가 필요하다는 판단에서였다.

南사장은 지난해 8월 한달간 신용보증기금의 □□조경제조사부장 李得熙기획과장등과 케이프타운을 방문, 현지 상자부 무역협회등의 실무자들을 잇따라 만나 공동연구한뒤 신용보증제도 도입방안 초안을 만들었다.

그는 지난해 1월 신용보증기금 전무에서 신보창투 사장으로 자리를 옮겨 중소기업 지원업무를 계속해오고 있다. 〈崔仁漢기자〉

매일경제신문, 1994년 7월 28일.

신용보증기금과 내가 남아공 관계자들과 공동연구하여 한국의 신용보증제도 도입을 위한 초안을 만들었다는 내용을 소개한 기사.

6

살며 궁리하며

사외이사 시절, 그리고 은퇴 후의 이야기
1997~2010

1화

No라고 말하는 사외이사, '쓴 소리 사외이사'가 되어

사외이사제도는 기업에서 주주의 힘이 약해지고 경영자 우위의 시대가 되어버리자, 경영자의 전횡을 견제할 필요가 있어 1950년 대에 미국에서 제일 먼저 시행되었다. 우리나라에서는 1997년 외환위기 당시 IMF 측에서 기업의 지배구조개선 방안의 일환으로 상장법인 등의 기업에 사외이사 선임을 의무화할 것을 요구하여 법제화되면서 시작되었다.

나는 이러한 취지에서 제정된 공기업구조개선 및 민영화에 관한 법률(1997년)에 따라 한국가스공사의 비상임 이사로 선임되었다. 그 후 정부투자기관관리기본법에 따라 한국조폐공사와 대한광업진흥공사의 비상임이사로 선임되었고 한국가스공사와 한국조폐공사 이사회에서는 리드 디렉터(Lead director)로서 활동했다. 그 뒤를 이어 ㈜풀무원의 상임감사, SK㈜의 사외이사 겸 감사위원, SK에너지㈜의 사외이사 겸 감사위원이 되어 일했다. 2010년 SK 그룹에서 6년의 사외이사 임기를 마칠 때까지 13년 동안 여러 공기업과 사기업의 비상임 이사로서 일한 셈이다.

사외이사 및 감사(감사위원)로 이사회에 참여하면서 가장 크게 느낀 점은 좋은 기업지배구조는 기업·임직원·주주 등 이해관계자 모두에게 이익이 된다는 사실이었다. 그동안 여러 회사들에서 겪은 나의 경험이 최고의사결정기구로서의 이사회가 어떻게 기능해야 하는지를 보여주는 좋은 사례가 될 것이라 생각되어 소개하고자 한다.

한국가스공사 비상임이사 1997~1999

내가 한국가스공사(KOGAS)의 비상임이사로 선임된 것은 공기업구조개선 및 민영화에 관한 법률에 따른 것으로, 우리나라에서 사외이사제도가 실시된 것은 이것이 처음이었다. 한국가스공사 이사회는 사외이사제도를 시작하면서 자율과 창의를 제도 운영의 기본 바탕으로 하고 경영계약·경영성과 평가 및 정부승인·예산권 등을 모두 이사회에 위임하는 신선한 조치를 취했다. 이 법 이전에도 이사회가 있었으나 당시의 이사회는 정부 승인을 받기 전의 한 과정에 지나지 않았으므로 이사회가 기업의 사실상 최고의사결정 기관이라고 할 수 없었다.

'최고의사결정기관'으로서 새로운 이사회가 출범하기는 했으나, 막상 KOGAS 임직원은 물론 기관장도, 산업자원부 공무원도 전처럼 정부의 승인·관리를 받던 방식에서 아직 벗어나지 못하고 있었다.

따라서 이사회가 최고의사결정기관이라는 것을 확실하게 인식시켜 자리를 잡는 것이 무엇보다 중요했는데, 1998년 예산안의 심의는 이사회의 기틀을 잡는 데 중요한 시발점이라고 할 수 있었다. 1998년 예산안이 이사회에 안건으로 상정되었을 때(1997년 12월 28일), 예산안에 IMF 사태가 반영되지 않았으므로 이사회는 일단 심의를 보류하였다. 그리고 부문별로 예산심의 소위원회를 구성하여 개별 부서별로 예산을 먼저 심사하도록 했으며, 그 뒤 3차 회의를 거쳐 예산안에 대한 의견서를 이사회에 제출하게 했다. 이 의견서를 반영한 조정 예산안이 이사회에 상정되었고 비로소 통과되었다. 처음으로 이사회가 예산을 크게 조정한 것이다.

나중에 정부 관계자가 KOGAS의 최초 예산안이 실은 정부가 다 양해한 사안이었다며 이사회가 왜 심의하느냐며 항의 비슷한 이야기를 하기도 했다. 나는 정부 관계자에게 이사회가 최고결정권자라는 것을 모르고 하는 말이냐고 물었고, 관계자는 머쓱해져서 돌아갔다.

KOGAS 이사회는 이처럼 1998년 예산을 독자적으로 심의, 의결함으로써 본격적인 역할을 하기 시작했다. 정부의 기획예산위원회는 이사회 스스로 예산을 심의, 조정한 사례를 인정하여 "구조

조정 자율기관"으로 KOGAS를 지정했다.

한국조폐공사 비상임이사 1999~2002

세 곳의 공기관(가스공사, 조폐공사, 광업진흥공사)에서 비상임이사로 일하며 우선 내가 맞닥뜨린 것은 익숙한 것으로부터 결별해야 하는 상황을 맞아 기관의 구성원들이 느끼는 두려움과 또 그에 따른 거부감을 극복하는 일이었다. 위임받은 권한의 변화에 대해 못마땅해 하며 불안감을 느낄 수밖에 없었던 것이다.

하지만 시간이 흐르며 비상임 이사들이 이사회에서 토론하고 설득하는 과정을 보면서 공감대가 형성되기 시작했다. 비상임 이사들의 전문성과 투명경영에 대한 확고한 의지가 이사회에서 활발한 토론과 합리적인 결정 과정을 통해 서서히 드러나자 직원들도 비상임이사들에 대해 조금씩 긍정적으로 생각하게 되었다.

더욱이 이사회의 이러한 노력이 회사의 건실한 경영과 발전으로 이어진다는 것을 인식하면서 비상임이사에 대한 인식 또한 우호적으로 바뀌게 되었다. 이사회가 회사·종업원·주주 등 이해관계자 모두에게 이익이 되는 기구라는 인식이 자리잡게 된 것이다.

사실 조폐공사의 사장과 노조 또한 새로운 사외이사가 영입되자 이사회의 구성원을 견제하려 했다. 처음엔 사외이사(남대우, 이덕훈, 김문순, 김종상)가 양쪽 모두에게서 환영받지 못하는 존재였다. '조폐공장 통폐합의 구조조정을 다시 원점으로 되돌려 이미 문 닫은 옥천 조폐창을 재가동하겠다는 노사합의'는 이사회의 토론에서 사외이사들의 승인을 받지 못했다. 당장의 갈등을 피하기 위해 노조에 영합하는 것은 단기적으로는 조직안정에 도움이 될지 모르지만, 기업경영의 장기적인 목표를 잃어버려 직원 모두를 함정에 몰아넣는 것과 다르지 않기 때문이었다. (지식경제 이야기 pp264-65, 전 조폐공사 사장)

대한광업진흥공사 비상임이사 2002~2005

대한광업진흥공사의 이사회에 투자계획 하나가 안건으로 상정되었다. 페루에 수익 전망이 대단히 좋은 동광산이 있어 광업진흥공사 단독으로 투자(770억 원)하겠다는 것이었다. 왜 단독투자를 하려는가를 논의했더니 너무 유망하고 수익성이 좋기 때문이라는, 다소 무모해 보이는 의견이었다.

이사회는 토론을 통해 투자 규모를 770억 원에서 260억 원으로 축소 조정하고 단독이 아니라 LG 니꼬(수요자)와 동반 투자할 것을 권유했고 이를 실현시켰다. 이사회는 정부투자기관이 독점적으로 수익을 내기보다는, 수요자와 이익을 나누고 투자 위험 또한 함께 줄이도록 권유했다. 이 권유대로 결론이 나서 동반성장을 추구해야 하는 공기업의 역할에 대한 공감대가 형성되는 데 기여했다.

이사회의 활성화는 결국 토론을 통해 이루어진다. 내가 대한광업진흥공사 비상임이사로 선임되었을 때는 K씨(경제기획원 출신)와 함께 일하게 되었는데, 이사회에 참석해보니 별다른 토론이 이뤄지지 않고 있었다. 안건 설명도, 답변도 처장(부장) 중심으로 진행되었고, 사내이사들마저 뒷자리에 물러나 앉아 있는 느낌이었다.

신임 사외이사 두 명이 이러한 이사회의 분위기를 완전히 바꿔놓았다. 처장은 발언하도록 지명받은 경우와 관련된 안건에 대해서만 의견을 말하도록 제한했다. 사내이사들도 활발히 토론에 참여하면서 사내, 사외 가릴 것 없이 열띤 토론이 이루어지게 되었다.

공사의 A사장은 군 출신이었는데 수직적 명령체계에 젖어 있던 분이었다. 그러던 분이 몇 차례의 이사회의를 보고는 달라졌다. 다양한 의견과 토론을 거친 후 합리적 결론이 나는 것을 보고는 참으로 바람직한 의사결정과정이었고 배운 것이 많다고 술회했다. 또한 토론을 거쳐야 하니, 안건 마련을 위한 준비를 더 철저히 하게 됐다고 했다. K사장이 훗날 내게 말해준 것은 시사하는 바가 커서 그의 말을 옮겨본다.

"공기업 사장이 퇴임을 하게 되면 뒷말이 무성하고, 이런저런 잡음이 일어 해명해야 하는 경우들을 많이 보았습니다. 떠난 뒤엔 자료로 뒷받침하기가 쉽지 않아 어려움을 겪는 경우가 많았습니다. 그러나 광업진흥공사 이사회에서는 상정된 안건이 충분한 토론과정을 거친 뒤 합리적으로 결론이 났고, 이 모든 것이 이사회 의사록에 상세히 기록, 보관돼 있어 얼마나 편했는지 모릅니다. 논의된 모든 것이 이사회 회의록에 있었으므로 퇴임 후 떳떳했습니다. 의사록을 작성하고 이를 이사진이 확인하며 보관하는 등 일련의 과정이 중요한 보험장치가 되었던 것입니다."

풀무원 감사 2000~2003

풀무원의 감사로 취임하면서 감사의 활동범위, 서류의 사전감사, 각종 회의 참여 등에 관해 사장단과 조율했다. 사장단(사장, 부사장)이 참석하는 회의에 감사가 참여할 수 있게 되었고 새로운 제품 시식회에까지 참석할 정도였다. 풀무원은 당시 서울대학교 경영대학에 의뢰하여 회사의 거버넌스(corporate governance)개선을 추진하고 있었다.

이사회에서도 활발한 토론이 이루어지는 편이었다. 창업자인 사장이 2001년 11월 풀무원 계열 회사에 20억 원을 출자하는 안을 이사회에 상정했다. 이사회에서 이 출자안에 대해 열띤 토론을 벌였는데, 결국 다음 이사회에서 다시 논의하기로 보류했다. 얼마 시간이 지나 다시 동일 안건이 제안되었지만 이사회 논의 결과 의결되지 못했다.

창업자 사장이 제안한 안건이 무산되자, 풀무원 임직원들은 놀라지 않을 수 없었고 그 후 풀무원 이사회는 토론하는 이사회로 인식되었다. 이 일이 있은 뒤부터 계열회사 사장들이 무슨 안건을 요청하면 사장이 먼저 이사회에서 토의해보자고 했다.

이사회 중심의 투명경영이 시장에 소문이 나서인지 몰라도, 풀무원의 주가가 크게 올랐다. 2001년 1년 동안 풀무원의 주가는

12,000~13,000원 정도였는데, 2003년 3월에는 40,000원 대가 되었다. 투명경영과 주식가치의 관계를 보여주는 좋은 사례의 하나라고 생각한다.

풀무원 대표 남승우 사장은 한 인터뷰에서 이사회와 투명경영의 관계에 대해 이렇게 말했다. "이사회의 토의, 결정 과정은 제 자신을 깊이 성찰하는 귀중한 계기가 되었습니다. 사장이 주요 결정을 독단적으로만 하지 않아도 투명경영이 절반은 성공한 것입니다. 이사회는 CEO 감독을 철저히 해야 합니다."

SK(주), SK 에너지(주)의 사외이사 겸 감사위원 2004~2010

─ 사외이사가 된 경위

내가 2004년 3월 SK(주) 주주총회에서 사외이사로 선임되기까지의 과정은 그 뒤에 여러 경로로 기사화되었다. 분식회계 사건으로 회사가 어려움을 겪고 '소버린자산운용(Sovereign Asset Management)'과 경영권 다툼을 벌이던 상황에서 양측 모두의 추천을 받은 터라 언론으로부터 큰 주목을 받았다. 그 경위를 요약하면 다음과 같다.

2003년 1월 SK글로벌이 약 1조 5천억 원의 분식회계를 했다는 이유로 고발당했다. 그로 인해 그 해 3월 SK(주)의 주가는 2002년 말 16,000원 대에서 주가가 6,000원 수준으로 폭락했다. 그러자 소버린자산운용은 주식 매입을 시작하여 보유지분이 14.9%에 이

남대우 사외이사 누구편 들까?..SK㈜.소버린 양쪽서 추천 받았는데..

기사입력 2004-03-17 14:31 최종수정 2004-03-17 14:31

"SK㈜와 모든 주주들의 이익을 위해 독립적인 사외이사직을 수행하겠습니다."

SK㈜와 소버린자산운용으로부터 복수 추천돼 지난 12일 SK㈜ 정기주총에서 사외이사로 선임된 남대우 이사(66)는 앞으로 "다른 9명 이사들과 토론을 통해 SK㈜가 잘되고 국내외 모든 주주들의 이익이 신장될 수 있도록 최대한 노력할 것"이라고 말했다.

남 이사는 14일 한국경제신문과의 전화 인터뷰에서 "주주들의 선출로 SK㈜ 이사가 되었으니 주주가 대주주이건 소액 주주이건, 또 외국인이건 내국인이건 구별없이 모두를 위해 일한다는 생각"이라고 강조했다.

그는 "이사후보로 추천해준 SK 와 소버린에 모두 감사한다"며 "고마움에 보답하는 것은 독립된 이사로서 보다 좋은 기업지배구조를 위해 성심껏 일하는 것이라고 생각한다"고 말했다.

그는 그동안 사외이사로서의 경험을 언급하면서 "이사회에 상정된 사안에 대해 진지한 논의를 거치면 대부분 표결없이 합의점을 찾게 된다"며 "인내와 노력, 시간이 필요한 일이지만 학창시절 배운 '합리적 공준(公準)'이라는 잣대가 바로 그런 것이라고 믿는다"고 덧붙였다.

가스공사 조폐공사 광업진흥공사 ㈜풍무원 등에서 사외이사와 감사를 맡아 일하면서 소신있는 업무 수행으로 '호랑이 이사'로 불리웠던 그는 "투명한 기업, 신뢰받는 SK가 될 수 있도록 노력하겠다"고 재차 강조했다.

김병일 기자 kbi@hankyung.com

한국경제신문, 2004년 3월 15일.

SK(주)와 소버린자산운용으로부터 중복추천을 받아 사외이사로 선임된 후 나의 각오를 소개한 기사, '남대우 사외이사 누구 편 들까?'

를 때까지 매입을 계속했다(매입공시 2003년 4월 16일). 2003년 11월 20일 소버린의 제임스 피터 대표는 기자회견에서 내년 주총에서 유능한 이사를 선임하겠다고 선언했다. SK(주)는 2004년 1월 30일 연 기업설명회에서 실적 및 지배구조 개선방안을 발표했는데, 소버린은 이와 거의 비슷한 시기인 2004년 1월 29일에 한승수 등 5명의 이사후보를 추천한다고 발표했다. SK(주)는 2004년 2월 16일 조순(경제학자, 서울대 교수, 부총리 겸 경제기획원장관 역임) 등 사외이사 후보 추천 명단 5명을 발표했는데, 이 가운데는 나도 들어 있었다. 나는 소버린과 SK(주) 양측 모두가 추천한 유일한 사외이사 후보였다. SK(주)는 2004년 3월 12일에 개최된 정기주주총회에서 소버린과 표대결을 벌인 끝에 승리하여 경영권 방어에 성공을 거두었다(『소버린의 진실』, 김위생 등 3명 공저 참조).

이사 선임 문제를 두고 언론매체에 내 이름이 오르내리자 지인들이 내게 연락해와 조언과 충고를 해주기도 하고 걱정어린 말을 건네기도 했다. 나는 언론매체의 접근을 피해 친구와 함께 강원도 일대를 돌아보며 생각을 정리했다. 언론은 내가 양쪽 중 어느 편을 들지에 대해 관심을 가졌지만 내 생각은 이사회가 어떤 역할을 해야 하는가에 집중되어 있었다. 그리고 사외이사로 선임된다면 어떤 이사회가 되도록 노력해야 할지에 대한 내 나름의 목표를 정했다. 이사로 선임되자 나는 「한국경제」 신문의 기사를 통해 다음과 같이 약속했다.

"SK㈜ 모든 주주들의 이익을 위해 독립적인 사외이사직을 수행하겠습니다. 다른 9명의 이사들과 토론을 통해 SK㈜가 잘 운영될 수 있도록 하고, 국내외 모든 주주들의 이익이 신장될 수 있도록 최대한 노력할 것입니다. 주주들의 선출로 SK㈜의 이사가 되었으니 주주가 대주주이든, 소액주주이든, 또 외국인이든, 내국인이든 구별 없이 모두를 위해 일한다고 생각할 것입니다. 이사 후보로 추천해준 SK㈜와 소버린 모두에 감사합니다. 고마움에 보답하는 길은 보다 좋은 기업지배구조를 만들기 위해 성실히 일하는 것뿐이라고 생각합니다. 이사회에 상정된 사안에 대해 진지한 논의를 하게 되면 대부분의 안건에서 표결 없이 합의점을 찾을 수 있으리라 봅니다. 합리적 공준(公準)이라는 잣대가 바로 그런 것이라고 믿습니다."

– 토론 활성화에 물고를 트다

SK㈜ 이사회가 열리는 첫 출근일, 사내, 사외이사와 첫 대면을 하며 인사를 나누었다. 저명한 경제학자인 조순 사외이사도 만났는데 마침 내 자리가 조순 이사의 옆자리였다. 개인적으로 대학선배이기도 해 반가웠다.

첫 이사회에서는 감사실을 설치하는 문제와 승진 인사에 대한 보고가 주요 안건이었다. 예상했던 대로 경영진이 이사회에서 설명하면 대충 그대로 받아들이는 평이한 이사회였다. 이렇게 첫 이사회 보고가 끝나는 것인가 싶었다. 처음부터 토의나 질문 없이 회의가 진행되면 그 다음에도 아무런 토론 없이 회의가 끝나는 것을 너무나 많이 보아왔기에 이대로 이사회를 끝내서는 안 되겠다는 생각이 들었다.

토론하는 이사회를 만들겠다고 다짐한 것이 떠올랐다. 보고 중에 감사실을 사장 직속기관으로 둔다는 내용이 특히 마음에 걸렸다. 감사위원회가 하부기관도 없이 사장직속 하에 둔다는 것이 이해되지 않았다. 감사위원회란 집행부와 경영진을 감시하려고 만든 것인데, 사장 직속이라면 어떻게 감사기능을 수행할 수 있겠는가 하는 의문이 들었던 것이다. 나는 보고자였던 상무에게 감사위원회, 감사실과 사장 즉 경영진과의 관계는 어떤 것이냐고 물었다. 새로운 이사회의 첫 질문이었다.

보고자가 적잖이 당황하며 전무에게 대신 답변해줄 것을 요청했으나 전무도 답변을 하지 못하고 머뭇거렸다. 신임 사장이 첫 이사회라 내용을 미처 파악하지 못한 상태라며 양해를 구했고 결국 이사회 의장인 최태원 회장이 나서서 감사위원회 및 감사실과 경영진 사이의 관계 설정이 아직 안 되었으니, 추후 감사위원회와 협의를 거쳐 정하자고 제안했다. 첫 이사회는 그렇게 마무리되었다.

첫 이사회는 SK(주) 이사회의 분위기를 결정하는 중요한 계기가 되었다고 생각한다. 나의 질문을 시작으로 SK(주) 이사회는 준비하는 이사회로 자리매김할 수 있었다고 본다. 나는 사전에 배포되는 안건을 촘촘히 챙겼고 이사회 사무국과 학계, 연구기관, 산업계에 포진해 있는 친구들의 도움을 받아 이사회가 열리기 전 토론에 대비한 무장을 철저하게 갖추었다. 예의를 갖춰 질문할 수 있도록 질문지도 미리 철저히 준비했다.

SK(주) 이사회가 토론하는 이사회가 될 수 있었던 데에는 이사들의 의견을 경청하고 존중해준 최태원 회장의 도움도 컸다. 이사회에서 다양한 입장의 질문이 나오니 안건을 상정하는 입장에서도 다각도로 검토 분석하고 장기적인 안목을 갖고 안건을 준비하게 된다는 이야기가 들려왔다.

– 토론으로 대우조선해양 인수안을 철회시키다.

2008년 9월, 'SK 에너지' 경영진이 대우조선해양(주)의 인수전에 뛰어든 포스코의 컨소시엄에 참여하는 방안을 이사회에 토론 안건으로 올렸다. 참여하는 문제를 놓고 이사회에서 열띤 토론이 벌어졌는데, 나는 SK(주)가 참여해서는 안 된다는 이유를 역설했다.

그 자리에서 결론을 내지 못하고 다음 이사회에서 다시 논의하기로 했다. 다시 열린 이사회에서도 열띤 토론이 벌어졌다. 조순 이사는 당시의 세계경제 상황과 금융환경을 거론하며 투자에 부정적 입장을 분명히 밝혔다. 경영진은 반대의견을 받아들여 대우조선해양 인수전에서 물러섰다. 이 결정이 얼마나 잘한 결정이었는가는 그 결정이 있은 직후 리만 브러더스 파산으로 촉발된 국내외의 금융위기 이후 여전히 계속되고 있는 대우조선해양의 어려운 현실이 여실히 말해주고 있다.

– 이사회 안건에 부표를 던지다.

SK에너지가 인수한 인천정유(주)를 합병하겠다는 안과 SK 루브리컨츠를 설립하는 안에 대해 나는 반대표를 던졌다. 내가 반대한 이유는 비상장회사를 합병하는 데는 기업가치 평가에 따른 유.불리의 문제가 있기 때문에 인천정유 같은 경우엔 기업공개를 한 뒤에 합병을 하는 것이 공정하다고 생각했기 때문이다. 반대표는 나 하나로 그쳐 결국 원안 대로 진행되었지만, 반대표가 공시됨으로써 이사회 내부의 소수의견을 분명히 밝힐 수 있었다.

– 독립적 감사위원회를 구성하다.

SK(주)가 분식회계의 오명을 떨쳐버리기 위해서는 감사위원회의 독립성을 회복하는 일이 중요했다. 사고를 예방하고 명확한 회계가 이루어지도록 강력하게 추진할 필요가 있었다. 그래서 우선 감사위원회 구성원의 2/3 이상을 사외이사로 한다는 법적요건을 넘어, 전원을 사외이사(3명)로 구성하는 감사위원회를 만들었다. 모든 위원들이 전문성을 갖추었음은 물론이다.

뿐만 아니라 감사위원회가 내부통제시스템을 갖추기 위해 외부감사 회계법인 선정 방식을 수의계약에서 공개입찰 방식으로 바꾸었다. SK(주) 감사위원회는 회계업체들의 프레젠테이션 절차를 거친 공개경쟁을 통해 하나안진 회계법인을 최종 선정했다.

선임된 회계법인에 대해서는 독립적으로 외부감사를 해달라고 요청했으며 분기별로 감사한 결과를 감사위원회에 보고하도록 하여 회계법인과 감사위원회가 상호 협력할 수 있는 시스템을 갖추었다. SK에너지(주)에서도 공개입찰 선정과정을 통해 ERNST & Young을 회계법인으로 선정했다. 이런 일이 SK에서 일어나고 있는 것을 어떻게 알았는지 E&Y(세계 4대 회계법인의 하나로 회계감사뿐만 아니라 자문도 해준다)의 세계 책임자(Global CEO/Chairman)였던 짐 터를리(Jim Turly)회장은 SK를 방문, 감사위원들에게 면담을 청하고 다음과 같이 찬사와 놀라움을 표시했다. "한국 기업의 감사위원회에서 이처럼 독립적이고 투명하게 외부감사 업체를 선정하다니 놀랐습니다."

이런 노력에 힘입어 SK(주)는 2009년 '기업지배구조센터'가 선정하고 한국거래소가 시상하는 지배구조 최우수기업, 감사기구 우수기업으로 선정되었다. 마침내 분식회계의 오명을 벗고 이사회 중심의 투명경영의 모범 기업이 되었으니, 이사회는 물론 임직원 모두 가슴을 펼 수 있었다.

– SK(주) 사외이사 윤리강령 제정 선포(2004년 8월 20일)

SK사외이사들은 이사회의 이런 쇄신에 그치지 않고 더 나아가 사외이사들이 지켜야 할 윤리강령을 만들어 발표하기로 의견을 모았다. '독립된 이사회'가 SK(주)의 최고의사결정기구이며, 사외이사는 이해관계자로부터 초연한 입장을 견지하면서 SK(주)의 기업가치를 손상시킬 우려가 있는 일이 일어나지 않도록 실천지표를 만들어 최선을 다 한다고 선언한 것이다.

조순 이사가 "사외이사 윤리강령의 선포에 즈음하여"라는 글을 직접 쓰고 기자간담회에서 발표했다. 국내외의 좋은 반응이 있었다. 기업의 사외이사들이 '사외이사만의' 윤리강령을 만들어 발표한 것은 우리나라에서는 아주 드문 일이었다.

– 투명경영위원회와 신뢰회복 징후

나는 투명경영위원회 위원장으로서 SK에너지가 시장원리에 따라 거래하는 모든 기업들과 공정하고 투명한 거래를 하도록 감시하고 독려했다. 예컨대 구매계약을 전반적으로 검토하여 전사의 수의계약 시스템을 개선하고, 국제원유시장에서의 원유 구매절차 등을 개선했으며, 관계 기업에 투자하는 내부거래도 시장원리에 맞도록 심의했다.

회사의 자산 평가를 위해 외부평가기관을 선정할 때에도 복수의 평가기관을 참여게 했다. 회계법인과 감정평가기관이 각각 참여토록 했다. 그리고 불공정 거래 사건으로 공정거래위원회에서 제재를 받은 사건에 대해서는 투명경영위원회가 시정조치와 안전장치를 강구토록 했다.

이런 노력에 힘입어 분식회계 사건으로 실추되었던 SK의 신뢰는 점차 회복되기 시작했다. 그 신호는 외국금융기관으로부터 나왔다. 어느 날 시티은행의 여신담당 수석부행장 마이클 징크와 BOA의 여신담당 수석부행장이 나에게 배석자 없는 지명면담 요청을 해온 것이다.

SK의 재무부문을 잘 알지 못하는 상태에서 무슨 면담을 할까 주저하고 있었는데, 사내의 어떤 인사가 내게 귀띔을 해주었다. 그러잖아도 SK의 사내 인사가 그 사람들을 만나 신용회복 문제를 논의하고 싶어했으나 만나주지 않았던 터였으므로 그들을 만나 크레딧 라인(credit line)을 회복시켜달라는 것이었다. 시티은행 수석부행장과 간부직원이 통역과 함께 SK 사무실을 방문하겠다는 요청을 수락했다. 그들의 동의를 얻어 우리 쪽에서도 과장 한 사람과 통역을 배석시킨 가운데 두 시간 이상 자유롭게 이야기를 나누었다.

그들은 SK그룹이 한 번 사고를 일으킨 전력이 있어 또다시 사고를 칠 개연성이 있다면서 재발 가능성에 대해 집요하게 물어왔다. 신용보증기금을 창립할 때 초대신용부장으로 미국은행에 가서 3개월 동안 신용조사관련 공부를 했고 신용보증기금에서 20년 동안 일한 경험이 있었으므로 신용에 관한 이야기를 순조롭게 이어갈 수 있었다.

왜 하필 나를 지명해 면담하려 했느냐고 물으니, 남대우는 7명의 사외이사 중 외국펀드(소버린 자산운용)가 추천한 유일한 이사이므로 독립적으로 객관적이며 공정하게 일할 것이고 중립적으로 말할 것이라 생각했기 때문이라고 대답했다.

나는 전과 다름없이 앞으로도 이사회에서 적절한 견제역할을 계속할 것이고 감사위원회도 투명성을 확보하기 위해 최선을 다할 것이라고 힘있게 말해주었다. 재발방지에 대한 결의를 단호하게 보여주었다. 시티은행은 만약 약속이 지켜지지 않을 경우엔 어떻게 하겠는가라고 물었다. 나는 서슴지 않고 사임(resign)하겠다고 대답했다.

면담이 잘 된 덕분인지, 이사회의 활동을 높이 평가해서였는지, 외국금융기관(Citi Group, BOA)으로부터 취소되었던 크레딧 라인이 회복되었다. 그 후 미국의 신용평가기관인 S&P와 무디스도 단독 인터뷰를 요청하여 SK의 신용등급조정과 관련해 질문을 해왔다. 이때도 SK 이사회 사무국의 과장 한 사람을 배석시켰다. 해외의 경제매체 비즈니스 위크(Business Week)지와 파이낸셜 타임즈(Financial Times) 등에서도 면담 요청을 해와 응해주었다. 그 뒤 SK의 해외신용평가는 아래 표가 보여주는 바와 같이 뚜렷하게 개선되었다.

구 분	2003년 2/4분기	2008년 2/4분기
S&P	BB+ Negative	BBB Stable
무디스(Moodys)	Ba2 Negative	Baa2 Negative
피치(Fitch)	-	BBB Negative

해외 신용평가 기관뿐만 아니라 국내에서도 지배구조 최우수 기업(기업지배구조센터)으로 선정되고, 감사기구부문 우수기업(한국거래소)으로도 선정되어 수상하는 등 좋은 평가를 받았다. 특기할 만한 것은 사내에서도 이사회의 노력을 높이 평가했다는 점이다. SK(주)가 사원들 조사를 통해 2004년 10대 뉴스를 꼽았는데, 1위

가 이사회 중심 투명경영이었고, 2위가 사상 최대실적 달성, 3위가 New SK/SKMS 개정이었다. 2004년 3월은 새로운 이사회가 출범한 지 1년이 되어갈 즈음이었다. 사상 최대실적을 달성해 직원들에게 주어질 상여금 혜택이 큰 관심사가 되었을 법한데도 '이사회 중심 투명경영'이 사내 최고 뉴스로 선정된 것은 놀라운 일이었다. 이것은 회사의 신뢰가 회복됨에 따라 SK㈜ 직원들의 긍지와 자부심이 그만큼 커졌다는 것을 뜻하는 것이고, 지난날의 불상가가 다시는 되풀이되지 않을 것이라는 믿음이 그렇게 표현된 것이라고 나는 생각했다.

이사회, 감사위원회의 역할이 투명경영으로 이어져 결과적으로 SK㈜, SK에너지의 기업가치가 크게 높아진 것을 두고 SK에너지의 신헌철 대표이사 부회장은 '이사회 백서'에서 다음과 같이 소회를 밝혔다.

"2004년 이사회 중심 경영을 천명한 이래, 우리는 지난 4년 간 선진적 이사회상을 구현하기 위해 정진했습니다. 특히 감사위원회의 역할과 위상은 주주가치를 높이는 데 크게 기여했습니다. 4년 동안 주주가치가 5배 이상 성장했습니다."

약속했던 6년 간의 사외이사 임기가 끝날 무렵에 「한국경제」 신문기자와 인터뷰를 하게 되었다. 6년 전 SK㈜ 사외이사 일을 시작하면서 국내외 주주들과 나를 지켜보고 있는 분들에게 약속드

□ 透明經營에 따른 株價 變動 사례 II (SK㈜ : 2003 ~ 2007. 6. 30)

투명경영에 따른 주가변동

SK㈜ 2003년~2007년 6월 30일, 남산포럼에서 발표, 2009.11.29.

린 바 있었으므로 그간에 있었던 일을 보고해야겠다고 마음먹고 있었는데, 그것이 이루어져 다행이었다. 지난 6년 간의 일을 되돌아보며 나는 사외이사 본연의 임무에 대해 이렇게 말했다.

"사외이사의 본질은 '협력적 견제'라고 생각합니다. 독립된 이사회가 제 역할을 하면 기업 가치가 커지게 되어 있습니다. 합리적인 의사결정이 이뤄지기 때문입니다. 여기에는 책임 의식을 갖고 안건에 대해 사전에 철저히 준비하고 스스로 부족한 것을 채워나가면서 적극적으로 토론에 참여하는, 사외이사들의 용기와 의지가 제일 중요합니다. 사외이사가 추천인이 누구인지에서 벗어나 자기의 소임을 충실히 수행하겠다는 각오와 열정이 중요합니다. 제도적 장치가 부족하다고 탓을 하기보다는 제도 안에서 어떻게 제대로 운용되게 할 수 있을지 고민하는 것이 먼저일 것입니다. 13년 간 6개 기관에서 사외이사 활동을 한 제 경험에 비추어 볼 때, 사외이사 제도가 활동을 크게 제약하거나 업무 수행에 어려움을 주지는 않았습니다."

우리나라의 사외이사는 종종 경영주의 거수기 노릇을 하는데 지나지 않는다는 비판을 받는다. 이사회에서 반대(No)를 하지 못해 경영진을 제대로 견제하지 못하고 들러리 노릇밖에 하지 못한다는 것이다. 사외이사제도가 원래의 취지대로 실현되려면 사외이사 개인의 실천의지도 중요하지만 그보다 먼저 사외이사를 교육하고 평가하는 제도적 장치가 필요하다고 생각한다.

AMCHAM(미국상공회의소)의 기업지배구조 관계자과 외국 금융기관의 고위 인사들은 사외이사제도가 잘 운용되려면 무엇보다 최소한의 자격조건을 갖춘 사외이사들이 선임되고 그들의 실적에 대한 공정한 평가가 이루어지는 것이 중요하다고 강조했다. 별도로 만들어진 일정한 사외이사 교육기관에서 정해진 교육을 이수하고, 이러한 교육을 통해 사외이사로서 안목과 소양을 갖춘 사외이사 인력 풀(pool)을 만든 뒤, 이 인력 풀 안에서 사외이사를 추천하도록 장치를 마련하자는 것이다.

월요인터뷰 · 13년 사외이사 생활 접는 남대우 SK에너지 사외이사

한국경제 A20

'투명경영 정착에 기여 뿌듯…SK 주주가치 5배 높아졌죠'

한국경제신문, 2010년 3월 1일.
SK 에너지의 사외이사를 물러나며 소회를 밝힌 한국경제신문 인터뷰 기사.

　그리고 교육기관이나 제3의 기관을 통해 사외이사들의 실적을 공정하고 객관적으로 평가받게 한다면 사외이사들이 더욱 독립적으로 활동하게 될 것이라고 했다. 사외이사 평가가 필요한 이유는 우리나라 상장법인 가운데 상당수가 외국인 지분이 30% 이상에 이르기 때문이기도 하다. 사외이사들이 잘 하면 외국인 주주들의 신뢰를 얻는 데 도움을 줄 수 있다. 나머지 지분도 국민들의 것이니, 정부 산하의 기업과 다름없이 공정하고 객관적인 평가를 받는 것이 마땅하다는 것이었다. 이와 같은 의견에 나는 깊이 공감했다.

258

사외이사제도가 여러 비판에도 불구하고 이사회의 감독기능을 강화하고 기업의 지배구조를 개선하는 데 상당부분 기여한 것은 누구도 부인할 수 없다. 요컨대 기능을 잘 발휘하는 사외이사제도를 정착시키려면 사외이사 개개인은 물론, 지배주주와 경영진, 그리고 정부가 모두 함께 노력을 기울여야 하는 것이다.

2화

모범 콜택시 활용으로 모두에게 플러스가 되다

내가 SK(㈜)의 사외이사로 일하는 동안 SK에서는 이사회가 열리는 날이면 사외이사들에게 회사 차를 제공해 회사에까지 편하게 출퇴근을 할 수 있게 해주었다. 회사 차가 우리 집으로 와 출근시켜 주는 경우에는 별 문제가 없었다. 그러나 이사회가 끝난 뒤 집으로 퇴근시켜 주는 경우, 기사는 우리 집에 나를 내려놓고 회사 차를 다시 회사로 돌려놓은 뒤에야 퇴근해 집으로 돌아갈 수 있었다. 이 말을 듣고 나는 마음이 자못 편치 않았다.

기사는 내가 퇴근한 뒤 족히 두어 시간이 지나서야 귀가할 수 있을 터였다. 게다가 빈 차가 왔다 빈 차로 돌아가는 그런 일이 반복된다는 것이 불합리하게 느껴졌다. 기사에게 미안하기도 하고, 쓸데없이 연료를 낭비한다는 생각도 들어 좋은 방법이 없을까 하고 궁리했다. 차량담당 팀장을 만나 개선방안을 모색해 보기도 했다.

이사회가 열리는 어느 날 아침에 기사가 다급한 목소리로 전화를 걸어왔다. 기사가 잠에서 깨보니, 우리 집에 왔다가 시간 내에 회사로 가기에는 너무 늦었다면서 나를 태우러 갈 수 없는 것에 양해를 구했다. 그리고 이 사실을 비밀에 부쳐 뒷말이 없도록 해주길 부탁드린다며 간곡히 사정했다. 나는 알아서 출근할 터이니 걱정 말라고 기사를 안심시킨 뒤 기사에게 내 집과 기사 집 사이의 거리를 물었더니 약 30km 정도라고 대답했다. 꽤 먼 거리였다.

이 일로 회사가 사외이사에게 차량을 지원하는 방법을 시급히 개선해야겠다는 생각이 들었다. 그때 1970년 호주 수도 캔버라에서 콜(call)을 불러야만 택시를 탈 수 있었던 경험이 떠올랐다. 나는 회사의 차량 지원에 콜택시 이용을 건의하게 되었고 2005년 초, SK는 진우모범콜택시 회사(회장 오정진)와 콜택시 이용계약을 맺었다. 그리고 2010년 3월 퇴임할 때까지 5년 간 나는 정말 조금도 불편함이 없이 콜택시를 이용했다. 내가 전화를 하면 제일 가까운 곳에 있는 콜택시가 5분 이내에 도착해 가고 싶은 곳까지 안전하게 태워다 주었고, 사인만 하고 내리면 되었다.

아주 편리할 뿐만 아니라 부담 없이 사용할 수 있어 더욱 좋았다. 콜택시 이용 전의 차량 이용 방식과 비교해 보면 콜택시의 장점이 확연해졌다. 전에는 내가 차를 쓸 일이 생기면, 이사회 사무국에 전화를 걸어 여직원에게 신청을 하고, 그 여직원이 차량팀에 전화를 해 차와 기사의 배정을 받았다. 그러고 나면 여직원이 다시 내게 전화를 해 차번호와 기사 이름을 알려주었고, 기사에게서도 전화가 걸려왔다. 거기서 끝나지 않고 다시 여직원이 차가 언제 출발했으며, 몇 시쯤 도착 예정이라고 알려주었다. 차량을 이용하기 위해서는 이사회 사무국 여직원, 차량팀, 기사가 반복적으로 전화를 주고받아야 하는 번거로운 과정을 거쳐야만 했던 것이다.

그런데 내가 직접 콜을 하니 이 과정이 모두 생략 되었다. 이사회 사무국 여직원의 말에 따르면, 차량 배정과 관련해 전화할 일이 없어진 것보다 차가 제 시간에 도착했다는 연락이 올 때까지 조마조마한 마음으로 기다려야 하는 부담감으로부터 해방된 것이 무엇보다 반갑고 기쁘다고 했다.

수년 간 콜택시를 타면서 많이 만나게 된 기사는 20번 이상 만날 정도로 나는 많은 기사들을 알게 되었다. 다음은 친숙해진 기사들과 이야기를 나누며 알게 된 사실이다.

이용자 측에서

SK 여직원들이 야근하고 퇴근할 때, 밤늦게 종로 서린동이나 무교동에서 택시를 잡으려면 잡기도 너무 어렵거니와 더블(double)요금을 요구하는 택시도 많았다. 또 택시를 타도 신변 안전이 염려되었다. 콜택시 이용계약이 이루어진 뒤, 직원들은 퇴근하기에 앞서 회사 앞에 콜택시를 대기시켜 편안하고 신속하게, 때로는 차 안에서 잠들 수 있을 만큼 안전하게 귀가할 수 있게 되었다.

여직원들의 부모들은 딸이 예상보다 일찍 도착하면 어떻게 이렇게 빨리 왔느냐고 물었고 회사에서 마련해준 차로 안전하게 왔다는 것을 알고 난 뒤엔, 회사의 세심한 배려에 무척 감사히 생각했다고 한다. 회사가 직원을 소중히 여겨 안전하게 귀가시켜준다니, 참으로 좋은 회사라는 것이다. 돈 얼마를 더 주는 것보다 사람을 소중히 여긴다는 사실이 더 기꺼운 것이다. 여직원의 안전을 위해 콜택시 기사가 집에 들어갈 때까지 전조등을 비춰주고 골목길 안까지 안내해주는 안전 서비스까지 제공한다고 하니 더 말할 것도 없었다.

여직원뿐만 아니라 일선 직원들도 콜택시를 활용하니 기동력이 생겼고, 차 안에서 일도 할 수 있어 시간도 단축되고 일의 능률도 올릴 수 있었다. 지방에서 간부들이 출장 올 때에도, 전에는 본사에 김포공항·서울역 등에 배차를 해달라고 부탁하는 등 부산을 떨고, 본사에서는 빈 차를 공항이나 서울역에 미리 보내 기다리게 했었다. 그러나 콜택시를 활용하게 된 뒤엔 그럴 필요가 없어졌다. 배차문제로 아웅다웅 전화할 일도 없어졌다.

외부인을 접대할 때 그동안엔 회사 차를 대기시켰다가 그 손님의 집에까지 모셔다 드렸는데 콜택시로 대체하니 대접받은 손님들이 의외로 더 좋아하며 고마워했다. 회사 차로 귀가시키면 손님들의 신분이 노출되기 마련이고, 취한 모습을 보이는 것도 마땅치 않았는데 콜택시를 이용하니 이래저래 편안해서 좋다는 것이다.

본사에 회의나 강의 등으로 오는 분들(주로 대학 교수)은 콜택시 이용을 더욱 반겼다. 회사 차로 회의나 강의에 왔다가 다시 회사 차로 학교로 돌아가서 내릴 때면 상당한 심적 부담을 느낄 수밖에 없었다. 회의비나 강사료를 받았으니 회사 차로 데려다 준 기사에게 수고료(팁)를 주어야 할 것 같아 고심을 하게 된다고 했다. 학교가 멀리 떨어져 있는 경우는 더욱 그러했다. 콜택시의 경우, 아무리 학교가 멀어도 오히려 콜택시 기사의 수입도 커지니 전혀 신경 쓸 일이 없었다.

외국 손님을 인천공항에 모시러 가고 올 때 손님과의 언어소통 문제, 공항주차장 이용 문제 등도 불편을 겪기 마련이었다. 특히 휴일인 경우 회사 기사들은 마지못해 근무하게 되니 즐거운 마음으로 일할 기분이 나겠는가? 콜택시를 부를 때 외국어 회화 가능 여부, 차량 종류 등을 주문하면 거기에 알맞은 기사와 차가 배정된다. 손님을 맞는 데 익숙해진 사람들이라 오고 가는 손님의 기분을 맞춰줄 수 있다. 얼마나 편하고 효율적인가.

이용회사 측에서

회사 차와 콜택시 이용은 차량 이용을 소유개념에서 이용개념으로 전환하는 것이다. 비단 차량을 보유하는 문제뿐만이 아니다. 콜택시 이용으로 전환하면 편리성·기동성·능률·비용·시간·관리인력 등에서 자연스럽게 변화가 오게 마련이다. 차량관리며 기사 채용문제 등이 그것이다.

SK와 계약을 맺은 모범 콜택시 회사 소속 1,000여명의 기사(개인 사장)들은 SK가 대기업 중에서 가장 먼저 가장 많이 모범 콜택시를 이용한다는 점에서 SK에 감사했다. 기사들 사이에 이심전심 SK에 고마운 마음이 생겨 그들은 같은 값이면 SK주유소를 이용하는 것으로 감사를 표시했다. 1,000여 명의 충성도 높은 SK 고객이 만들어진 것이나 다름없었다. 더구나 기사들은 매일 많은 손님을 모시고 그들과 대화를 나눈다. SK에 우호적인 사람들이므로 SK와 관련된 이야기가 나온다면 SK에 대해 긍정적인 이야기를 할 터이니 부수적으로 홍보 효과도 거두었다고 볼 수 있다. 어쩌면 무보수로 하루 종일 움직이는 SK 최일선 홍보맨을 만들어낸 것이라 할 수 있다.

콜택시 이용 계약회사가 20여 개에서 200개 이상으로

2005년 SK가 모범콜택시와 계약한 뒤 SK 전 계열사로 이용이 확대되면서 이러한 사실이 콜택시 회사 및 사장(개인택시)과 SK 임직원들을 통해 입소문을 타기라고 했는지, 2006년 서울시가 '비즈 콜'제도를 마련하겠다고 발표했다. 그간 콜택시 회사와 계약을 맺은 주 고객은 외국계 컨설팅회사와 외국계 금융, 증권회사들이었는데, 2005년 SK의 계약 이후 우리나라 회사들의 콜택시 이용 계약이 급격히 늘어났다. 단순히 콜택시 이용 기업의 숫자가 늘어나는 것보다 대기업의 비중이 늘어나고 있다는 점이 더 고무적이었다.

SK㈜ 총무팀의 노력으로 SK계열사들의 콜택시 이용이 더욱 활발해지면서 우리나라의 콜택시 이용률 또한 빠른 속도로 확산되었다. 기업의 쓸데없는 업무를 줄이고 에너지를 절약하며, 차량 이용자들을 만족시키는 것은 물론 차의 효율적 이용(소유개념에서 이용개념으로 전환)에도 일조한 면이 있으니, 나의 조그만 아이디어가 기업의 업무를 효율화시키고 우리나라 교통문화를 한 단계 높이는 데 조금이나마 기여한 셈이다.

3화
___
표창에 관하여

상을 받으면 누구나 좋아한다. 공부를 잘해서, 그림을 잘 그려서, 노래를 잘 불러서, 운동을 잘해서. 무슨 상을 타든 소질과 노력을 인정받은 것이니 당연히 기쁠 수밖에 없다. 상을 받음으로써 가지고 있던 적성과 잠재력이 일깨워지기도 한다. 그 분야로 정진하면 더 큰 성취를 할 가능성이 높다. 어느 누구든 적성에 맞는 일을 하면 즐거운 반면 소질이나 적성에 안 맞는 일을 강요당하게 되면 힘들고 짜증이 나서 오래 지속할 수 없을 것이다.

나는 중학교 3년 정근상, 고등학교 3년 개근상 탄 것을 매우 자랑스럽게 생각해왔다. 6·25 직후 도시락 없이 점심도 굶어가며 중학교에 다니면서 손발이 동상에 걸리기도 했지만, 그래도 결석하지 않고 학교를 다녔다. 고등학교 2,3학년은 이태원 고개 밑 약수동에서 계동에 있는 중앙고등학교까지 하루도 빠짐없이 걸어 다녔다. 매일 2시간 반에서 3시간을 길에서 보냈다.

고3 때는 비후성 염증으로 코 수술을 받았다. 수술 받은 바로 다음날 등교했더니 담임선생님이 "그 상태로 어떻게 등교했느냐?"고 물으셨다. "결석하면 3년 개근상이 깨집니다"라고 대답했더니 담임선생님은 "당장 집으로 가라. 3년 개근상 줄 터이니!" 하셨다. 아파도 참아가며 한결같이 학교를 다녔으니 스스로 참 장하다는 생각이 든다.

그런데 나는 소속된 직장에서는 표창을 받아본 적이 없다. 창립기념일에 다들 이런 저런 명목으로 상을 많이 받는데 어찌된 일인지 나는 상복이 없었다. 하지만 외부에서 주는 상은 꽤 받은 편이다.

수출진흥 아이디어상 수상

1960년대 수출입국을 위한 수출진흥시책 중의 하나로 대한무역진흥공사(KOTRA)가 주관하는 '수출진흥아이디어상'이라는 제도가 있었다. 나는 호주에 무역진흥연수를 다녀온 뒤, '호주에서의 수산물 개발 수출방안'이란 제목으로 아이디어를 제출하여 수상했다(1971년). 상공부 직원으로서는 처음으로 상을 받아 격려와 축하를 많이 받았다.

공무원 창안상 수상

정부, 정부투자기관의 각종 공고는 재무부령에 따라 일정요건을 갖춘 미디어에 게재하게 되어 있었다. 이 공고 게재 업무는 절차도 복잡하고 비용도 적지 않은 일이었는데, 이 보다도 더 큰 문제는 정부와 산하기관들이 공고를 유치하려는 언론매체들의 등살에 시달리는 일이었다. 보통 심각한 문제가 아니었다. 이러한 문제를 해결하는 방안으로 '공고 제도의 개선방안'이란 것을 만들어 제출, 상(1973년 총무처장관상 제346호)을 받게 되었다.

내가 제안한 개선 방안을 짧게 이야기하자면 이렇다. 공고 내용을 의뢰기관별, 내용별, 매체별로 분석해 보니, 공고 내용이 대체로 입찰·구매·매각 등 특정 기관에 해당되는 것이었다. 따라서 일반 매체에 싣는 것보다는 전문화된 특정 매체를 정해 소수에게 국한시키면 일이 훨씬 간소화되겠다고 생각되어, 이를 위해 재무령을 개정하는 방안을 만들었다. 내 아이디어가 바로 반영되지는 않았지만 후에 재무령이 일부 개정되었다고 들었다.

심흥선 총무처장관은 입상자들에게 상장과 표창장을 수여하고 다과회를 베풀며 "창의력을 계속 발휘하여 보람을 찾으라"는 격려와 선진국의 아이디어 활성화 제도에 대해 말씀해주셨다. 생각보다 부상도 커서, 수상자는 모범공무원이 되어 향후 3년 간 매

월 5,000원씩을 받고, 월급에 1호봉을 가급시켜주었다. 당시의 4
급 갑류 이하에게는 근무 평정시에 강제분포제의 제한을 받지 않
고 '수' 또는 '우'를 받을 수 있게 되어 있었다. 현재의 6급(당시 4급
갑류)에게는 가장 큰 혜택이었다.

이 안을 완성하는 데는 내 처 김정호의 도움이 컸다. 도서관에
가서 지난 1년 간 우리나라에서 나온 모든 매체의 공고내용을 매
체별·의뢰기관별·공공내용별·공고문 크기 등을 조사하여 수 개
월에 걸쳐 정리, 분석한 자료를 만들어 주었고, 이 자료는 나의 수
상에 큰 뒷받침이 되었다.

동탑산업훈장 수상

중소기업 육성과 관련한 전두환 정부의 유망 중소기업에 관
한 성책은 아직도 높은 평가를 받고 있다. 1987년은 정부가 매년
1,000개씩 유망 중소기업을 선정·육성한 5개년계획을 마무리하
는 해였다. 정부에서는 유공자를 포상하기 위한 절차를 진행하고
있었다. KCGF는 당시 기획부와 심사부 담당이사였던 나를 유공
자로 추천했다. 공적조서는 내가 주도했거나 기여한 내용을 바탕
으로 정리했다. 상공부에서 총무처에 추천한 서훈 서열은 중소기
업 관련 기관장이 '은탑산업훈장', 내가 '동탑산업훈장', 그리고 뒤
이어 철탑·석탑산업훈장을 받는 순이었다. 그런데 총무처 심사과
정에서 내가 제일 높은 '동탑산업훈장' 수상자로 국무회의 의결을

거쳐 확정되었다.

이는 개인의 영광인 동시에 기관의 영예였다. 총무처 심사는 엄격했다. KCGF가 유망 중소기업 육성에 크게 기여한 것이 인정되고, 나도 한 몫을 했다고 평가되어 수상하게 되었다고 생각한다. 청와대 영빈관 회의실에서 대통령으로부터 상을 받고 2층 영빈관 2호 테이블에서 오찬을 했다. 훈장 받은 사람은 특별히 우대하여, 영빈관에 전용차로 입장과 퇴장을 할 수 있도록 배려해주었다. 나의 전용차를 운전했던 성영길 기사주임은 이 사실을 매우 뿌듯해 했다.

대통령 표창

1993년 문민정부가 출범하며 대기업과 중소기업의 협력관계가 특히 강조되었다. 30대 대기업 회장단이 청와대에 불려가 하청관련 기업과의 협력관계, 어음기간 단축, 현금결제비율 제고, 안정적 수주 등에 관한 회의를 했다. 신경제100일계획을 통해 중소기업에 대한 획기적 지원과 계열화 수급기업에 모기업의 추천이 있을 경우 가중치를 주어 우선적 지원을 하는 조치가 이루어졌다.

전국경제인연합회와 5대 그룹, 특히 LG그룹에서는 협력관계회사에 연계보증을 더욱 확대하겠다고 발표했다. 어느 때보다 중소기업과 대기업 사이의 협력관계가 강조된 때였다. 따라서 자연스럽게 모기업과 수급기업 간의 연계보증제도를 창안하고 10여 년 간

이를 계속 추진했던 내 노력이 인정되어 1994년 중소기업 주간행사 때 김영삼 대통령으로부터 직접 대통령 표창장을 받았다.

직장 내에서 주는 상은 대체로 직원들이 적당히 나눠 갖는 것이 관례였다. 하지만 내 경우엔 창의력을 발휘하여 외부에서 상을 받았고, 이러한 상들은 성취감과 자신감을 통해 조직에 더욱 기여할 수 있도록 노력하게 만드는 자극제가 되었다고 본다. 직장 내부의 상에 연연하지 않고 자신의 잠재력과 창의력을 발휘할 수 있는 기회를 스스로 만들어나간 것이 내가 조직 안에서 성장할 수 있었던 비결이 아닐까 생각한다.

4화
창의성 아카데미가 고정관념의 틀에 갇혀 있다니!

72살의 나이에 회사의 임원과 CEO를 거쳐 대기업 사외이사를 하고 있을 때였다. 어느 날 연세대학교에서 '창의성 아카데미(CDNA*)' 학생을 선발한다는 신문기사가 눈에 번쩍 띄었다. 늘 마음 한구석에 '창의'에 관해 체계적인 공부를 하고 싶다는 열망이 있던 터라 가슴이 뛰고 설레었다. 반가운 마음에 부랴부랴 원서를 제출했는데, 어디선가 대기업의 부장급을 대상으로 나이가 30대

---

* CDNA : Creative Development & Application의 약자.

후반에서 40대 초반으로 상위급 중간관리자에게 우선순위를 주고 있다는 소식이 들려왔다.

바로 CDNA 측에 문의해 보니, 우선 내 나이가 너무 고령이고 소위 경력과 현 위치가 과하여 선발대상이 될 수 없다는 입장을 밝혀왔다. CDNA 원장 백윤수 교수가 예의를 갖추어 내게 직접 전화까지 하여, 이번에는 CDNA 내부 사정상 곤란하니 다음 기회를 보자고 양해를 구하는 것이었다. 학생 선발 권한이 학교에 있으니 어쩔 수 없는 일이나, 나는 선뜻 이해되지는 않는다고 원장에게 한마디 하지 않을 수 없었다. 창의성 개발에 도움을 주고자 여는 창의성 아카데미에서 우리사회의 오래된 고정관념 중 하나인 '연령과 직위'를 잣대로 삼아 학생을 선발한다면 CDNA가 내세운 목표와는 동떨어진, 고정관념과 틀에 박힌 의사결정을 하는 것이고 이는 창의성과는 거리가 먼 것 아니냐고 원장에게 따져 물었다. 원장은 나의 질문에 순간 당황한 듯 잠시 머뭇거리더니, 다른 교수들과 협의해보겠으니 며칠만 기다려 달라고 했다. 그리고 바로 다음 날 CDNA로부터 입학할 수 있다는 연락을 받았다.

나는 CDNA와 워크숍 전 과정을 개근했다. 수강하면서 학생 및 교수진과 활발하게 토의할 수 있었고, 과정을 충실히 수행하여 이루고자 했던 목적을 달성한 것 같아 무척 마음이 뿌듯했다. 무엇보다 CDNA 과정을 끝마치면서 나는 '아이디어로 즐겁게'라는 책을 써야겠다는, 확고한 결심을 굳히게 되었다.

그것은 함께 수업을 들은 A 사장이 전한 뜻밖의 감사의 말 때문이었다. "남 이사님, 저는 남 이사님의 아이디어 만들기에 관한 말씀을 듣고 이 과정에 온 보람을 느꼈습니다. 돈으로는 환산할 수 없는 보상을 받은 기분이었습니다"라고 하며 A 사장은 CDNA 과정 중 워크숍 때 느꼈던 소감을 들려주었다.

CDNA 제1차 워크숍은 강원도 강촌에서 1박 2일로 개최되었다. 여러 강의와 CDNA 창의공학원 김우식 이사장으로부터 CDNA의 개설목적과 장래포부 등을 들은 뒤 와인을 곁들인 저녁식사를 마치고, 마무리 시간에 학생들에게도 말할 기회가 주어졌다. 제일 나이가 많고 세상풍파도 제일 많이 겪었을 내게 말할 기회가 주어져 나는 다음과 같은 이야기를 했다.

"여러분의 회사조직 안에 있는 사람들이나 친구들 중에 불평불만을 잘 드러내거나 비판적 시각으로 말하는 사람은 창조적인 사람이 될 수 있습니다. 그들이 창의성을 발휘하게 하고 창조적인 사람이 될 수 있도록 여건을 조성해주면 좋은 결과를 얻을 수 있습니다. 아무리 듣기 거북한 말이라도 끝까지 잘 들어주면 그것만으로도 말하는 사람은 기분이 좋아지게 마련입니다. 불평불만이 많은 직원에게 불편한 점들을 시정할 수 있는 방법이나 대안 등을 함께 제시하도록 권유하고 적극적으로 이야기할 수 있게 장려해 보세요. 이렇게 하다보면 곧 아이디어를 자유롭게 이야기할 수 있는 분위기가 만들어지고 조직이 눈에 보이지 않게 조금씩 창조적 분위기로 바뀌어 가게 될 것입니다."

학원을 경영하는 A 사장은 내 말을 듣자마자 '이것이다'하고 무룰을 쳤다고 한다. 다음날 회사로 돌아가서 서울에 있는 학원 분원장들을 모아놓고, 학원 내 불평불만을 말하는 강사들을 미워하거나 멀리하지 말고 가까이 끌어안으면서 그들이 품고 있는 불평불만을 줄이거나 없애는 대안을 내놓도록 해보자고 하였다. 얼마 후 분원장들의 말로는 학원 강사들의 태도가 긍정적인 방향으로 확 달라졌다고 한다. 원래 강사들이 남들보다 불평불만에 익숙한 성향이 있다는 것이었다.

A 사장의 이야기를 듣고, 나의 경험담이 다른 사람에게 도움이 될 수 있다는 것을 알게 되었고, 이왕이면 이를 책으로 엮어 더 많은 사람들에게 전달할 수 있었으면 하는 바람을 갖게 되었다.

이 모든 것은 다양한 사람들을 만나고 좋은 강의를 듣게 해준 CDNA 덕분이다. 입학지원생의 항의 섞인 의견을 흘려 넘기지 않고 입학을 허가해준 덕분에 창의성 아카데미를 수료할 수 있었다. 특히 처음 불합격 통보를 할 때 원장께서 내게 직접 양해를 구하는 전화를 해주셔서, 개인적인 생각을 전달할 수 있었으므로 감사하게 생각한다. 앞으로도 CDNA가 열려 있고 수용하는 자세로 다양한 경험과 다채로운 경력을 가진 수강생들을 더 많이 받아들이기를 바라는 마음이다.

5화
주례 선생님을 평생 인연으로

나는 1967년 11월 은사 서울대 박동서 교수(후에 서울대 행정대학원장 역임)를 주례로 모시고 결혼식을 올렸다. 결혼 일자가 정해지면 대개 어느 분을 주례로 모시고 혼례를 치를까 생각하게 된다. 당시는 청첩장에 주례 ooo, 청첩인 ooo 라고 이름을 새기는 것이 관례였다. 성당이나 교회에서 결혼식을 올리면 신부나 목사를 주례로 모시지만, 그렇지 않을 경우엔 직장 상사, 평소 존경하는 분, 집안 어른들과 가까운 분, 학교의 은사, 사회의 저명인사 등을 주례로 모시는 것이 일반적이었다. 신혼부부는 신혼여행을 다녀와서 주례를 찾아뵙고 감사의 선물을 하는 것으로 주례에게 답례를 하게 되는데, 보통은 여기에서 신혼부부와의 관계가 일단락 되기 마련이다.

우리 부부는 결혼이 당사자는 물론 양쪽 집안 모두에게 중요한 인생 대사이므로 그 일을 주관해주신 주례와의 인연이 대단히 소중하다고 생각했다. 그리하여 매년 결혼한 달(11월)이 오면 주례 선생님을 초대하여 식사를 함께 하였다. 지난 1년 간 어떤 일들이 있었는지 말씀드리며 식사를 하는 자리를 결혼 후 30년 이상 마련했다. 주례 선생님께서 처음 몇 년 간은 "이제 그만 하지" 하셨지만, 한 해 두 해 거듭되다보니 몇 년 전 주례 선생님께서 타계하실 때까지 찾아뵙게 되었다.

우리 부부의 주례를 선 것이 박동서 교수님의 생애 첫 주례였다. 아내가 첫 아이를 낳았다고 말씀드리니 무척 기뻐하시며, 첫 돌 때는 아기 옷까지 준비하여 우리 집에 오셔서 축하의 글도 써 주셨다.

사회생활을 하는 동안 나는 종종 선생님께 인생사에 대해 상의 드리고 조언을 들어 큰 도움을 받았다. 선생님의 아드님과 따님의 결혼식에는 우리 부부가 참석하여 축하를 드렸고, 선생님께서도 우리 아이들 결혼식에 오셔서 축하해주셨다. 선생님과의 인연은 그 뒤로도 계속되어 선생님께서 타계하셨을 때까지 계속 이어졌다. 병상에 계셨을 때, 타계하신 뒤 1주년 추모식 때도 우리 부부가 참석하여 그간의 은덕에 감사 드렸다.

나와 선생님의 인연은 서울대 행정대학원에서 스승과 제자로서 만나면서 시작되었다. 선생님은 우리나라 행정학계의 큰 별 가운데 한 분이다. 선진국의 행정학 이론을 무조건 받아들인 것이 아니라 그것을 우리나라의 현실에 맞게 창조적으로 발전시키는 데 큰 역할을 한 분이다. 『행정학』, 『비교행정론』, 『한국행정론』, 『한국행정의 쇄신』, 『새 정부 혁신의 전략과 과제』 등 수십 권의 책을 쓰셨는데, 언제나 창조적 혁신과 개혁을 강조하면서 저술로 그것을 실천해 보여주었다. 정부 혁신의 필요성과 전략 등에 큰 관심을 갖고 행정의 민주화와 능률화를 강조했다.

이 분의 인격뿐만 아니라 끊임없이 창조와 변화를 추구하는 정신이 내게 강한 인상을 남겨 이후의 내 삶에 영향을 끼쳤다. 선생님이 '행정개혁시민연합'의 고문을 맡았던 것도 우연이라고 볼 수 없다.

선생님은 항상 연구하는 모습으로도 내게 성실한 삶의 모범을 보여주셨다. 나에게 "developed mind"를 갖고 일에 임하라는 것을 늘 강조하셨는데, 당시엔 생소한 말이었다. 조직과 구성원이 조직의 발전을 위해 더 멀리 생각하고 적극적, 긍정적인 태도를 갖는 것을 뜻하는 말이다. 선생님의 이 말씀이 조직의 일원으로 직장생활을 하는 내게 지침이 돼주었다. 살아가면서 이런 인격을 지닌 스승을 만난다는 것은 인생의 큰 행운이며 축복이라고 지금도 생각한다.

6화
만년장학금을 받으며

나는 감사하게도 평생 이런 저런 장학금을 많이 받고 살아왔다. 장학지원제도란 돈이 없어 공부를 계속할 수 없는 학생들이 학업을 계속할 수 있도록 개인·장학재단·기관 등이 경제적 뒷받침을 해주는 일을 통틀어 일컫는 말이다.

나의 경우, 여러 종류의 장학지원으로 학업을 마칠 수 있었다. 우선 농사를 지어 쌀과 돈으로 중·고등학교의 학업을 마치도록 뒷받침해주신 어머니의 장학금이 가장 큰 장학금이었음은 더 말할 나위가 없다. 서울에서 친·인척 댁에서 먹고 자며 학교를 다닐 수 있었으니 이는 친·인척의 장학지원 덕분이다.

내가 서울대 상대에 합격했다고 기뻐하시면서 입학등록금을 대 주신 큰 당숙의 장학금과 학교성적에 따라 등록금을 면제시켜주는 학교장학금도 빼놓을 수 없다. 대학생 시절 '가정교사'로 일하며 받은 돈은 일종의 근로 장학금이라 하겠는데, 학교 다니며 생활하는 데 큰 도움이 되었다. 이렇듯 나는 여러 종류의 장학지원을 받아서 학업을 마칠 수 있었다. 도와주신 모든 분들께 지금도 감사하는 마음이다.

돈 걱정을 덜고 공부할 수 있게 해주니, 장학금을 받으면 무조건 좋은 것이라는 생각을 하고 있던 나에게 L 교수님의 말씀은 신선한 충격을 주었다. L 교수님을 만난 것은 군복무를 마치고 복학한 뒤다. 대학교 3학년을 마치고 군에 입대하여 ○○군번(SO)으로 최전방 GP에서 군 생활을 마친 뒤, 4학년에 복학했다. 대학 2년차 후배들과 함께 강의실에 들어가면 의례 앞자리는 복학생들의 차지였다. 복학해 보니 낯선 교수님들이 몇 분 계셨는데 L 교수님은 그 중 한 분이었다.

상과대학 학생들 중에도 아르바이트로 학비를 조달하는 학생들이 꽤 있었다. 그런 학생들은 아무래도 아르바이트에 시간을 많이 할애해야 했다. 주머니 사정이 좋지도 않거니와 아르바이트와 학업으로 제때 식사를 하지 못하다보니 영양이 부실해 건강이 나빠지는 경우도 있었다. 가정형편상 학교에서 멀리 떨어진 값싼 곳에서 등하교를 하다보니 이래저래 시간을 많이 빼앗기는 것도 문제였다.

상과대학교 학생들의 실력이 서로 크게 차이가 나지 않음에도 불구하고 이처럼 여러 조건이 불리하다보니 가정형편이 어려운 학생들은 학업성적을 올리기가 상대적으로 매우 어려웠다. 한편 좀 여유 있는 학생들은 주어진 시간에 학업에만 전념할 수 있으니 성적이 오르는 것은 당연한 일이었다.

그 당시 등록금을 면제받고 다른 장학금 수혜 대상이 되기 위해서는 학교성적이 B학점 이상이 되어야 했다. 그런데 어느 날 L 교수께서 강의 말미에 몇 차례 친구를 사랑하고 격려하는 마음으로 힘든 상황을 헤치고 학업을 이어가는 친구들에게 학교장학금을 양보할 것을 독려하시는 것이었다. 그 말씀에 얼마나 호응이 있었는지는 알 수 없지만, 4·19 혁명 직후 엄혹한 시대에 친구의 어려움에 공감하고 배려해 보라고 말씀하시던 교수님은 정말 존경스러운 스승이었다. 나는 홀로 고생하시는 어머니 생각에 장학금을 포기하지 못했지만 교수님의 당부를 들은 뒤 장학금을 받을 때마다 나보다 더 어려운 학생은 없는지 돌아보게 되었고 더욱 감사한 마음을 갖게 되었다.

내가 받은 혜택은 대학교까지의 학업 과정에서 장학금으로 도움을 받은 것에 그치지 않았다. 여기서 강조하고 싶은 것은, 1960년대 취업을 하고나서부터 약 40년 동안 해외기관·회사·정부 또는 사외이사로서 업무 관련 연수나 교육을 위해 지원받은 장학금으로 7차례에 걸쳐 교육을 받았다는 점이다. 꾸준한 교육을 통해 자기계발을 할 수 있었다는 면에서 나는 참으로 행운아라 할 수 있다. 내가 3개월 이상 연수나 교육을 받았던 것을 연대순으로 적어보면 다음과 같다.

- 1970. 1~4 콜롬보플랜에 의한 무역진흥연수프로그램 참가, 호주의 캔버라에서 호주의 외무부·상공부 주관. 왕복항공권·숙식비·피복수당·주거수당 등 제공, 한국정부 급여 지급.

- 1977. 4~7 미국의 해외금융기관 직원연수프로그램 참가, 뉴욕 맨해튼 케미컬 뱅크 주관, 연수관련 비용 제공. KCGF 왕복항공권·체재비·생활비·급여 지급.

- 1978~1979(11개월 간) 한국의 국방대학원 국방산업관련과정, 국방대학원 주관, 교육 연수비·연구비·2주간 유럽여행비 제공. KCGF 급여 지급.

- 1984. 2~8 서울대학교 경영대학 AMP과정, KCGF 연수비(등록금 포함)와 관련비용·급여 제공.

- 1989. 3~7 서울대학교 공과대학 AIP과정, KCGF 연수비(등록금 포함)와 관련비용·급여 제공.

- 2005. 4~7 고려대학교 기업지배구조 고위과정, S.K그룹 연수비(등록금 포함)와 관련비용·급여 제공.

- 2009. 8~12 연세대학교 창의성 아카데미, S.K에너지 연수비(등록금 포함)와 관련비용·급여 제공.

취업 전의 학업이 직장생활을 하기 위한 준비과정이라고 한다면, 직장생활이 시작이 된 이후 이루어지는 학업이나 연수는 실제 하고 있는 업무에 대한 안목을 넓히고 전문성을 높여주는 과정이라 할 수 있다. 취업을 한 뒤에는 일상 업무에 쫓겨 도무지 시간을 내지 못하거나, 모두가 바쁜데 혼자만 한가하게 무슨 교육이냐 하는 생각에 학업과 연수를 받을 생각을 아예 하지 못하는 경우가 대부분이다. 나는 이런 생각을 바꿀 필요가 있다고 보아 다음과 같은 장애요인들을 이겨내도록 권하고자 한다.

- 현재의 위치를 굳히고 잘 유지하여 승진을 해야겠다는 생각에 집착해서 상사의 눈 밖에 나는 일을 주저한다.
- 지금의 보직이 중요한 직책인데 장기 교육을 받고 오면 다시 이러한 보직을 받을 보장이 없다는 불안감에 젖어 있다.
- 교육을 받고나면 소기의 성과를 거두어 본인 자신이나 소속 직장에 보탬이 되어야 할 터인데, 자신감이 부족하다.
- 조건이 유리한 교육기회엔 후보자 선정 경쟁이 치열한데, 신청했다가 자칫 경쟁에서 밀리면 괜히 체면과 이미지만 구길까 걱정된다.
- 직장생활에서 위치가 굳어지고 안주하게 되면, 미래를 향해 도전하겠다는 굳은 의지와 용기, 즉 모험심과 진취적 자세가 약해진다.

1960년대 중반부터 2010년까지 45년 간 우리나라는 매우 빠른 경제성장을 이루어 세계의 가장 가난한 나라에서 경제규모가 세계 10위권에 이르는 OECD회원국이 되었다. 그 사이 우리나라는 농경사회에서 산업사회를 거쳐 지식정보사회로 변화했으며, 이제는 사회의 모든 여건이 글로벌화되었다. 비교적 짧은 시간 안에 우리나라는 엄청난 정치, 경제, 사회적 변화를 겪었다.

나 자신도 그 기간 20대 젊은이에서 70대 노인이 되었고, 신입직원에서 중간관리자·임원·CEO 그리고 사외이사·비즈니스 컨설턴트로 위치가 바뀌었다. 개인적으로는 결혼과 함께 한 가정의 가장이 되었고, 아이가 태어나 아버지로, 다시 손자가 태어나면서 할아버지로 변해 왔다.

세월의 흐름에 따라 몸도 변하여, 나이가 들어갈수록 주름지고 예전 같지 않은 몸에 적응해야 한다. 하루가 다르게 변하는 세상의 물결 속에서, 스스로 변화에 적응하고 변화를 주도하는 그룹에 속해 있으려면, 경륜·지식·안목·리더십·전문성 등을 늘 새롭게 갖추어 나가야 한다.

홀로 노력하여 이러한 상황을 헤쳐나가는 길도 있겠지만, 내가 경험한 바로는 때에 맞게 외부기관에 가서 교육을 받는 것이 더 낫다. 교육을 통해 전문지식을 습득하고, 훌륭한 강사진이나 함께 교육받는 동료들을 통해 새로운 자극도 얻을 수 있으며, 그들과 휴먼네트워크도 만들고 세상의 변화에 적응해 나갈 수 있는 시야를 넓힐 수 있는 것은 결코 혼자서는 체득할 수 없는 성과다.

나는 교육을 받은 뒤, 안목·전문성·인적 자원·자기업무의 환경과 업무영역 확대 등에서 큰 도움을 받을 수 있었다. 따라서 교육을 마친 뒤엔 자연스럽게 보직이 바뀌고 업무 성과로 승진하게 되는 선순환 현상이 나타났다. 회사·정부·외국기관 등의 교육지원 시스템에 늘 관심을 갖고 내게 유리하게 활용할 수 있도록 준비를 갖추고 있으면 어느 땐가 기회가 오기 마련이다. 내 경우엔 운 좋게도 직장에서 교육비를 대주고, 교육 받는 동안 급여가 계속 나와서 편안히 교육을 받을 수 있었으며, 돌아오면 알맞은 보직을 주어 교육을 바탕으로 더 큰 일을 할 수 있었다.

우리나라 여러 회사들은 직원들에게 다양한 교육의 기회를 주고 있는 것으로 알고 있다. 회사의 직원 교육제도를 적극 활용하면 누구나 평생 만년 장학금을 받으며 부단히 학업을 계속할 수 있다. 마음먹고 준비하면 된다. 멀리 보고 크게 생각하자. 더불어 직장에서의 성공 못지않게 부수적인 효과도 거둘 수 있다. 아빠가 아침에 가방을 들고 공부하러 나갔다가 저녁에 들어와서 또 공부를 하니, 공부하는 집안 분위기가 저절로 만들어져 나도 모르게 자녀들에게 자연스레 모범을 보인 셈이 되었다. 아이들에게 적잖게 영향을 주었다고 생각한다.

7화
나의 점심시간

나의 아버지께서는 6·25 전란이 일어난 1950년 6월 인민군에게 납북되신 뒤 지금까지 생사를 모른다. 아버지께서 납북되시면서 당시 35세의 어머니께서 실질적으로 가계를 책임지고 꾸려나가시게 되었다. 어머니께서는 시어머니를 모시고 자식들을 먹여 살리기 위해 온종일 농사일에만 몰두하셨다. 얼마나 일을 하셨는지, '도민증*'을 발급받기 위해 면사무소에서 지장을 찍으면 지문이 나오지 않을 정도였다. 온갖 일을 가리지 않고 하시며 손을 험하게 쓰시니 지문이 닳아 없어진 것이다.

나는 어머니의 말씀에 따라 집에서 8km 떨어져 있는 의정부 소재 중학교가 아니라 서울에 있는 중학교에 다니게 되었다. 갖은 고생을 다 하시면서도 자식 공부만큼은 제대로 시키고 싶으셨던 어머니께서는 내게 서울로 가라 하시면서, 서울의 친척 집에서 숙식하도록 주선해주셨다. 모두가 어려운 시절인 만큼 점심도시락까지 신세질 수 없으니 점심은 거르라는 당부도 하셨다. 점심 한 끼 거른다고 할 일 못하지 않는다는 것이었다.

내가 중학교 2학년 때, 임시로 서울역 인근 조양중학교에 있던 중앙중학교가 교정에 주둔해 있던 미군 부대가 떠나고 난 뒤 본래

---

* 도민증 : 지금의 주민등록증과 같은 것으로 그 당시엔 도 별로 도지사가 발급했다.

의 석조건물(북한산 자락 아래, 비원 옆 계동 1번지)로 돌아갔다. 교정 끝 북쪽 바위 속으로 들어가면 제법 큰 우물이 있었는데 물이 깨끗하고 수량이 많아 그 물 맛이 시원하고 좋았다. 점심시간을 알리는 종소리가 '땡 땡'하고 울리면, 도시락을 싸오지 못한 상당수의 급우가 그 우물로 달려갔다. 도시락 대신 물을 마시는 같은 처지의 학생들은 도시락 못 먹는 일쯤은 아무렇지도 않게 재잘재잘 거리며 점심시간을 보냈다.

종암동에서 보낸 상과대학 시절에는 제법 크게 자라 어우러진 소나무 그늘 밑에서 친구들과 함께 점심을 먹고, 그 밑에 누워 이런저런 이야기를 나누곤 했다. 50년이 지난 지금도 그 친구들과 가깝게 지내고 있다.

60년대 말 상공부 공무원으로 근무할 때는 점심시간이 되면 과 직원들과 함께 사무실 부근의 여러 식당에 가서 집에서는 먹어보기 어려운 음식들을 사 먹었다. 개인적으로 사 먹을 형편이 안 되는 불고기도 가끔씩 먹어보곤 했다. 이렇듯 나에게 점심시간은 단지 밥을 먹는 시간이 아니라 자유롭게 이야기를 하며 생각을 나누는 하루의 활력소였으며, 식사를 함께 하는 사이 함께 일하는 동료와 화합을 도모할 수 있는 소중한 시간이었다.

나는 상공부 수출진흥과에서 약 3년 동안 근무하는 동안 모두 세 분의 과장을 모셨다. 그 가운데 박필수 과장(후에 상공부 장관 역임)과 함께 한 점심시간이 특히 기억에 남는다. 이 분은 주문한 음식이 나오기를 기다리는 동안(특히 중국집의 경우 주문한 음식이 나오기까지 시간이 꽤 걸렸다), '오늘의 이슈'라고 하여 주제를 제시한 뒤 각자 견해를 밝히도록 유도하셨다. 주제에 대해 토론하는 식이 아니라, 한 사람씩 돌아가면서 이슈에 대한 자기의 입장이나 견해를 밝히는 일종의 자유발언 시간을 만드신 것이다. 과장 본인은 일체 코멘트를 하지 않았다. 그저 들으면서 직원들이 활발한 의견개진을 할 수 있도록 분위기만 조성하셨다.

점심 식사를 끝내고 사무실로 돌아오는 길에 나는 자연스럽게 조금 전에 있었던 자유발언 내용을 돌이켜보곤 했는데, '누구 의견은 참 좋았던 것에 비해 나의 견해는 좀 부족했구나' 하는 생각을 하기도 했다. 이런 점심시간이 계속되다보니 직원들 스스로 예상되는 이슈도 찾아보고, 그에 대한 견해도 준비하는 분위기가 저절로 만들어졌다. 지나고 보니 점심시간이 자신의 생각을 남들 앞에서 자유롭게 발표하는 시간이 되었던 셈이다.

내가 KCGF의 창립멤버로 참여해 신용조사1부 초대 부장이 되었던 때의 일이다. 신용조사1부의 50여 명에 달하는 구성원들은 전 직장에서 다양한 기업문화에 젖어 있던 경력자들로서, 모두 서로 처음 보는 직원들이라 하루라도 빨리 공감대를 형성하고 화합하게 만드는 일이 급선무였다. 신용조사1부가 맡은 기업에 대한 본격적인 신용조사업무 자체 또한 우리나라에서 처음 하는 일이어서 어려운 점이 많았다. '신용'과 '신용조사'의 개념정의부터 시작해 신용조사의 중요성·신용요소의 발굴·신용조사의 구체적인 방법 등등을 하나하나 논의하여 정립해 나가야 하는 일을 낯선 동

료들과 시작하려니 어디서부터 어떻게 해나가야 할 지 참으로 난
감했다. 특히 '신용조사서'의 작성 방식을 확립하는 것이 무엇보다
중요했다. 신용조사서는 기업신용의 결정체로서 '기업이라는 조각
작품'을 완성시키는 예술품이라고 할 수 있기 때문이다.

업무를 정립해 나가는 것과 동시에, 신용조사원으로서의 마음
가짐 즉 정신적 자세를 갖추도록 만드는 일 또한 매우 중요했다. 우
리나라 기업 신용조사의 첨병으로서 긍지를 가지고 새로운 분야
를 개척해 나가겠다는 사명감과 함께, 청렴과 정직 등의 윤리의식
은 물론 '신용조사원은 KCGF의 얼굴이며 거울이다', '신용조사원
은 조사서로 말한다'와 같은 부서문화를 조성하는 일도 시급했다.

이러한 과제들을 해결하기 위해서 공식적인 회의·토론·연수 등
도 중요하겠지만, 나는 비공식적인 자리에서 친밀감을 쌓는 것도
필요하다고 생각했다. 그리하여 점심시간을 적극 활용하기로 마
음먹고 직원들이 부장과 함께 점심을 함께 하는 기회를 최대한 마
련했다. 이른바 '부장과의 점심시간'이었는데, 직원이 많다 보니 과
별·직급별·업무별로 나누어 부담 없이 터놓고 이야기할 수 있는
자리를 자주 만들었다. 이러한 자리는 2년여 동안 지속되었다. 매
월 말에는 전 부원이 저녁회식을 하며 마음껏 이야기하도록 했다.
간혹 취중진담도 들을 수 있었다. 회식비는 직급에 따라 차등을
두어 전 직원이 공동으로 부담하도록 했다.

요즘은 회식이 일의 연장이라고 여겨 가급적 피하고 싶어하는
것으로 알고 있다. 그러나 당시 신용조사1부의 점심식사와 회식 모

임은 직원들이 공감대를 형성해 화합하고, 공동의 목표를 향해 일사분란하게 전진할 수 있는 에너지를 모으는 데 큰 도움이 되었다고 자평하고 있다.

8화
공덕동 E죽집 주인아주머니의 그 환한 얼굴

1985년 11월, KCGF가 마포 공덕동 로터리에 새로 지은 20층 건물로 이사갔다. 당시 그 부근엔 그렇게 큰 건물이 없는 데다가 금융기관 본사가 옮겨오니 주변 상권이 들썩였다. 그 가운데 음식점들이 가장 민감하게 반응했다. 5백여 명의 본사 직원들, 본점에 업무를 보러 오는 고객들, 본점 영업부 고객들 그리고 본점을 찾아온 KCGF 지점 직원들 등으로 유동인구가 갑자기 늘어났다.

유동인구 중 상당수가 화이트칼라들이어서 음식의 맛과 질, 식당의 내부 환경 등에 예민했으므로 손님들의 기호에 맞추기 위해 주변식당들은 내부 인테리어, 식단, 종업원의 접객 태도 등에 신경을 쓰기 시작했다. KCGF 건물 바로 옆에는 오래된 공덕동 전통시장이 자리잡고 있었는데, 그 주변 식당의 경우 변화가 더욱 절실한 상황이었다.

이사 온 지 얼마 안 되다보니, KCGF 직원들은 주변 식당들의 시설·메뉴·품질·가격·식당주인의 접객 매너·종업원들의 서비스에 대해 한동안 의견이 분분했다. 그 가운데 내가 자주 찾던 E 죽집이 있었다. E 죽집은 중년의 자매가 주인으로, 모습이 단정한 젊은 청년 두 명이 서빙을 하고 있었다. 테이블 여남은 개가 전부인 자그마한 식당이지만 다양한 종류의 죽 메뉴를 갖추었고, 맛 또한 깔끔했으며, 자매주인들의 인정 넘치는 친절 또한 따뜻해서 다녀오면 늘 기분이 좋아지는 그런 곳이었다. E 죽집에 모시고 간 손님들도 식사를 끝내고 나올 때 다들 만족해했다.

그런데 이 식당에 문제가 하나 있었다. 손님이 여러 죽 메뉴 중에서 선택하여 주문을 하면 그 때부터 죽을 끓이기 시작하니 주문 후 음식이 나오기까지 시간이 너무 많이 소요되는 것이었다. 직장인 손님들은 기다리기 지루할 뿐만 아니라 1시간의 점심시간 내에 먹지 못할까 몸이 달게 된다. 언제 식사가 나오느냐고 재촉을 받는 주인들도 애가 탈 수밖에 없다.

점심시간에 두 차례 테이블 회전을 하기가 거의 불가능할 정도였다. 바쁜 손님들에게 미안해하는 주인의 모습은 보기에도 안타까웠다. 그 동안은 주로 공덕동 시장 손님들이라 같은 시간대에 집중되지 않아 별 문제가 없었는데, 직장인 손님을 맞다보니 예전 방법으로는 도저히 영업을 할 수가 없었다.

이런 식이라면 손님이 많이 오더라도 주문을 감당할 수 없으며, 손님을 많이 받을 수 없으니 수익도 크게 오를 수 없다. 주인과 손님을 모두 만족해 할 방법이 없을까? 만약 식당이 손님의 주문을 미리 받아 준비할 수 있다면 손님은 식당에 오자마자 먹을 수 있어 시간을 아낄 수 있고, 주인은 주문 양을 미리 파악하여 일찍 조리할 수 있으니 당황하지 않고 많은 손님을 맞을 수 있을 것이라는 생각이 들었다. 15분~20분 전에 미리 죽을 주문하도록 홍보하고 식당은 예약 주문을 처리하는 시스템을 마련할 수 있다면 좋을 텐데, 어떤 방법이 있을까 궁리하기 시작했다.

그러다 직장인들에게 유용하고 자주 가지고 다니는 성냥갑이 홍보용으로 적당하겠다 싶었다. 주인에게 이러한 내 아이디어를 전하고, 약 15cm×10cm의 사각형 성냥갑에 식당 전화번호와 죽의 종류, 가격과 함께 '20분 전에 주문하여 시간을 절약 하세요'라는 문구를 넣어 제작해 손님들에게 홍보해보라고 주인에게 제안했다. 당시는 금연이 일반화된 시대가 아니어서 사무실에서도 담배를 많이 태우던 시절이었다. 얼마 지나지 않아 KCGF 본점 사무실에서 E 죽집의 성냥갑이 눈에 많이 띄기 시작했다.

그러더니 내가 예상한 것보다 더 빠르게 예약문화가 자리를 잡아갔다. 손님들은 자리에 앉자마자 식사를 할 수 있게 되었고, 테이블 회전속도도 빨라져 죽집은 한층 활기를 띠었다. 장사가 잘 되니 주인 자매는 한결 더 밝은 웃음으로 손님을 맞이하여, 죽집은 손님과 주인 모두 즐거워하는 환한 웃음터가 되었다. 나의 성냥갑 제안 말고도 KCGF 직원들의 요구로 칼국수·삼계탕까지 메뉴에 추가하여 E 죽집은 더욱 장사가 잘 되었다. 점심 단골집의 인연이 손님의 아이디어 제안과 구체적 실천으로 이어져 열심히 살아가는 식당 주인 자매에게 환한 웃음을 안겨준 사례이다.

9화

자유인으로 새로운 삶을

누구나 언젠가는 세상을 떠나듯 일하던 직장도 정년이 되거나 임기가 다하면 떠나야 한다. 1997년 4월 19일 나는 신보창업투자회사 대표이사직 임기를 마치고 회사를 떠나게 되었다. 그날 아침식사를 하며 가족들에게 그동안 직장인으로서 하고 싶은 일을 많이 해보고 임기도 무사히 마치게 되어 감사한 마음뿐이라고 말했다.

회사에 출근해 같이 퇴임하는 김선구 부사장이 운전하는 승용차를 타고 바람도 쐴 겸 임진각에 갔다. 직원들과 함께 송별 오찬을 하고 집으로 돌아온 나는 아파트 경비원에게 "오늘로 회사 일을 마쳤다"고 신고하는 것으로 퇴임 일을 마무리 지었다.

그로부터 며칠 뒤 '퇴직을 축하합니다(Congratulation Mr. Nam on your retirement)' 라는 글귀가 쓰인 예쁜 카드가 국제우편으로 날아왔다. 미국에 사는 지인, 장익태 씨 내외가 보낸 카드였다. 우리 사회에서는 어떤 경우로 물러나든 직장을 떠나는 사람에게 위로한답시고 주로 이런 말들을 했다. '자네는 능력 있으니까, 유능하니까 무슨 좋은 소식이 있겠지' 라며 퇴직자에게 기대를 갖게 하는 말을 건네는 것이 상례였다. 이런 말을 몇 번 듣다보면, 의례하는 말이려니 해도 막연한 기대감을 갖게 되기 마련이다.

또 달리 생각해 보면, 그런 말을 한다는 것 자체가 정년퇴직을 기쁜 일이라 여기기보다 동정과 위로가 필요한 좋지 않은 일로 여기기 때문이기도 했다. 그런데 정년퇴직한 사람에게 축하한다는 메시지를 보내다니, 당시 우리 정서와 너무나 다른 그 카드를 보고 나는 신선한 충격을 받았다. 나는 카드의 내용을 읽고 또 읽었다. 마침 장익태 씨에게서 전화가 걸려와 퇴직한 사람에게 '축하한다' 라니 이게 무슨 말인가? 하고 물었다. 장익태 씨는 이렇게 설명했다.

한국에서 정년퇴직한 분들이 퇴임 후 미국으로 부부동반 여행을 와 장익태 씨의 집에 종종 들렀다 가는데, 하나 같이 본인의 퇴임에 대해 불만을 잔뜩 토로한다고 했다. 특히 고위직에 있던 분들일수록 불만이 더 많더란다.

장익태 씨는 참으로 이해할 수가 없었다고 했다. 그동안 일터에서 자아실현의 기회를 부여받고, 직장에서 받은 봉급으로 자녀들을 교육시키고 가계를 꾸려나갈 수 있었으며, 이제 여유가 생겨 부부동반 해외여행까지 할 수 있게 되었는데 도대체 무슨 불만이 그리 많냐는 것이다. 장익태 씨가 퇴임한 분들에게 무엇이 불만이냐고 물으니, 한결같이 자기보다 못한 A나 B가 나보다 더 출세해서 화가 난다고 입을 모았다고 한다. 결국 상대적 박탈감 때문이었다.

직장에 감사해도 모자랄 사람들이 퇴임 후 불만과 불평을 쏟아내는 것을 정말 이해할 수 없었다고 장익태 씨는 말했다. 그러면서 미국에서는 정년퇴직을 어떻게 받아들이고 기념하는지 이야기해 주었다.

가깝게 지내던 사람이 퇴직을 하면 주변 지인들은 그를 초대해 그간 열심히 일한 것을 치하하고, 앞으로 여유를 가지고 쉬면서 지나온 인생을 돌이켜 볼 수 있는 시간을 가지라고 격려해준다고 한다. 퇴직을 했으니 이제 가족에게 더욱 충실하고 이웃도 살피며 사회봉사, 취미생활이나 못다한 공부를 하는 등 그동안 앞만 보고 달려오느라 못했던 일들을 자유인으로서 마음껏 해보라며 축하하고, 정년퇴직을 하는 당사자도 이를 기쁘게 받아들인다고 했다.

무사히 퇴직할 수 있도록 도움을 준 직장 상사나 남아 있는 동료들, 또 업무로 만난 사람들에게도 덕분에 직장을 잘 다닐 수 있었다고 인사하고, 일터를 보장해준 직장에 대해서도 깊이 감사하는 마음을 갖는다고도 했다. 장익태 씨는 미스터 남도 CEO까지 되어 직장생활을 여한 없이 잘 마쳤으니 축하받아 마땅하고, 또한 감사하는 마음을 가지길 바라는 뜻에서 카드를 보낸 것이라고 했다.

장익태 씨의 설명에 나는 깊이 공감했다. 퇴직자에 대해 우리 사회가 새로운 시선을 가져야 한다는 생각이 들었다. 정년 퇴직자들은 단순히 직장을 떠난 것이 아니라, 자유인으로서의 당당한 자격을 따고 졸업을 한 것이다. 자랑스러운 자격이 아닐 수 없다. 그럼에도 '요새 뭐하고 지내느냐?'고 누가 물으면 대다수의 퇴직자들이 '놀고 있지 뭐', '하루 쉬고 하루 놀아', '백수야' 등 용렬한 어휘를 써가며 자신을 비하하고 기죽어 지내는 모습들을 보게 된다. 이제부터는 '나 자유인 됐어', '자유인으로서 무엇을 해야 할지 생각 중이야'라고 당당하게 자유인이 된 것에 자부심을 갖고 말하면 좋겠다. 나는 이러한 생각을 많은 사람들에게 전했다.

정년퇴직에 대한 사회 전반적인 사고방식 전환도 필요하지만, 퇴직자를 위한 재취업 지원제도도 시급히 만들 필요가 있다. 우리 나라에는 아직 미국 등 선진국에서 실시하는 퇴직자 재취업지원 (Outplacement Service)제도가 제대로 마련되어 있지 않다. 일본은 오래 전부터 재취업지원을 위한 '신분변신교육 전문연수기관'이 성 업을 이루고 있다고 한다.

우리나라도 퇴직금, 연금 등의 재정적 지원과 함께 우리 실정에 알맞은 재취업 지원프로그램을 개발하여, 개인에게는 또 다른 일 에 도전함으로써 삶에 활력과 성취감을 가질 수 있게 하고, 사회 전체적으로는 인적 자원을 효과적으로 활용할 수 있도록 해야 하 겠다.

나, 개인적으로는 자유인이 된 뒤 다양한 회사와 기관에서 여러 가지 일을 하며 많은 것들을 배우고 보람을 찾을 수 있었다. 다음 은 내가 정년퇴직 후 거쳐 간 직장이다.

금융개혁위원회 위원

나는 대통령 직속 자문기구인 '금융개혁위원회*' 위원으로 임명 되어 1년 간(1997년~1998년) 벤처 캐피털 업계를 대표해 많은 회의

---

* 금융개혁위원회 위원장 : 박성용 금호그룹회장, 부위원장 : 김병주 서강대 교수.

에 참여했다. 전문가 집단인 전문위원들과 함께 수십 번의 전체회의와 분과위원회에 참석해 금융 관련 전 분야에 대해 토론하고 논의했다.

이 과정에서 나는 많은 것을 익히고 배울 수 있었으며 청와대에 들어가 몇 차례 김영삼 대통령을 뵐 수 있는 기회도 가졌다. 금융개혁위원회에서의 경험이 그 후 13년 간 6개 기관의 사외이사(비상임이사)와 감사 및 감사위원 역할을 제대로 수행할 수 있게 하는 뒷받침이 되었다.

상지경영컨설팅의 컨설턴트

나의 상과대학 입학 동기생들은 모두들 한창 왕성하게 활동하던 1991년에 경영지도사 교육과정을 거쳐 '경영지도사' 자격을 얻었다. 그리고 사회생활에서 얻은 경험을 필요로 하는 기업이나 원하는 분들에게 무료로 컨설팅해주는 봉사를 하자고 뜻을 모았고, 1992년 상지컨설팅(주)을 설립했다. 16명의 친구들이 1/16 지분으로 똑같이 출자하고 무보수로 활동했다(1992년~2013년).

기술은 있지만 자본 유치에 어려움을 겪고 있거나 비싼 자문을 받을 형편이 못되는 중소기업이 주요 고객이었다. 그 가운데 2000년대 초 유동성 위기를 겪었던 C회사는 상지컨설팅의 자문과 처방을 받은 뒤 날로 성장하고 있는 대표적인 회사다. 상지경영컨설팅은 21년 동안 뜻있게 운영해 오다가 회원들이 하나 둘 타계하기

도 하고 건강이 나빠져서 2013년 5월 회사를 정리했다. 청산 후에
도 회원들은 매월 정기적인 만남을 이어나가고 있다.

2017년 7월 15일 [제157호]　　서울商大同窓會報 向上의 塔　　Young Power 코너 17

senior power

16회 16인의 "상지컨설팅" - 그 후

"상지컨설팅"

서울대 상대 동창회보.
2017년 7월 15일(제 157호)에 소개된 상지경영컨설팅.

10화
고향 별내초등학교 60년 후배들에게
경제교육을 하다

어린 학생들에게 경제교육이 꼭 필요하다는 생각에 나는 J.A.Korea*에서 경제교육자원봉사자를 양성하기 위해 만든 교육에 참여했다. 초·중·고등학생들에게 은퇴자로서의 체험을 곁들여 경제교육을 할 수 있도록 준비시키는 교육이었다. 교육을 수료한 뒤엔 J.A. Korea에서 마련해준 교재를 토대로 서울 시내 학교를 선택하여 대학생 봉사자와 함께 수업을 진행하도록 되어 있었다.

나는 J.A.Korea에 나의 모교인 경기도 남양주시 별내초등학교에서 어린이들에게 경제교육을 해주고 싶다고 요청했다. J.A.Korea가 별내 초등학교와 교섭하여 나와 성신여자대학 경제학과에 재학 중인 대학생과 함께 수업하도록 주선해주었다. 수업하기 전 나는 대학생 선생과 함께 학교에 찾아갔다. 대학생 선생이 먼저 교사 전원에게 J.A.Korea의 자원봉사 교육프로그램에 대해 설명했고 나는 학생들에게 실시할 경제교육의 개요를 1시간가량 강의했다. 별내초등학교 졸업생인 내가 서울대에서 경제학을 전공했다고 소개하니, 선생님들은 은근히 반기는 기색이었다.

---

* J.A.Korea(Junior Achievement Korea) : 주니어경제교육을 전담하는 순수한 민간 봉사단체로 미국에서 유래되었다.

수업은 한 번에 두 시간씩, 3주간 총 6시간에 걸쳐 진행되었다. 대학생 선생은 J.A. Korea에서 마련한 교재를 바탕으로 영상교육을 실시했고, 나는 지금으로부터 60년 전인 1950년대부터 현재에 이르는 우리나라 경제발전상과 나의 체험을 중심으로 강의하고, 자유롭게 질문을 받고 답변을 하는 방식으로 진행되었다.

수업 준비

별내 초등학교 6학년 어린이들에게 나는 꼭 60년 선배였다. 많은 아이들을 가르친 경험이 없었으므로 아이들과 어떻게 이야기를 주고받아야 하는지, 아이들을 수업에 참여하게 하려면 어떻게 해야 하는지 관련 책을 읽어 공부했다. 또한 수업에 앞서 교장선생님과 담임선생님을 만나 아이들에게 뭐가 필요한지, 그리고 내가 무엇을 가르칠 지를 협의했다. 담임선생님은 애들이 많이 떠들고 장난이 심해 다루기 힘들 것이라며 미리 주의를 주었다. 초등학교 5학년인 큰 손자를 머릿속으로 떠올리며 장난이 심한 아이들을 어찌 다룰지 여러 방법을 생각해 보았다. 떠들지 못하게 하는 것은 강압적인 것이고, 떠들지 않게 하는 것은 자율적인 것이다. 아이들이 떠들고 싶은 생각이 들지 않을 만큼 재미있게 교육할 수 있는 방법을 두고 고심했다.

첫 수업 시간에 어른들의 인사법이라고 하며, 30여 명의 아이들과 한명한명 악수를 하고 명함을 주었더니 아이들이 제법 재미있어했다. 그러고 나서 아이들과 이야기를 나누었다.

"자유가 뭐야?"

"하고 싶은 대로 하는 거예요"

"그렇지? 그런데 하면 안 되는 것도 있지?"

"남에게 방해가 되면 안 돼요"

"만약 수업 중에 장난을 치고 싶으면 나가서 장난치고 와. 약속할 수 있지?"

"네"

"약속은 어떻게 해야 하는 거지?"

"지켜야 해요"

수업을 시작하기 전 이렇게 아이들과 합의한 결과, 세 번의 수업 시간 중 딱 한 명 외에는 떠드는 학생 없이 재미있게 교육할 수 있었다.

수업 시작

대학생 선생이 J.A.Korea에서 만든 교재 중심으로 수업을 이끌어 나갔다면, 나는 여기에 70여 년간의 인생 경험을 보탰다. 사전에 대학생 선생에게 역사에 남을 훌륭한 사람들의 사진을 준비해 달라고 부탁했다. 그랬더니 이순신, 세종대왕, 이승만, 박정희, 반기문에 이르는 명단 뒤에 대학생 선생은 박지성, 김연아, 비, 원더걸스 등을 추가했다. 나는 명단의 제일 앞에 내 어머니 사진을 넣었다. 내게는 어머니가 제일 훌륭한 분이라고 사진을 보여주면서 시골에서 초등학교를 졸업하고 서울로 유학 가는 내게 당부한 어머니의 말씀을 아이들에게 들려주었다.

"서울 애들한테 기죽지 마라. 서울 애들보다 2배, 3배 열심히 공부해라. 그래도 안 되면 다시 내려와서 지게 지고 농사를 지어라."

어머니의 그 말씀 덕분에 오늘의 내가 있다고, 부모님께서 계시지 않았다면 나 자신도 없었다고 말했더니 아이들도 공감해주었다.

아이들에게 장래 희망을 써보라고 했더니 의사가 가장 많았고 디자이너, 요리사 순이었다. 금융이나 해외의 일과 관련된 직업을 갖고 싶다는 아이들은 단 한 명도 없었다. 왜 그럴까? 다양한 직업이 있는 줄을 모르기 때문이었다. 바로 이런 이유 때문에 경제교육이 더욱 필요한 것이었다.

경제를 논하고 경험을 나누다

아이들에게 경제가 뭐냐고 물었다. 저마다 다른 아이들의 대답을 들은 뒤 경제란 개인의 살림살이, 집안의 살림살이, 학교의 살림살이, 나라의 살림살이라고 아이들이 쉽게 알 수 있게 설명해주었다. 아이들과 용돈에 관해서도 얘기를 나누며, 용돈을 어떻게 쓰는지가 중요한 이유를 알려주었다. 같은 용돈이라도 군것질 사는 데 쓸 수 있지만 책을 사서 읽고 자신이 좀 더 나아지게 만드는 데 쓸 수도 있다고 설명했다. 또한 '아무리 훌륭한 운동선수라도 본인의 노력만으로 세계적인 선수가 되기란 힘들다. 나라의 경제력이 뒷받침되지 않으면 외국으로 전지훈련을 보내 세계적인 선수들과 어깨를 나란히 할 수 있는 기량을 쌓게 할 수 없고, 세계적으로 뛰어난 코치한테 훈련을 받을 수도 없다. 따라서 경제가 중요하다'고 설명해주었다.

사회생활을 하며 겪었던 많은 경험들도 아이들에게 들려주었다. 1970년 호주에 무역진흥연수를 받으러 갔을 때 시리얼을 어떻게 먹는지 몰랐던 일, 비행기에서 에어컨을 끌 줄 몰라 추위에 떨었던 일, 의약분업이 되어 있던 호주에서 약을 사느라 당황했던 일, 회사와 국가의 지원으로 미국에 열 번도 넘게 갔다 왔던 일 등을 이야기해주었다.

내가 받은 동탑산업훈장을 아이들에게 보여주니 많은 아이들이 목에 걸고 사진을 찍었다. 한국의 교역량을 도표로 만들어 무역품목, 전력량, 수출액의 남북비교 등을 한눈에 볼 수 있게 하니 아이들이 꽤 흥미를 보였다. 1994년 남아프리카공화국에 수출금융제도를 마련해주기 위해 자문관으로 다녀왔다는 이야기를 했더니 아이들이 다이아몬드 사왔느냐고 질문을 하기도 했다. 수업을 마무리하며 나는 아이들에게 이렇게 말했다. "세계가 우리 마당이다.

앞으로 너희들은 달나라에도 가야한다."

마지막 수업, 당부와 소감

마지막 수업을 앞두고, 내가 감명 깊게 읽은 책, '얘들아, 무지개 잡으러 가자'를 세 번 이상 읽을 학생이 있으면 손들어 보라고 했다. 13명이 손을 들어 수업이 끝나는 날 13명에게 그 책을 선물로 주었다. 약속은 지키기로 다짐했으니 아이들은 과연 책을 세 번씩 읽고 각자 뭔가 느꼈으리라 믿는다. 나머지 아이들에게도 무언가를 주고 싶어 고민하다가 가족들의 의견을 물으니, 다른 학생들에게도 책을 주는 것이 좋겠다고 해서『재미있는 돈의 역사』라는 책을 19명의 아이들에게 선물했다.

옛날 초등학교 시절 불렀던 모교 응원가를 불러주고, 옛날에 들고 다니던 책보를 가져가 보여주었더니 아이들은 물론 교사도 신기해했다. 나는 각 나라별 동전과 지폐도 가져가서 보여준 뒤 학급에 기증했다. 끝으로 아이들은 자신의 장래계획서를 발표했고 담임교사와 내가 아이들의 계획에 코멘트를 해준 뒤, 모두 함께 강당에서 기념사진을 찍었다.

나는 60년 후배들에게 마지막으로 당부했다. "너희들도 60년 후에 이 자리에 서야 해. 알았지? 그리고 뭔가를 가르쳐 줄 수 있어야 한다." 내가 한 강의에 대해 교장선생님은 무척 고마워하며 교문까지 따라 나와 내게 작별인사를 했다. 봉사활동을 통해 한

두 명의 아이들에게라도 자극을 주었다면 대성공일 것이다. 어릴 때 받은 자극은 그 아이의 인생을 변하게 할 수 있기 때문이다. 수업이 끝나고 얼마 뒤 아이들의 편지를 받았다. 또박 또박 정성껏 쓴 아이들의 편지 가운데 아래 편지 문구가 가장 기억에 남았다.

"제 13년 평생 최고의 선생님이셨어요. 최고의 선생님, 평생 잊지 않을 게요!"

'13년 평생'이란 말에 나는 크게 웃지 않을 수 없었다.

별내초등학교 학생들이 전해준 수업소감문.

지은이 **남대우** 南大祐

1938년 경기도 남양주시 별내면 청학리에서 태어나 서울대학교 상과대학 경제학과
와 서울대 행정대학원을 졸업했다. 한국전력공사에서 사회생활의 첫발을 내딛은 후
상공부(사무관), 재무부(서기관) 등 정부의 경제부처에서 나라의 수출진흥정책을 입안
하고 추진하는 일에 참여했으며, 관계를 떠난 뒤엔 신용보증기금의 초대 신용조사부
장, 이사, 전무이사 및 감사, 신보창업투자의 사장을 역임했다. 퇴임한 뒤엔 한국가스
공사, 한국조폐공사, 대한광업진흥공사의 비상임이사를 역임했고, (주)풀무원에서는
감사를, SK(주)와 SK에너지(주)에서는 사외이사, 감사위원을 맡아 일했다. '창조적
아이디어'는 언제나 지은이의 중요한 관심사의 하나로서, 직장에서 어려운 일을 만
날 때마다 알맞은 아이디어를 내 새로운 진로를 열고 조직을 쇄신하는 데 기여했다.
정부는 지은이의 이런 공헌을 높이 평가하여 수출진흥아이디어상, 공무원창안상을
시상한 바 있다.

아이디어로 길을 열다
한 아이디어맨이 걸어온 길

1판 1쇄 인쇄 2018년 6월 15일
1판 1쇄 발행 2018년 6월 20일

지은이 남대우
펴낸이 조추자
펴낸곳 도서출판 두레
등록 1978년 8월 17일 제1-101호
주소 (04207) 서울시 마포구 마포대로14가길 4-11
전화 02)702-2119(영업), 02)703-8781(편집)
팩스 02)715-9420
이메일 dourei@chol.com

• 가격은 뒤표지에 적혀 있습니다.
• 잘못 만들어진 책은 구입하신 곳에서 바꾸어 드립니다.
• 이 도서의 국립중앙도서관 출판예정도서목록(CIP)은 서지정보유통지원시스템 홈페이지
  (http://seoji.nl.go.kr)와 국가자료공동목록시스템(http://www.nl.go.kr/kolisnet)에서
  이용하실 수 있습니다.(CIP제어번호: CIP2018019142)
ⓒ 남대우

ISBN 978-89-7443-116-7 03190